Brand the Future

Thomas Gey
(Hrsg.)

Brand the Future
Systematische Markenentwicklung im B2B

Herausgeber
Thomas Gey
NORDAKADEMIE
Elmshorn, Deutschland

ISBN 978-3-658-05764-0   ISBN 978-3-658-05765-7   (eBook)
DOI 10.1007/978-3-658-05765-7

Die Deutsche Nationalbibliothek verzeichnet diese Publikation in der Deutschen Nationalbibliografie; detaillierte bibliografische Daten sind im Internet über http://dnb.d-nb.de abrufbar.

Springer Gabler
© Springer Fachmedien Wiesbaden GmbH 2017
Das Werk einschließlich aller seiner Teile ist urheberrechtlich geschützt. Jede Verwertung, die nicht ausdrücklich vom Urheberrechtsgesetz zugelassen ist, bedarf der vorherigen Zustimmung des Verlags. Das gilt insbesondere für Vervielfältigungen, Bearbeitungen, Übersetzungen, Mikroverfilmungen und die Einspeicherung und Verarbeitung in elektronischen Systemen.
Die Wiedergabe von Gebrauchsnamen, Handelsnamen, Warenbezeichnungen usw. in diesem Werk berechtigt auch ohne besondere Kennzeichnung nicht zu der Annahme, dass solche Namen im Sinne der Warenzeichen- und Markenschutz-Gesetzgebung als frei zu betrachten wären und daher von jedermann benutzt werden dürften.
Der Verlag, die Autoren und die Herausgeber gehen davon aus, dass die Angaben und Informationen in diesem Werk zum Zeitpunkt der Veröffentlichung vollständig und korrekt sind. Weder der Verlag noch die Autoren oder die Herausgeber übernehmen, ausdrücklich oder implizit, Gewähr für den Inhalt des Werkes, etwaige Fehler oder Äußerungen.

Lektorat: Angela Meffert
Abbildungen: Henning Wagner, Art Director STILL GmbH

Gedruckt auf säurefreiem und chlorfrei gebleichtem Papier

Springer Gabler ist Teil von Springer Nature
Die eingetragene Gesellschaft ist Springer Fachmedien Wiesbaden GmbH
Die Anschrift der Gesellschaft ist: Abraham-Lincoln-Str. 46, 65189 Wiesbaden, Germany

Vorwort

Top-Marken wirken wie ein Magnet auf ihre Kunden. Sie erfordern eine sorgfältig geplante und systematisch abgeleitete Positionierung. Die theoretische Herleitung ist jedoch nur eine notwendige Voraussetzung für den Erfolg. Eine Marke gewinnt erst dann an Anziehungskraft, wenn ihre einzigartige Handschrift in jedem einzelnen „Touchpoint" mit möglichst vielen Sinnen wahrgenommen und jederzeit wiederkennbar wird. Die mangelnde Konsequenz in der operativen Umsetzung ist einer der Hauptgründe, warum sich Marken trotz gut entwickelter Positionierung im Wettbewerb nicht adäquat durchsetzen können. Deshalb haben sich die Autoren dieses Buches der Herausforderung gestellt, die wesentlichen Aspekte einer ganzheitlichen Markenentwicklung und deren Umsetzung an einem Best-Practice-Beispiel aufzuzeigen.

Alle Autoren haben als Partner mit ihrer Expertise über viele Jahre hinweg die Entwicklung der Marke STILL GmbH begleitet, die seit einigen Jahren zum KION-Konzern gehört. Dabei handelt es sich nicht nur um firmeninterne Know-how-Träger, sondern auch um externe Dienstleister, die in enger Partnerschaft und in Abstimmung mit dem Unternehmen zur erfolgreichen Umsetzung der Marke beigetragen haben. STILL hat 2014 das erfolgreichste Jahr seiner Firmengeschichte geschrieben und in den letzten Jahren viele markenbezogene Preise erhalten.

Das Buch richtet sich vorwiegend an Führungskräfte im B2B-Bereich, die einen Brandingprozess zu verantworten haben und diesen systematisch umsetzen wollen. Von der strategischen Entwicklung bis hin zur Verdeutlichung der Markennutzen im Verkaufsgespräch werden wesentliche Handlungsschritte aufgezeigt, die eine entscheidende Wirkung auf die Markenwahrnehmung haben.

Ein besonderer Dank gilt den Verantwortlichen von STILL, vor allem dem Vorstand und dem Bereich International Corporate Communication, die mit ihrer Unterstützung viele Beiträge inhaltlich und in der vorliegenden Form erst ermöglicht haben.

Nutzen Sie gerne die kostenlose App des Herausgebers, um aktuelle Ereignisse im Marketing zu erfahren!

Hamburg/Elmshorn, Deutschland　　　　　　　　　　　　　　　　　　Thomas Gey

Inhaltsverzeichnis

Teil I   Strategische Meisterschaft

1 **Vom Produkt zur Problemlösung**........................... 3
Thomas Gey und Matthias Klug

2 **Giraffenprinzip als Markenfilter**........................... 11
Thomas Gey

3 **Marke als Motor der Produktentwicklung**.................. 23
Thomas Gey und Florian Meyke

Teil II   Lebendige Markenbildung

4 **Storytelling statt Zeigefinger**............................. 35
Sonja Beer

5 **Markengeschichte schafft Vertrauensmarken**............... 49
Thomas A. Fischer

6 **Brand Commitment als Katalysator**........................ 61
Christian Themann und Justin Tipke

Teil III   In den Kopf des Kunden

7 **Nichtzufällige Gedankenspiele**............................ 69
Thomas Gey

8 **Emotionen rechnen sich**................................... 81
Jan-Christoph Sachse und Matthias Klug

9 **Gehirngerecht die Augen öffnen**........................... 97
Joachim Hahn und André Weiers

10 **Wahrnehmung im Fokus – Der STILL PartnerPlan**.......... 109
Thomas Gey und Manuel Meurant

11	Inszenierung statt Produktausstellung	121
	Matthias Klug und Frederick Thoele	
12	Kunden ins rechte Licht setzen	135
	Sebastian Gartz und Olaf Schmidt-Stohn	
13	Design als Markenanker	151
	Reinhard Renner und Ulrich Schweig	

Teil IV Kontakte zukunftsorientiert gestalten

14	Kunden effektiv faszinieren	167
	Sönke Caro und Oliver Nolte	
15	Verkäuferentwicklung als Erfolgshebel	175
	Joachim Karbe und Matthias Klug	
16	Mitarbeiterpotenzial nach Maß	191
	Thomas Gey und Matthias Klug	
17	Begeisterung im Kundendialog	201
	Heiko Görtz und Steffen Kneist	

Literatur.. 209

Teil I

Strategische Meisterschaft

Vom Produkt zur Problemlösung

Thomas Gey und Matthias Klug

Historie von STILL

STILL wurde im Jahre 1920 von Hans Still gegründet. Unternehmenszweck war zunächst die Reparatur von Elektromotoren und der Bau von halbautomatischen Notstromaggregaten. Im Jahre 1945 wurde die Entwicklungsgruppe „Fahrzeuge" ins Leben gerufen, und seit dieser Zeit setzt STILL zunehmend auf Mobilität und stellt Flurförderzeuge her. 1973 wurde das Unternehmen Teil der Linde AG, und damit begann eine dynamische Internationalisierung. Im Zuge dieser Expansion wurden weitere Gabelstaplerhersteller – SAXBY aus Frankreich, STOCKA aus Schweden und AMEISE aus Brasilien – in das Unternehmen integriert, und STILL überschritt bei den Umsätzen erstmals die Milliardengrenze. Seit 2006 gehört STILL zur KION Group. Zu diesem Verbund gehören auch die Gabelstaplermarken Linde MH, OM STILL aus Italien, FENWICK aus Frankreich, der chinesische Anbieter BAOLI und seit dem Jahre 2011 der indische Anbieter VOLTAS (Abb. 1.1). Mit diesen Unternehmen ist KION nach Toyota Material Handling der zweitgrößte Anbieter von Gabelstaplern, Lagertechnik und anderen Flurförderzeugen am Weltmarkt und Marktführer in Europa. Nach dem erfolgreichen Börsengang in 2013 verfolgt der KION Konzern mit der „Strategie 2020" im Wesentlichen die weltweite Marktführerschaft in der Branche der Flurförderzeuge bis zum Jahr 2020.

T. Gey (✉)
NORDAKADEMIE, Elmshorn, Deutschland
E-Mail: t.gey@nordakademie.de

M. Klug
Buchholz, Deutschland
E-Mail: matthias.klug@still.de

© Springer Fachmedien Wiesbaden GmbH 2017
T. Gey (Hrsg.), *Brand the Future*, DOI 10.1007/978-3-658-05765-7_1

Abb. 1.1 Marken des KION-Konzerns

Ziel des Verbundes ist eine „Best-of-Markenstrategie", um unterschiedliche Zielgruppen bestmöglich bedienen zu können. STILL ist dabei auf das Premiumsegment ausgerichtet und weltweit mit 14 Werksniederlassungen, 20 ausländischen Tochtergesellschaften und über 240 Vertriebs- und Servicestandorten in mehr als 60 Ländern vertreten. Über 7000 Mitarbeiter erreichten im Jahre 2014 ein Rekordergebnis von rund 1,850 Mrd. EUR Umsatz und ein EBIT in Höhe von 133,6 Mio. EUR.

Trends und künftige Anforderungen der Kunden

Die Wünsche der Kunden verändern sich. Das Angebot erstklassiger Produkte ist notwendige, aber keine hinreichende Bedingung, um Kunden dauerhaft zu begeistern und den Markenwert zu steigern. Es geht für STILL nicht mehr nur um den Verkauf hochwertiger Gabelstapler. Die Kunden fordern darüber hinaus Services, Dienstleistungen und auch Software, die den innerbetrieblichen Waren- und dazugehörigen Informationsfluss effizient steuern. Diese ganzheitliche Betrachtung wird in der Fachwelt mit dem Begriff Intralogistik beschrieben. Für STILL ist dieser Ansatz Herausforderung, um dem Kunden den Rücken frei zu halten. Er kann sich auf sein Kerngeschäft konzentrieren und hat in STILL einen zuverlässigen Partner, dem er vertrauen kann. Im Einzelnen zeigen sich folgende Trends, die wesentlichen Einfluss auf die Intralogistik-Branche haben:

- **Internationale Konzerne dominieren das weltweite Logistikgeschäft**
  Durch Zukäufe decken internationale Unternehmen wie Kühne + Nagel ihre wichtigsten Märkte engmaschig ab. Solche Kunden suchen Dienstleistungspartner, die beratend zur Seite stehen und komplette Lösungen anbieten.
- **Kunden konzentrieren sich auf das Kerngeschäft**
  Ein innerbetrieblicher Warenfluss ist Voraussetzung für eine gut funktionierende Wertschöpfungskette, betrifft aber meist nicht das Kerngeschäft. Typisches Beispiel ist die Automobilindustrie. Für Intralogistikanbieter steckt hier ein enormes Outsourcingpotenzial für die komplette Verantwortung des Waren- und Informationsflusses.

- **„On Demand" wird zum entscheidenden Wettbewerbsvorteil**
  Rentabilitätssteigerung ist das (!) Anliegen der Kunden. Unnötige Warenbewegungen und Kapitalbindungen im Lager müssen deshalb systematisch reduziert werden. Leistungen „on Demand" sind das angestrebte Ideal. Daraus entstehen neue Kommunikations- und Integrationsbedürfnisse. Das Verfolgen von Sendungen in Echtzeit (Tracking) mit RFID und die Aufrechterhaltung der Einsatzbereitschaft der Transportmittel über Services und Dienstleistungen spielen dabei eine entscheidende Rolle.
- **„Grün" als Rentabilitäts- und Imagetreiber**
  Umweltschädliches Wirtschaften wird zunehmend zum Image- und Kostenfaktor. CO_2-Emissionen werden dem Verursacher in Rechnung gestellt. Optimale Standortwahl und innovative Transporttechnologien sind deshalb entscheidende Erfolgstreiber aus Kundensicht. Als Beispiel sei das sogenannte Fabbing angeführt: Unter Verwendung von 3-D-Druckern entstehen Gegenstände dort, wo sie benötigt werden. Ausgangspunkt der Fertigung ist eine 3-D-Datei, die an den Kunden verschickt wird. Dadurch entfallen die Transportwege für fertige Güter.

Neben den wesentlichen Trends gibt die regelmäßige Erfassung der aktuellen Marktsituation im *Factbook* von STILL weitere Anhaltspunkte für die Erfolg versprechende Ausrichtung des Unternehmens. Auszugsweise seien einige zukunftsrelevante Aspekte genannt:

- Unter den Konkurrenten nimmt die Baugleichheit der Flurförderfahrzeuge zu. Das führt letztlich zu immer stärkeren Preiskämpfen zwischen den Anbietern.
- Das Servicegeschäft ist deutlich margenträchtiger als das Hardwaregeschäft und bietet eine konstantere Auslastung der Kapazitäten. Das After-Sales-Geschäft trägt am meisten zum EBITDA bei. Der Verkauf der Flurförderzeuge ist allerdings Voraussetzung für den Absatz von Serviceleistungen.
- Die Bedeutung der Key Accounts wächst. Ihre Standorte sind meist international verteilt. Sie erwarten eine effiziente Steuerung des Waren- und Informationsflusses im Lager. Deshalb fragen sie zunehmend Dienstleistungen nach, wie Leasing oder eine wirtschaftliche Analyse der gesamten Lagersituation, auf die das Angebot individuell zugeschnitten wird. In diesem Zusammenhang spielt auch Software als Unterstützungstool eine zunehmende Rolle.
- Das Markenbild von STILL ist in der Wahrnehmung der Kunden immer noch stark durch den Gabelstapler geprägt. Um die Käufer jedoch erfolgreich in die Zukunft zu begleiten, müssen sich die künftigen Anforderungen in der Intralogistik im Produkt- und Dienstleistungsangebot von STILL widerspiegeln. Dazu muss die veränderte Positionierung vom Unternehmen deutlicher herausgestellt werden. Sie gibt dem Kunden Sicherheit, in STILL den richtigen Partner zu haben.

Außerdem offenbarte sich in der regelmäßigen Marktanalyse, dass die wesentlichen Konkurrenten sich hauptsächlich über den Preis (z. B. Toyota) oder besondere

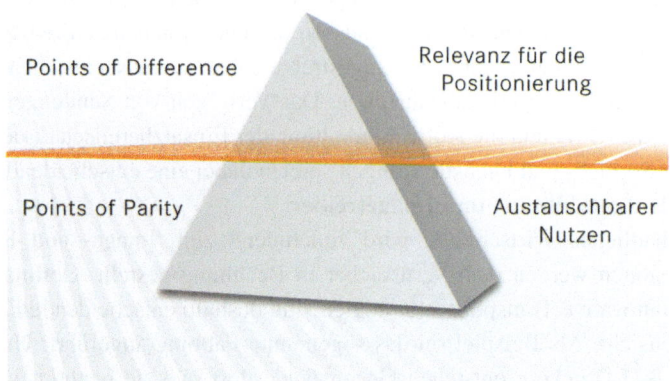

Abb. 1.2 Points of Difference als Positionierungsbasis

Qualitätsmerkmale im Produktbereich (z. B. Linde) profilieren. Zum Teil konnte man auch einen ganzheitlichen Ansatz bei den Wettbewerbern entdecken (z. B. Jungheinrich). Doch eine klare Positionierung im Sinne einer Steuerung des Waren- und Informationsflusses im Lager, in der die Flurförderzeuge nur noch ein – wenn auch wesentliches – Element darstellen, hatte sich bisher kein Wettbewerber deutlich erkennbar für den Kunden auf die Fahne geschrieben. Hier zeigte sich eine Positionierungslücke, die STILL besetzen konnte. Bei der Eigensituationsanalyse stellte sich außerdem heraus, dass STILL gerade in dieser Hinsicht schon langjährige Erfahrung aufweist und bereits Leistungen in seinem Portfolio anbietet, die bisher jedoch nicht für eine entsprechende Positionierung kommunikativ genutzt worden sind. Abb. 1.2 verdeutlicht, dass für die Positionierung keine Merkmale in Frage kommen, bei denen eine schnelle – qualitativ gleichwertige – Nachahmung durch die Konkurrenten zu erwarten ist. Diese zählen eher zu den „Points of Parity" und gelten als sogenannte K. O.-Kriterien, bei denen man der Konkurrenz keinesfalls hinterherhinken darf, soweit sie für die Zielgruppe relevant sind.

Vom Flurförderfahrzeug zur Intralogistik

Vor dem Hintergrund der Ergebnisse der Umfeld-, Markt- und Eigensituationsanalyse wurde in einem Prozess über verschiedene Workshops die Marke STILL mit der *Kernbotschaft „Intelligente Steuerung der Intralogistik"* positioniert. Die entscheidende Aufgabe ist es, einen Weg aufzuzeigen, wie man vom Markenbild des Gabelstaplers zur neuen Positionierung gelangen kann. Dabei geht es darum, psychologisch einen Brückenschlag zu bilden zwischen dem bisherigen und dem künftigen Markenbild. Für

1 Vom Produkt zur Problemlösung

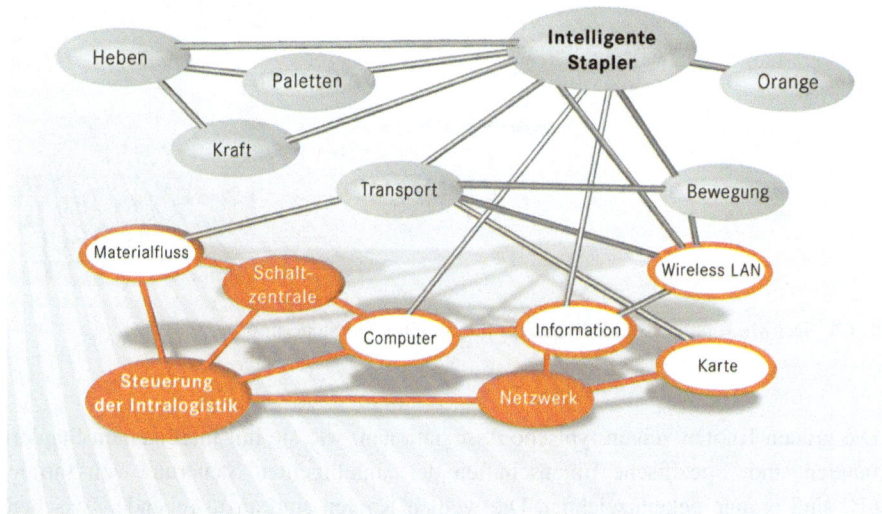

Abb. 1.3 Semantisches Netzwerk

Kunden muss dies ein selbstverständlicher und nachvollziehbarer Übergang sein. Gelingt das nicht, wird die Positionierung unglaubwürdig. Doch auch für die eigenen Mitarbeiter ist es wichtig, den Weg zu erkennen, wie man über einzelne Schritte zu einem neuen Markenbild gelangen kann. Die Produktverantwortlichen von STILL müssen eine klare Vorstellung davon haben, welche Charakteristiken die künftigen Produkte und Dienstleistungen auszeichnen, um die Positionierung glaubhaft zu unterstützen. Die Kommunikationsverantwortlichen brauchen Gewissheit darüber, welche wesentlichen Botschaftsinhalte von der Anzeige über den Prospekt und Messeauftritt bis hin zur Onlinepräsenz dauerhaft herausgestellt werden müssen, um die Markenpositionierung beim Kunden zu verinnerlichen.

Eine geeignete Methode für die Gestaltung des Weges zum beabsichtigten Markenbild ist der Rückgriff auf semantische Netzwerke.[1] Sie werden auch als Schemata bezeichnet. Dabei beschäftigt man sich einerseits mit der Frage, welche Assoziationen Kunden gegenwärtig mit der Marke verbinden (Ist-Image). Andererseits interessieren die Eigenschaften, die typischerweise das Soll-Image der Positionierung prägen. Die Knoten im Netzwerk repräsentieren die Schritte des nachvollziehbaren Übergangs für Kunden und Mitarbeiter. Abb. 1.3 zeigt einen Ausschnitt.

---

[1] Vgl. Kroeber-Riel und Weinberg (2003, S. 342). Wesentliche Erkenntnis bei der Nutzung von semantischen Netzwerken: Man kann von einem Objekt umso mehr lernen, je mehr man schon von ihm weiß. Vgl. Rosenstiel und Kirsch (1996, S. 99).

Abb. 1.4 Der Mikroprozessor als Synonym für „intelligente Steuerung"

Die grauen Knoten zeigen typische Assoziationen, wie sie mit intelligenten Staplern verbunden sind. Spezifische Eigenschaften der „intelligenten Steuerung von Intralogistik" sind orange gekennzeichnet. Die weißen Knoten sind anzustrebende Zwischenstepps, um die Zielpositionierung systematisch Schritt für Schritt zu verfolgen und glaubwürdig zu kommunizieren. Dazu zählen in diesem Fall Materialfluss, Computer, Information, Karte und Wireless LAN. Diese Knoten haben Verbindungen sowohl zum alten als auch zum neuen Markenbild. Wie groß die Übergangsschritte gewählt werden, hängt primär von der „Lernfähigkeit" der Zielgruppe und von der Neuartigkeit der Positionierung ab. So kann die Nachvollziehbarkeit auch über kleinere Schritte erfolgen. Man könnte beispielsweise den Knotenpunkt „Computer" in Hardware und Software unterscheiden und damit das semantische Netzwerk feinmaschiger gestalten. Dadurch ergeben sich in der Produkt- und Kommunikationsentwicklung detailliertere Anhaltspunkte, um den Kunden auf dem Weg zur Zielpositionierung mitzunehmen.

Grundlegende Kommunikation der Problemlösung

Ein wesentlicher Schritt, die Problemlösung von STILL in den Köpfen der Kunden zu verankern, ist die Kommunikation auf Basis aktueller Erkenntnisse der Lerntheorie. Für eine schnelle Übermittlung von Botschaften, die lange abgespeichert werden sollen, sind bildhafte Informationen ein gutes Vehikel. Das gewählte Bild wiederum soll möglichst ohne weitere Erläuterung ein Schema im Kopf des Kunden ansprechen, welches die Problemlösung sofort deutlich macht. Bei STILL hat man sich nach mehreren Assoziationstests für den Mikroprozessor entschieden. Er steht für „intelligente Steuerung" und weitere Assoziationen, welche die angestrebte Positionierung stark unterstützen (Abb. 1.4).

1 Vom Produkt zur Problemlösung

Abb. 1.5 Wesentliche Angebotskategorien zur angestrebten Problemlösung

Der Mikroprozessor wird daher in vielen Kommunikationsmitteln eingesetzt, um die Kernbotschaft von STILL bei den Kunden schnell und dauerhaft im Gedächtnis zu verankern. Ein weiteres bildliches Sujet verdeutlicht, dass Gabelstapler nach wie vor ein wichtiges Element in der Problemlösung darstellen, aber von weiteren Angebotselementen ergänzt werden, die eine ganzheitliche Lösung in der Intralogistik erst ermöglichen (Abb. 1.5).

Fazit

Damit hat STILL einen systematischen Weg verfolgt, um für seine Kunden Problemlöser und nicht nur ein Produktanbieter zu sein. Wesentlich für einen solchen Schritt ist die Berücksichtigung von Entwicklungen, welche für die Kunden in Zukunft eine zunehmende Bedeutung haben. Je langfristiger und nachhaltiger sich solche Trends abzeichnen, umso länger wird die Problemlösung relevant bleiben. Auch wenn jeder Trend eine gewisse Unsicherheit in sich birgt, so versetzt er ein Unternehmen doch in die Lage, Märkte vorwegzunehmen und nicht nur zu reagieren. Innovationen bekommen im Sinne der Kundenerwartung eine systematische Grundausrichtung. Die Gefahr, in Preiskämpfe verwickelt zu werden, ist damit deutlich geringer als beim Reagieren in austauschbaren Märkten, die nur produktgetrieben sind. Welche weitere Bedeutung eine solche Problemlösung im Rahmen der Umsetzung im Marketing-Mix hat, wird in den nachfolgenden Kapiteln aufgezeigt.

Über die Autoren

Dr. Thomas Gey ist Professor für Marketing & Strategische Unternehmensentwicklung an der privaten Hochschule der Wirtschaft NORDAKADEMIE (Hamburg und Elmshorn). Er lehrt auch an internationalen Universitäten in den USA und Südamerika. Zuvor war er Vorstandsassistent in einem Großkonzern und anschließend Partner einer international tätigen Beratungsgesellschaft. Seine Forschungsschwerpunkte liegen vor allem in den Themen Branding, Online-Marketing, Werte-Marketing, Markt- und Werbe- sowie Verhaltenspsychologie. Er führt regelmäßig Beratungsprojekte und Seminare zur Marken-, Leitbild-, Motivations- und Persönlichkeitsentwicklung durch.

Matthias Klug geboren 1962 im thüringischen Schlotheim, begann seine Tätigkeiten für die STILL GmbH im Jahr 1992. Bis 1997 betreute er federführend die Umstrukturierung einer Werksniederlassung sowie den Aufbau eines Vertriebsnetzwerks in den neuen Bundesländern. 1997 übernahm er die Abteilung Verkaufsförderung, Training und Events. Seit 2007 leitet Matthias Klug die internationale Unternehmenskommunikation der STILL GmbH und koordiniert die weltweiten Kommunikationsaktivitäten der gesamten STILL Gruppe.

Giraffenprinzip als Markenfilter

Thomas Gey

Das „Giraffenprinzip"

Was ist das Besondere an einer Giraffe? Kinder geben eine ziemliche einhellige Antwort: der lange Hals. Damit ragt sie aus der Menge der anderen Tiere heraus. Die langen Beine wären dafür auch ein Argument, doch das ist in den Augen der Kinder eher zweitrangig. Natürlich ist auch der Kopf einer Giraffe einzigartig, aber diese Wahrnehmung wird meist erst bei näherer Betrachtung deutlich und nicht aus 50 oder 100 m Entfernung.

Dieses „Giraffenprinzip" ist für Unternehmen im heutigen Konkurrenzumfeld ein wichtiges Erfolgsprinzip. Es besagt, dass eine Marke für Kunden weithin sichtbar und deutlich unterscheidbar aus dem Meer der vielen Mitbewerbern herausragen muss, um klar und schnell wahrgenommen und in zumindest einem wesentlichen Aspekt besonders wertgeschätzt zu werden. Herausragend kann man nicht in allen seinen Angebotsfacetten sein. Die gewählte Positionierung sollte den eigenen Stärken entsprechen und in den Augen der Zielgruppe besonders wichtig sein.

Wofür sich ein Unternehmen letztlich auch entscheidet: Eine Positionierung sollte für ein hohes Erfolgspotenzial durch die nachfolgenden Merkmale geprägt sein.

T. Gey (✉)
NORDAKADEMIE, Elmshorn, Deutschland
E-Mail: t.gey@nordakademie.de

Einzigartig mit emotionalem Zusatznutzen

Hervorragende Unternehmen machen nicht alles für jeden. Positionierung heißt: Für welche Zielgruppe mit ihren dominierenden Wünschen können wir langfristig die Besten sein? „Vorsprung durch Technik" (Audi), „Think different" (Apple), „Wohnst Du noch oder lebst Du schon?" (Ikea), „Verleiht Flügel" (Red Bull), „Solutions for a small planet" (IBM). Einige Claims, welche den inneren Kern der Marke und damit die Positionierung verdeutlichen, sind recht eindeutig (Apple), andere eher mehrdeutig (IBM), einige funktional (Audi), andere emotional (Red Bull). Es kommt darauf an, ob man sich in einem sehr austauschbaren Markt befindet, in dem funktionale Vorsprünge schnell durch die Konkurrenz imitierbar sind. Die Zeiten sind vorbei, in denen man sich mit „Nirosta" sogar langfristig einen Namen machen konnte, weil man nicht rostenden Stahl herstellte. Das gilt auch für „Knirps" als Markennamen kleiner faltbarer Schirme oder sogar „Xerox", abgeleitet von der Drucktechnologie, die in der 1930er Jahren erfunden wurde. Durch die zunehmend schnellere Imitierbarkeit funktionaler Vorteile durch Konkurrenten läuft ein Anbieter mit einer derartigen Markenausrichtung Gefahr, rasch das Besondere in den Augen seiner Zielgruppe zu verlieren. Dies führt zur Überlegung, in die eigene Positionierung zumindest auch eine emotionale Komponente zu integrieren (gemischte Positionierung). Das gilt gerade auch für den B2B-Bereich. Im B2C-Sektor setzen bereits viele erfolgreiche Anbieter sogar ausschließlich auf emotionale Positionierungen. Um einem Missverständnis vorzubeugen: Eine emotionale Positionierung muss durchaus funktional unterstützt und „bewiesen" werden. So ist es Aufgabe der Mitarbeiter von Edeka („Wir lieben Lebensmittel"), genau zu wissen, wo sich die einzelnen Produkte im Geschäft befinden und woher die Frischwaren stammen. Denn ansonsten würden die Mitarbeiter Lebensmittel nicht „lieben". Auch müssen die Lebensmittel stets (sehr) frisch sein, um die Behauptung glaubwürdig untermauern zu können. Die Genauigkeit ihres Wissens demonstriert Edeka plakativ in der Werbung, zum Beispiel bei der Abschätzung von genau 128 g Wurst ohne Zuhilfenahme einer Waage. Auch Jack Wolfskin verliert seine Glaubwürdigkeit für die emotionale Positionierung „Draußen zuhause", wenn die Kleidung eben doch wind- oder nässeempfindlich ist. Bei jeder Positionierung geht es also darum, diese nicht nur für den Kunden herauszustellen, sondern auch konkret zu beweisen – häufig durch funktionale Eigenschaften.

Differenzierung mit Zukunftsorientierung

Genauso wie sich die Giraffe im Wesentlichen durch den langen Hals von anderen Tieren unterscheidet, ist es wichtig, sich bei der Positionierung vom Wettbewerb abzuheben. Es gibt kaum etwas Gefährlicheres für eine erfolgreiche Markenentwicklung, als Konkurrenten in der Positionierung zu imitieren. Was würden Sie denken, wenn Opel jetzt mit „Freude am Fahren" werben würde? Warum sollten Sie als Opel-Fahrer nicht Freude am Fahren empfinden? Aber darum geht es bei der Markenentwicklung nicht. Unabhängig von der rechtlichen Problematik würde Ihnen diese Aussage für Opel vermutlich eher ein mildes Lächeln entlocken. Woran liegt das? Der „First Mover" einer Markenpositionierung bewirkt im Kopf des Kunden offensichtlich eine Art Schutzwall gegen mutmaßliche Imitatoren. Je emotionaler die Positionierung, desto schwieriger kann sie durch die Konkurrenz ausgehebelt werden, etwa durch „Noch mehr Freude am Fahren". BMW hat mit einer guten Kommunikation und entsprechenden Beweisen bei seiner Zielgruppe ein inneres Bild aufgebaut, wofür diese Marke steht, und damit diese Einzigartigkeit im Gedächtnis verankert. Nachahmer werden dieses innere Bild beim Kunden kaum verdrängen können.

Neben der unbedingt notwendigen Differenzierung vom Wettbewerb ist es von Vorteil, wenn die Positionierung von einem oder mehreren langfristigen Trends getragen wird. So profitiert Ikea vom Trend zum sogenannten Cocooning, dem Wunsch vieler Menschen, sich zunehmend ins häusliche Privatleben zurückzuziehen und für diese Heimeligkeit Geld auszugeben. Apple macht sich den Trend zunutze, dass innovative technische Produkte von vielen Nutzern zunehmend als kompliziert angesehen werden und sie den Umgang mit Handys und PCs einfach und schnell erlernen wollen, idealerweise ohne Gebrauchsanleitung. Der Wunsch nach „Usability" ist ein wesentlicher Trend und wurde durch Apple einzigartig proklamiert durch die „Think different"-Kampagne.

Setzt ein Unternehmen auf eine infrage kommende Positionierung, die durch einen oder mehrere Trends getragen wird, profitiert es von der höheren Aufmerksamkeit der Menschen für trendkonforme Angebote. Vor allem Medien sorgen durch ihre (kostenlose) Berichterstattung für entsprechende Aufmerksamkeit und Beeinflussung und lenken die Zielgruppe auf entsprechende Marken.

Marktorientiertes Verhalten der Mitarbeiter

Die zunehmende Austauschbarkeit zwischen gleichartigen Produkten der Konkurrenten zwingt Marken zu weiteren Überlegungen, ihre Positionierungen prägnant und glaubwürdig zu demonstrieren. Hierbei helfen wissenschaftliche Erkenntnisse über die Beeinflussung von Menschen. Aus der Verhaltensforschung ist bekannt, dass die Intensität der Beeinflussung zwischen zwei Personen mit der Anzahl der eingesetzten Sinne tendenziell zunimmt. Ein persönlicher Kontakt hat demnach eine wesentlich größere Wirkung als eine E-Mail oder Anzeige, weil man bei Letzteren nur auf den Sehsinn abzielen kann. Von Angesicht zu Angesicht können im Idealfall fünf Sinne durch uns adressiert werden. Was sieht, hört, fühlt, riecht der Kunde bei unserer Begegnung oder wie lässt sich sogar sein Gaumen verwöhnen? Für Jan Carlzon, ehemals sehr erfolgreicher Unternehmenslenker der SAS, waren diese Momente des persönlichen Kontakts seiner Mitarbeiter mit den Kunden so erfolgsentscheidend, dass er sie als „Augenblicke der Wahrheit" bezeichnet hat.[1] Wissenschaftliche Ergebnisse bestätigen heute seine damalige Einschätzung.

---

[1]Vgl. Carlzon (1987).

Die glaubwürdige Bestätigung der gewählten Positionierung durch die eigenen Mitarbeiter ist demnach das A&O der Markenentwicklung. Unter dem Stichwort „Corporate Behaviour" hat diese Thematik Eingang in die Fachdiskussion gefunden. Mitarbeiter sollen sich demnach nicht nur markenkonform verhalten, sondern ihre Marke „leben". Letzteres bedeutet für Mitarbeiter, sich aktiv und glaubwürdig für die Marke einzusetzen und eben nicht nur markenschädliche Fehler zu vermeiden. Dafür ist es ideal, bei der Positionierung der Marke auch auf emotionale Nutzen zu setzen, welche alle (!) Kollegen aktiv im Kundenkontakt vertreten können, unabhängig von ihrer fachlichen Aufgabe im Unternehmen.

In diesem Zusammenhang sei auch auf die besondere Bedeutung von Dienstleistungen hingewiesen. Bei ihrer Ausführung sind meistens Menschen involviert, wie zum Beispiel bei der Beratung oder Wartung. Durch den unmittelbaren Kontakt von Anbieter und Kunde ist auch hier eine höchstmögliche Beeinflussung aller Sinne gegeben. Schon deshalb ist es sinnvoll, Produkte um weitere Dienstleistungen zu ergänzen und sie im Bundle anzubieten, um den Kunden damit auf allen Wahrnehmungskanälen von der eigenen Leistungsfähigkeit zu überzeugen. Dienstleistungen sind deshalb ein ausgezeichnetes Mittel, sich vom Wettbewerb deutlich abzuheben.

Kontinuierliche Markenentwicklung

Ist eine geeignete Positionierung gefunden, gilt es, diese langfristig aufzubauen und dem angestrebten Image immer stärker zu entsprechen. Das ist ein langfristiger Prozess, weil die Kunden diese Positionierung nicht nur wahrnehmen, sondern lernen und langfristig im Gedächtnis behalten müssen. Bei „Vorsprung durch Technik" denken Kunden heute sofort an AUDI und verbinden damit viele Innovationen, wie die Erfindung des Quattro-Antriebs oder die vollverzinkte Karosserie. Schon bei der Erkennung von bestimmten Details im Design von Audi, wie zum Beispiel der charakteristische Kühlergrill oder die LED-Rückfahrleuchten, wird die Marke im Kopf mit vielen typischen Eigenschaften präsent. Diese Markenprägnanz im Kopf des Kunden ist das Ergebnis eines langfristig angelegten Markenentwicklungsprozesses. Deshalb muss die Markenpositionierung gründlich geplant und dann systematisch im Detail umgesetzt werden. Anders ausgedrückt: Radikale kurz- und mittelfristige Änderungen in der Positionierung und Kommunikation der wesentlichen Markennutzen führen zur Zerstörung des Lernprozesses im Kopf des Kunden und machen den bisherigen Aufwand zur Markenbildung zunichte. Notwendige Änderungen sollten deshalb nur behutsam und nach modernen lerntheoretischen Erkenntnissen vorgenommen werden, damit der Kunde dies als Weiterentwicklung so einfach und selbstverständlich wie möglich nachvollziehen kann. Eine blaue Giraffe mit kreisrundem Kopf würde auch nicht mehr als solche wahrgenommen werden, selbst wenn sie einen langen Hals hätte!

Fallbeispiel STILL

Das Unternehmen STILL stand vor der Aufgabe, das Markenimage zu überprüfen und eine Positionierung anzustreben, welche den genannten Anforderungen entspricht. Vor diesem Hintergrund wurde zunächst auf eine ausführliche Umfeld-, Markt- und Eigensituationsanalyse gesetzt. Dazu wurden eine Fülle von externen und unternehmensinternen Studien herangezogen sowie Experteninterviews durchgeführt, um eine aussagekräftige Datenbasis zugrunde legen zu können. Aus der Umfeld- und Marktanalyse ging deutlich hervor dass die potenziellen Kunden von STILL zunehmend höhere Ansprüche im Rahmen der Intralogistik haben.

Für die daraus resultierende Entwicklung der Markenpositionierung stellen Wissenschaft und Fachliteratur mehrere Methoden und Modelle zur Verfügung. Für den vorliegenden Fall wurde in Anlehnung an Icon Added Value und in einer Weiterentwicklung nach Esch das Markensteuerrad als geeignetes Modell herangezogen,[2] welches auch bei vielen Markenbildungsprozessen in der Praxis angewendet wird. Es ist einerseits systematisch aufgebaut und andererseits sehr verständlich zu kommunizieren, damit Entscheider daraus klare Schlüsse ziehen können. Es besteht aus fünf Modulen, die als Ausgangsbasis der Markenentwicklung festgelegt werden müssen[3] (Abb. 2.1).

Zentraler Bereich und damit im Mittelpunkt steht die Formulierung der Positionierung. Als Ergebnis der umfangreichen Analysen ergab sich bei STILL die „intelligente Steuerung der Intralogistik". Diese Positionierung spiegelt die Verdichtung wesentlicher Anforderungen seitens der Kunden wider. Umfeldanalysen und Experteninterviews zeigten gleichzeitig ein hohes Zukunftspotenzial für dieses Markenversprechen. Die Eigensituationsanalyse offenbarte bereits bestehende Produkte und Dienstleistungen bei STILL, mit denen man diese Positionierung glaubwürdig untermauern konnte. Zu erwähnen sind beispielsweise die Software „STILL-Report" und die angebotene Beratung zur Gestaltung entsprechender Prozesse, um standortübergreifend mehrere Läger eines Kunden effizient gestalten und eine passende Flurförderzeugflotte anbieten zu können. Diese Leistung geht deutlich über die Optimierung einzelner Gabelstapler oder Routenzüge hinaus. Damit unterscheidet sich diese Positionierung auch von den Anbietern, die in ihrem Produktfokus und in der Kommunikation im Wesentlichen nur auf die Verbesserung ihrer Flurförderzeuge setzen. Kein wesentlicher Konkurrent hatte diese Positionierungsrichtung bisher verfolgt, und damit war eine deutliche, von wesentlichen Trends getragene Differenzierung zum Wettbewerb gegeben.

Die anderen vier Quadranten des Markensteuerrades konkretisieren die Positionierung, um die Schwerpunktsetzung für den Kunden, aber auch die Handlungsrichtungen für die Mitarbeiter zu verdeutlichen.

---

[2]Vgl. Esch (2012, S. 101 ff.).
[3]Siehe dazu Kap. 1.

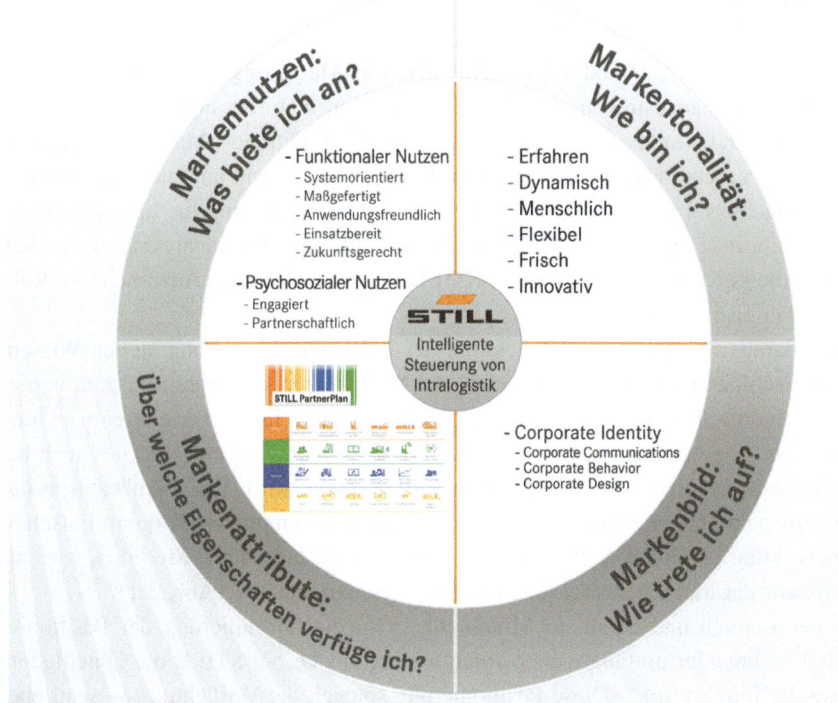

Abb. 2.1 Markensteuerrad STILL

Das zweite Modul umfasst die konkreten Markennutzen, die der Kunde beim Kauf erwarten kann. Es werden hierbei funktionale und psychosoziale (emotionale) Nutzen unterschieden. Aufgrund der Analysen haben sich bei STILL fünf funktionale und zwei psychosoziale (emotionale) Nutzen herauskristallisiert.

Die fünf funktionalen Nutzen sind *systemorientiert, maßgefertigt, anwenderfreundlich, einsatzbereit* und *zukunftsgerecht*. Die emotionalen Nutzen beziehen sich auf *engagiert* und *partnerschaftlich*.

Systemorientiert verdeutlicht das notwendige Zusammenspiel zwischen den Flurförderzeugen im Sinne einer kosten- und zeiteffizienten Bewegung der Waren. Eine konkrete Ableitung für die Produktentwicklung wären elektronische Schnittstellen der Lagerfahrzeuge. Dazu zählt typischerweise die Ausrüstung der Fahrzeuge mit RFID-Elementen.

Maßgefertigt deutet auf eine Analyse der Lagersituation und der spezifischen Anforderungen beim Kunden hin, die dann erst in eine individuelle Beratung mündet, bevor Produktangebote unterbreitet werden. Gerade bei größeren und international agierenden Unternehmen ist dies eine zunehmende Notwendigkeit.

Vor dem Hintergrund zunehmend komplexer Aufgabenstellungen im Rahmen einer intelligenten Steuerung ist es zwingend erforderlich, alle Produkte und Steuereinheiten einfach, schnell verständlich und fehlerfrei, eben *anwenderfreundlich,* bedienen zu können. Dazu zählen intuitive Benutzerführungen und Vorkehrungen gegen mögliche Fehlbedienungen. Gerade bei der geforderten Systemorientierung der angebotenen Komponenten würde eine komplizierte und damit fehleranfällige Bedienung größere Schäden mit Folgewirkungen hervorrufen als bei Stand-Alone-Produkten, die keine Verbindung zu anderen Komponenten haben.

Der Nutzen *einsatzbereit* zielt auf eine hohe Verfügbarkeit der eingesetzten lagertechnischen Gerätschaften. Die zunehmende Bedeutung von Just-in-Time- bzw. On-Demand-Lieferungen sensibilisiert die Kunden für Lieferanten, die ihnen eine hohe Einsatzbereitschaft der gekauften Flurförderzeuge garantieren. Präventive Wartung, Online-Diagnosen und schnelle Verfügbarkeit von Reparaturservices vor Ort sind konkrete Implikationen dieses Markennutzens.

Zukunftsgerecht bedeutet für STILL zunächst einmal, umweltgerechte Produkte und Systeme anzubieten. In diesem Nutzen steckt aber auch die Anforderung, zukünftige Entwicklungen für die Kunden zu antizipieren. Dazu können sowohl Investitionen in die Brennstoffzellentechnologie gezählt werden als auch besonders ergonomische und rückenschonende Fahrersitze (Trend: demografischer Wandel).

Es wird deutlich, wie die funktionalen Markennutzen konkrete Fokussierungen in der Produktentwicklung ermöglichen. Je konsequenter die fünf funktionalen Nutzen durch Produkt- oder Projektideen unterstützt werden, desto besser wird die Markenentwicklung vorangetrieben.

Als prägnantes Beispiel dieser konsequent verfolgten Markenstrategie bei Innovationen kann der im Jahre 2016 in den Markt eingeführte „iGo neo CX20" von STILL dienen (Abb. 2.2). Dieses innovative Fahrzeug interagiert mit seinem Bediener im Lager beim Kommissionieren wie eine Art Teamkollege. Es passt sich dem Arbeitsrhythmus des Bedieners an (anwenderfreundlich). Durch ein sogenanntes integriertes Motion-Tracking-System mit einem sensorgestützten 360°-Sichtfeld erkennt es die Absichten des Bedieners anhand seiner Bewegungen und kann mit diesem interagieren (systemorientiert und anwenderfreundlich). Eine integrierte Personenschutzanlage und ein integrierter Panorama-Laserscanner ermöglichen ein frühzeitiges Erkennen und Einschätzen sich bewegender Mitarbeiter und Hindernisse, wodurch automatisch ein angepasstes Fahrverhalten induziert wird (systemorientiert und zukunftsgerecht). Dank einer „Automation on Demand" kann der Bediener selbst entscheiden, ob er das Fahrzeug manuell oder autonom einsetzen möchte, um seine Kommissionierleistung zu steigern (einsatzbereit und anwenderfreundlich). Durch ein nonverbales User Interface kann dieses Kommissionierfahrzeug unabhängig von Sprachkompetenzen eingesetzt werden (anwenderfreundlich). Feldtests haben eine Zeitersparnis von bis zu 30 % bei deutlich höherer Kommissionierleistung ergeben, weil das ansonsten übliche zeitaufwendige Auf- und Absteigen von herkömmlichen Fahrzeugen dieser Art entfällt (einsatzbereit). Da STILL mit dem „iGo neo CX20" als erster Flurförderzeughersteller Robotik serienmäßig in die Intralogistikbranche einführt, unterstreicht das ihren Anspruch der „intelligenten Steuerung der Intralogistik".

Abb. 2.2 iGo-neo folgt dem Mitarbeiter nach seinem Arbeitsrhythmus

Die beiden psychosozialen Nutzen beziehen sich ausschließlich auf das Verhalten der Mitarbeiter. Das hat für die Einzigartigkeit der Markenbildung eine besondere Bedeutung! Denn ein bestimmtes Mitarbeiterverhalten kann nicht unabhängig von der handelnden Person erfolgen und ist damit für die Konkurrenz schwer oder gar nicht kopierbar!

Engagiert wird bei STILL als Synonym für aktives – im Sinne des Kunden vorausschauendes – Handeln gesehen. Ein engagierter Mitarbeiter kann sich in die Lage des Kunden versetzen und seine Sichtweise annehmen. Das kann in der Produktentwicklung bedeuten, über Innovationen nachzudenken, für die der Kunde jetzt noch keinen Bedarf hat, die ihm aber künftig aufgrund bestimmter Marktentwicklungen wichtig sein werden. Es kann aber auch ganz einfach die Annahme eines Telefongespräches eines Käufers sein, der eigentlich einen anderen, im Moment nicht verfügbaren Mitarbeiter sprechen möchte. Statt eines „Rufen Sie später noch einmal an" bemüht sich der Angerufene um den möglichst schnellen Rückruf durch die gesuchte Person oder kümmert sich – falls möglich – selbst um die Lösung des Problems. Gerade der Nutzen *engagiert* kann von jedem Mitarbeiter in jeder Funktion prägnant gelebt werden und der Mitarbeiter kann somit leicht erkennbar zum Markenbotschafter werden.

2 Giraffenprinzip als Markenfilter

Der als *partnerschaftlich* bezeichnete zweite psychosoziale Nutzen ist fast mit einem Charaktermerkmal gleichzusetzen. Auf einen Partner kann man sich verlassen. Der Handschlag ist wichtiger als bestimmte Vertragsinhalte. Ein Partner hilft dem Kunden auch in Notfällen, selbst wenn es einmal außerhalb der eigenen Arbeitszeit stattfindet oder rechtlich betrachtet nicht gefordert wäre.

Bei den Analysen zur Positionierung waren diese beiden emotionalen Nutzen bei potenziellen Kunden von STILL in der Prioritätenliste weit oben angesiedelt, nicht zuletzt aufgrund schlechter Erfahrungen mit bisherigen Lieferanten in der Vergangenheit.

Mit diesen „5 + 2"-Nutzen haben die Mitarbeiter bei STILL konkrete Handlungsmaximen erhalten, wie sie die Positionierung aufladen können. Sie werden intern vereinfacht unter „5 + 2" kommuniziert, um sie symbolisch schneller im Gedächtnis zu verankern.

Das dritte Modul des Markensteuerrades im Quadranten links unten enthält die sogenannten Markenattribute. Sie repräsentieren die beweiskräftigen Leistungen, wie die „5 + 2" durch STILL umgesetzt werden. STILL hatte – schon vor der gewählten Positionierung – einen sogenannten „Partnerplan" entwickelt, in dem das gesamte Leistungsportfolio abgebildet ist (Abb. 2.3). Hier findet der Kunde zu jedem Nutzen konkrete Angebote, die das Versprechen glaubwürdig untermauern. So unterstützen „System

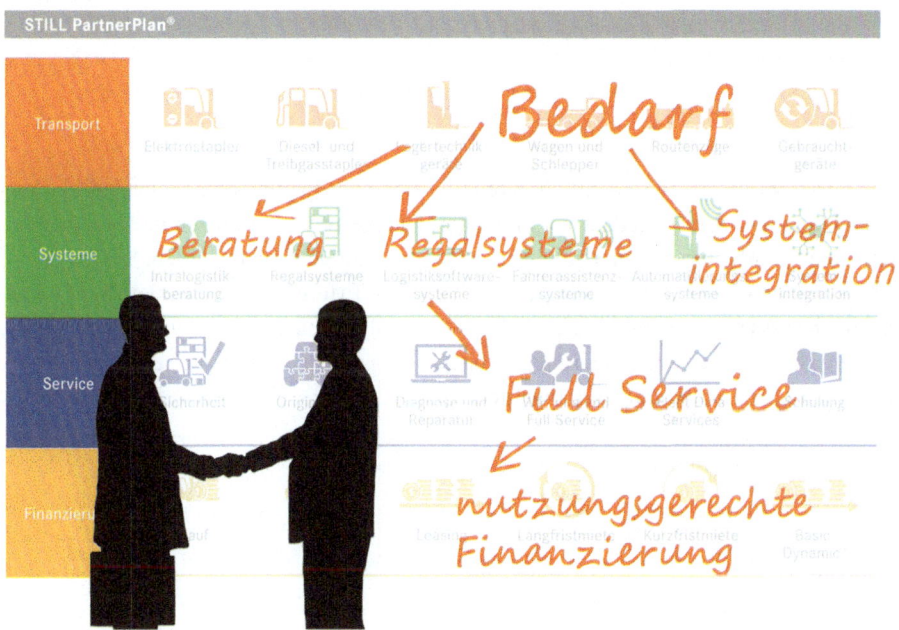

Abb. 2.3 Der STILL PartnerPlan repräsentiert die Markenattribute

Integration" und „Palettenregale" den Nutzen *systemorientiert*. „Intralogistische Beratung" ist ein „Beweis" für *maßgefertigt*. „Diagnose und Reparatur" sowie „Wartung und Full Service" fördern *einsatzbereite* Produkte. „Automatisierungssysteme" unterstützen die beiden Nutzen *zukunftsgerecht* und *anwenderfreundlich*. Die Unterstützung der beiden psychosozialen Nutzen lässt sich aus dem Partnerplan nicht explizit herauslesen, da die Mitarbeiter dafür in internen Schulungen (STILL-Akademie) sensibilisiert werden. Engagiertes und partnerschaftliches Verhalten muss sich idealerweise in allen Begegnungen mit dem Kunden äußern. Das Ergebnis lässt sich in den Kundenzufriedenheitsanalysen ablesen, die STILL regelmäßig durchführt.

Der Partnerplan ist kein festgezurrtes Leistungsportfolio, sondern ändert sich mit dem Wandel der Marktanforderungen. Je klarer und deutlicher neue Angebote im Partnerplan als Leistungsbeweise den „5 + 2" entsprechen, desto glaubwürdiger wird das Markenbild von STILL gestärkt.

Die Brand Tonality ist im rechten oberen Quadranten des Markensteuerrades festgehalten (Abb. 2.1). Es beinhaltet bestimmte Adjektive, wie die „5 + 2" in subtiler Weise kommuniziert werden sollen. Für die Kommunikationsabteilung oder auch externe Agenturen sind diese Hinweise für die Gestaltung von Werbemaßnahmen von besonderer Bedeutung.

Schließlich wird im 4. Quadranten zum Thema Brand Image die Corporate Identity festgelegt. Es geht um die Frage, auf welchen Kommunikationskanälen die Positionierung zu einem stimmigen und unverwechselbaren inneren Bild im Kopf des Kunden entwickelt wird. Angesprochen sind Corporate Design, Corporate Communications und Corporate Behaviour.[4]

Fazit

Am „Giraffenprinzip" wird deutlich, worauf es bei einer Erfolg versprechenden Markenentwicklung ankommt und dass vor allem der emotionale Zusatznutzen und das markenkonforme Mitarbeiterverhalten zukünftig an Bedeutung gewinnen werden. STILL hat als B2B-Anbieter bereits viele wichtige Schritte einer Erfolg versprechenden Markenentwicklung systematisch durchlaufen. In den nachfolgenden Kapiteln wird deutlich, wie dort auf Basis dieser Positionierung wichtige Handlungsmaximen im gesamten Marketing-Mix abgeleitet und umgesetzt werden.

---

[4]Zu weiteren Ausführungen dazu sei auf die nachfolgenden Kapitel verwiesen.

Über den Autor

Dr. Thomas Gey ist Professor für Marketing & Strategische Unternehmensentwicklung an der privaten Hochschule der Wirtschaft NORDAKADEMIE (Hamburg und Elmshorn). Er lehrt auch an internationalen Universitäten in den USA und Südamerika. Zuvor war er Vorstandsassistent in einem Großkonzern und anschließend Partner einer international tätigen Beratungsgesellschaft. Seine Forschungsschwerpunkte liegen vor allem in den Themen Branding, Online-Marketing, Werte-Marketing, Markt- und Werbe- sowie Verhaltenspsychologie. Er führt regelmäßig Beratungsprojekte und Seminare zur Marken-, Leitbild-, Motivations- und Persönlichkeitsentwicklung durch.

3. Marke als Motor der Produktentwicklung

Thomas Gey und Florian Meyke

Markenpositionierung und Produktentwicklung

In den vergangenen Jahren hat sich die Vertriebssituation für Unternehmen geändert. Heute zeichnen sich Märkte durch ein hohes Leistungsangebot, anspruchsvolle Kunden, zunehmende Sättigung, steigende Transparenz, vergleichbare Produkte und einen globalen Wettbewerbsdruck aus. Individuelle, kundenorientierte Produkte und Dienstleistungen sowie ein hohes kundenspezifisches Angebot sind ein Resultat dieses Wandels.

Wettbewerbsunternehmen, die ähnliche Produkte oder Dienstleistungen anbieten, können folglich das eigene Unternehmensergebnis beeinflussen. Der Erfolg oder Misserfolg von Unternehmen wird demnach von der relativen Wettbewerbsposition bestimmt.[1] Um unternehmenseigene Produkte und Dienstleistungen abzusetzen, sollten sich Unternehmen von den Wettbewerbern unterscheiden, damit die Wahl der Kunden auf das eigene Angebot fällt. Für den Erfolg eines Unternehmens ist es demzufolge von Bedeutung, Produkte und Dienstleistungen anzubieten, die mit der gewählten Wettbewerbsstrategie kompatibel sind.

Darüber hinaus muss sichergestellt werden, dass die mit den Produkten und Dienstleistungen verfolgte Markenpositionierung auch vom Kunden wahrgenommen und im Idealfall als „inneres Bild" verankert wird. Deshalb muss das Produktmanagement die

---

[1] Porter (2008, S. 35–37).

T. Gey (✉)
NORDAKADEMIE, Elmshorn, Deutschland
E-Mail: t.gey@nordakademie.de

F. Meyke
STILL GmbH, Hamburg, Deutschland
E-Mail: florian.meyke@still.de

© Springer Fachmedien Wiesbaden GmbH 2017
T. Gey (Hrsg.), *Brand the Future*, DOI 10.1007/978-3-658-05765-7_3

eingeschlagene Strategie sowohl in der Produktentwicklung als auch in der Produktgestaltung berücksichtigen.

Im vorliegenden Fall wird gezeigt, wie das Unternehmen STILL GmbH, das sich als führender Anbieter der „intelligenten Steuerung von Intralogistik" versteht, mithilfe eines Konzeptfahrzeugs die positionierungsrelevanten und Kundennutzen stiftenden Produkteigenschaften ermittelt, um sich im Wettbewerb erfolgreich durchsetzen zu können.

Empirische Studie auf Basis eines Konzeptfahrzeugs

Die Entwicklung eines Konzeptfahrzeugs kann eine hervorragende Basis sein, um die Marktfähigkeit von Neuprodukten abzuschätzen. Darüber hinaus können damit zukunftsweisende Branchentrends aufgezeigt werden. Der 1938 von Earl entworfene Buick Y-Job gilt als erstes Konzeptfahrzeug in der Automobilbranche. Es löste seinerzeit in der Automobilbranche einen neuen Designtrend aus.[2] Heute sind Konzeptfahrzeuge grundsätzlich mit innovativen Technologien, impulsgebenden Designs oder neuartigen Funktionen ausgestattet. Auch wenn sie nicht immer die Marktreife erreichen, so können mit ihrer Hilfe trotzdem die Werte- und Qualitätsvorstellungen der Kunden weiterentwickelt und die eigene Innovationskraft unter Beweis gestellt werden. Gleichzeitig dienen sie dazu, die damit erzeugten Wahrnehmungen der Kunden zu ermitteln. Auf dieser Grundlage kann Erfolg versprechend entschieden werden, welches Design, welche Technik oder welche Funktionen sich in den zukünftigen Serienfahrzeugen wiederfinden sollen.

Auf Basis dieser Erkenntnis entwickelte STILL seit dem Jahr 2001 schon das zweite Konzeptfahrzeug, den sogenannten STILL cubeXX, um bestehende Entwicklungstendenzen mit den aktuellen Kundenwahrnehmungen abzugleichen. Der cubeXX ist auf Basis wesentlicher Trends in der Intralogistik und prägenden Merkmalen der STILL-Positionierung und der daraus resultierenden Aufgabenstellung an die Intralogistiklösungen der Zukunft realisiert worden. Die von dem Produktmanagement identifizierten zukunftsrelevanten Eigenschaften wurden im STILL cubeXX berücksichtigt und in produktrelevante Merkmale und Funktionen umgesetzt. Der cubeXX steht als Konzeptfahrzeug symbolisch für die Realisierung der zu erwartenden Anforderungen in der Intralogistikbranche bis zum Jahre 2020 (Abb. 3.1).

Der STILL cubeXX ist so konzipiert, dass auf Basis der Erkenntnisse im Produktmanagement ein möglichst hoher Kundennutzen resultiert. Ziel einer empirischen Untersuchung war es, den cubeXX im Hinblick auf diese realisierten Merkmale aus Kundensicht bewerten zu lassen. Im Vordergrund standen vor allem die Aspekte, die im besonderen Maße dazu beitragen, das Markenimage in Richtung der Markenpositionierung zu stärken und damit der Wettbewerbsstrategie von STILL langfristig eine hohe Durchschlagskraft zu verleihen.

---

[2]PR Newswire Association LLC (2003).

3 Marke als Motor der Produktentwicklung

Abb. 3.1 STILL cubeXX

- Folgende Merkmale des Konzeptfahrzeugs sind in diese Studie eingeflossen:
- Multifunktionale Anwendung
- Energieeffizienz (abdockbares Gegengewicht)
- Automatisierung
- Effiziente Raumnutzung (einfahrbare Kabine)
- Verfügbarkeit (24-h-Service)
- Hohe Wendigkeit (Querreversieren)
- Automatische Fahrererkennung
- Hohe Nutzungszeit (Li-Ion-Batterie)

Erhebungsort war die LogiMAT in den Jahren 2012 und 2013. Es handelt sich dabei um die größte Intralogistikmesse in Europa. Für die Untersuchung wurde der Stichprobenumfang *(n)* auf mindestens 150 Messefachbesucher festgelegt. Dies entspricht nach Griffin und Hauser der fünffachen Sicherheit zur Ermittlung aller relevanten Kundenanforderungen. Griffin und Hauser haben aufgezeigt, dass in einer homogenen Kundengruppe bereits 20 bis 30 Befragungen ausreichen, um 90 bis 95 % der möglichen Qualitätsanforderungen zu ermitteln.[3] Aufgrund der Komplexität eines Konzeptfahrzeuges wurde die Meinungsumfrage mittels einer „Face-to-Face"-Umfrage vorgenommen.

Insgesamt konnten sogar 290 auswertbare Datensätze erhoben werden. Gut 36 % der Probanden gehörten zu den sogenannten Entscheidern. Das ebenfalls erhobene Involvement der Probanden ist auf einer Skala von 0 bis 6 mit einem Durchschnittswert von 4,38 Punkten als recht hoch zu bewerten.

---

[3]Griffin und Hauser (1993, S. 12).

Innovationen beeinflussen die Kundenzufriedenheit

Neuartige Funktionen oder Eigenschaften eines Produktes können zu einer Zufriedenheitssteigerung von Konsumenten führen. Werden diese Innovationen im Laufe der Zeit zum Standard, tragen sie dann meist nur noch dazu bei, Unzufriedenheit zu vermeiden.

Nehmen wir als Beispiel ein Touchscreen-Handy. Zu Anfang waren die Kunden in der Regel begeistert. Displaygröße und Auflösung spielten zunächst kaum eine Rolle. Später musste auf ein größeres Display mit besserer Grafik gesetzt werden, um einen hohen Zufriedenheitslevel zu halten. Heute ist ein hochauflösendes und exakt funktionierendes Display eine Voraussetzung für den Kunden. Falls dies nicht gegeben ist, erzeugt es Unzufriedenheit. Der Innovationsgrad eines Produktes oder seiner Teile beeinflusst demnach den Zufriedenheitslevel. Diese spezifischen Wahrnehmungen des Kunden gilt es deshalb zu berücksichtigen.

Neuartige Produkteigenschaften durchlaufen gewissermaßen einen Lebenszyklus. Um herauszufinden, in welchem Abschnitt des Lebenszyklus sich eine Eigenschaft oder Funktion befindet, kann die Kano-Methode verwendet werden, die 1984 von Kano et al. entwickelt wurde und auf der von Herzberg et al. entwickelten „Motivator-Hygiene-Theorie" basiert.[4] Sie wurde auch in dieser Studie herangezogen.

Abb. 3.2 verdeutlicht drei der fünf von Kano et al. definierten Merkmalskategorien:[5] Attractive Requirements, One-Dimensional Requirements und Must-Be Requirements.

Die Ergebnisse der STILL-Studie zeigen, dass alle untersuchten Qualitätsmerkmale Einfluss auf die Kundenzufriedenheit haben. Dabei werden Fahrererkennung, Automatisierung, die einfahrbare Kabine, der 24-h-Service und auch die Lithiumionen-Batterieeinheit nach Anwendung der KANO-Methode sogar als „Attractive Requirement" angesehen. Sie lösen beim Kunden also Begeisterung aus.

Die Merkmale Energieeffizienz, Querreversieren und Multianwendung befinden sich schon im späteren Abschnitt des Lebenszyklus und werden als „One-Dimensional Requirement" angesehen. Für diese Eigenschaften gilt also ein linearer Zusammenhang. Je mehr sie berücksichtigt werden, desto höher ist die Kundenzufriedenheit.

Für die Produktentwicklung ist es wichtig, den Fokus möglichst zeitnah auf Funktionen und Eigenschaften zu legen, die sich am Anfang des Lebenszyklus befinden, um einen Wettbewerbsvorteil zu erlangen.

Als Nächstes muss nun ermittelt werden, ob diese Faktoren auch Nutzen stiftend für den geplanten Einsatzzweck sind. Dies erfolgt mithilfe des sogenannten House of Quality.

---

[4]Kano (2001, S. 6); Lee et al. (2011, S. 179); Sauerwein (2000, S. 25–26).
[5]Kano et al. (1984).

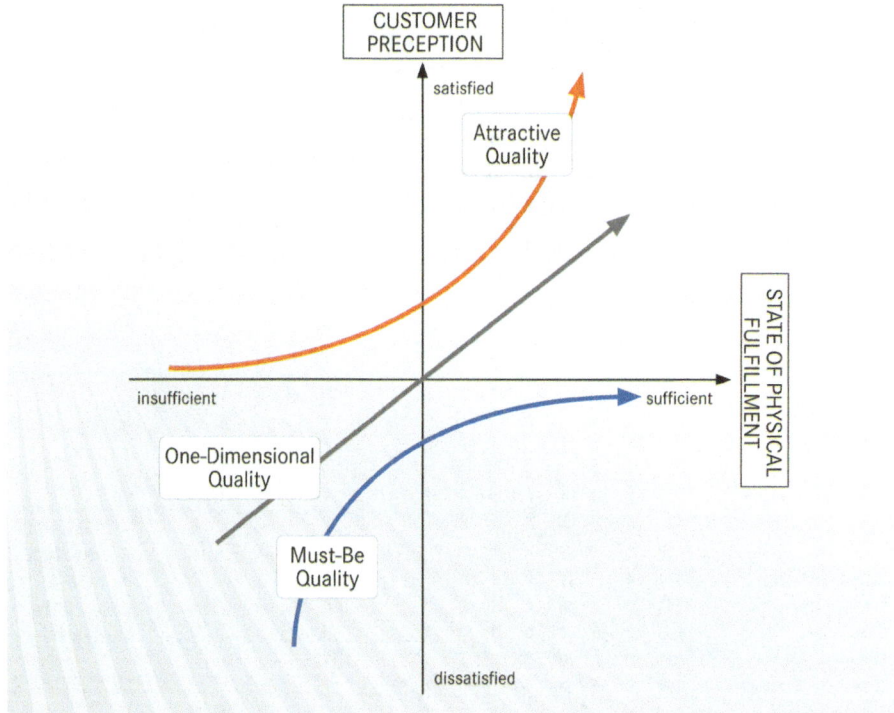

Abb. 3.2 Kano-Methode

Entwicklung eines House of Quality

Um den Produktentwicklungsprozess an den Bedürfnissen des Kunden auszurichten, kann man sich der Methode des Quality Function Deployments (QFD) bedienen. Diese wurde 1966 von Akao entwickelt.[6] In der Mitsubishi-Schiffswerft Heavy Industries fand sie 1972 zum ersten Mal Verwendung.[7] Das Ziel von QFD ist die Übersetzung der Kundenwünsche in technische Merkmale, die in das Produkt direkt einfließen können.[8] Aus den Kundenanforderungen werden die Entwurfsanforderungen und -ziele oder auch Qualitätssicherungspunkte abgeleitet.[9] Die Visualisierung dieses Prozesses wird House of Quality genannt (HoQ). Es handelt sich um ein Matrixdiagramm, das die Beziehung zwischen Kundenanforderungen und technischen Merkmalen widerspiegelt und so den Nutzen einzelner Funktionen bewertet (Abb. 3.3).

---

[6]Akao (1992).
[7]Hauser (1993).
[8]Hauser (1993, S. 61); Sesma Vitrián (2004, S. 30).
[9]Akao (1992, S. 15).

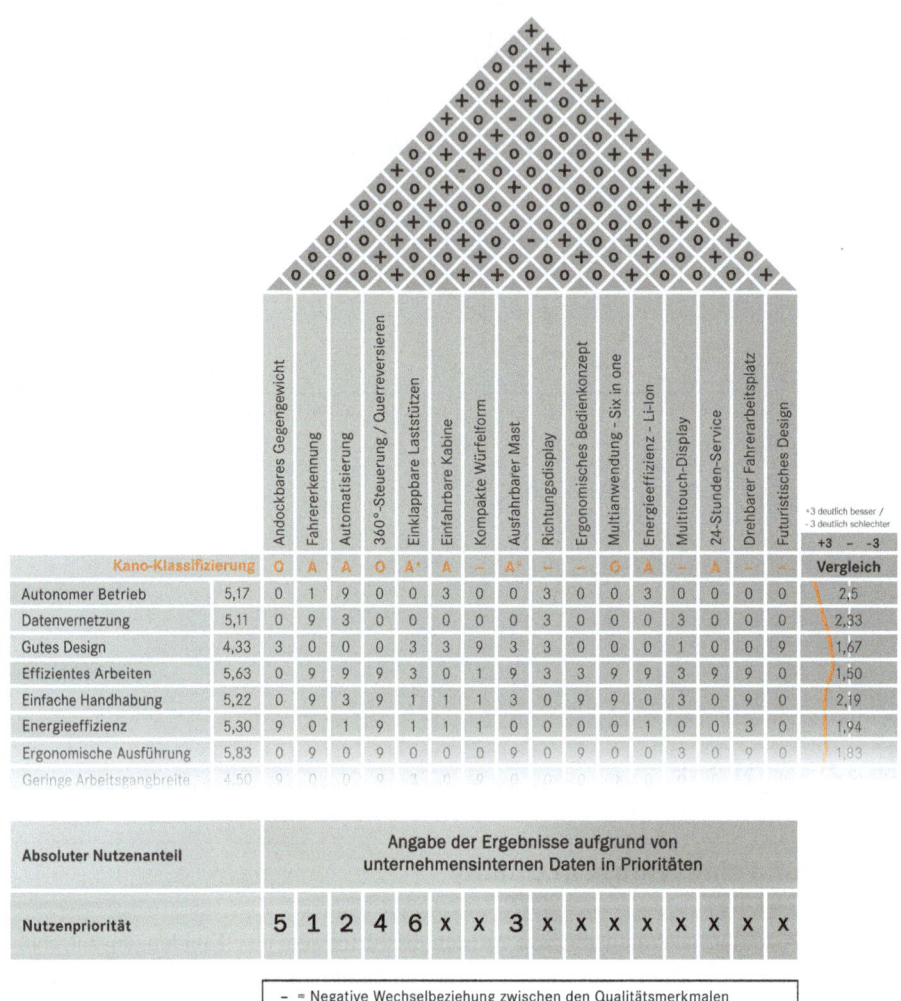

Abb. 3.3 House of Quality nach Prioritäten

Es gibt mehrere Ansätze, die Daten aus dem Kano-Modell in das HoQ zu integrieren.[10] Bei einem Konzeptfahrzeug steht nicht die Gesamtbewertung, sondern die einzelnen Qualitätsmerkmale stehen im Vordergrund, die bei ausreichender Akzeptanz auf andere Fahrzeuge adaptiert werden.

Dem HoQ der vorliegenden Untersuchung ist zu entnehmen, dass die automatische Fahrererkennung den höchsten relativen Nutzen aufweist. Auf den nächsten Plätzen folgen der

---

[10]Sireli et al. (2007).

autonome Betrieb (Automatisierung) und der ausfahrbare Mast. Sie präsentieren die drei wichtigsten Merkmale des STILL cubeXX aus Kundensicht. Wird somit der Fokus des Produktmanagements oder der Kommunikation beispielsweise auf die automatische Fahrererkennung gelegt, so handelt es sich um ein „Attractive Element" und löst beim Kunden Begeisterung aus. Die Untersuchung weist für dieses Merkmal außerdem einen hohen relativen Nutzen auf, der aus Datenschutzgründen in der Tabelle nur nach Prioritäten ersichtlich ist.

Auf diese Weise wurden auch die weiteren Qualitätsmerkmale des Konzeptfahrzeuges identifiziert, die einen besonders hohen Kundennutzen erfüllen. Im Idealfall sollten sie vom Produktmanagement berücksichtigt und auf künftige Serienfahrzeuge adaptiert werden.

Nun galt es zu überprüfen, inwieweit die ermittelten Qualitätsmerkmale die Markenpositionierung stärken und damit das innere Bild von STILL bei den Kunden gezielt fördern, um schließlich den Markenwert des Unternehmens potenziell zu erhöhen.

Identifikation der maßgeblichen Markenmerkmale

Um mithilfe des cubeXX auch diejenigen Qualitätsmerkmale zu identifizieren, die das angestrebte Markenimage stärken, wurde zunächst untersucht, ob die aktuell angestrebte Positionierung von STILL, die „intelligente Steuerung von Intralogistik", auch von den Probanden wahrgenommen wird.

Hierfür wurde in einem ersten Schritt erfragt, wie wichtig den Probanden eine *individuelle* intralogistische Lösungskompetenz ist. Des Weiteren wurde ermittelt, wie sehr das Unternehmen STILL und der cubeXX aus Kundensicht intralogistische Lösungskompetenz widerspiegeln. Als Maßstab diente eine Ordinalskala mit den Bewertungsstufen von 1 bis zur Bestmarke 6.

Bei der Auswertung (Abb. 3.4) wurde zwischen Kunden unterschieden, die hauptsächlich STILL-Fahrzeuge nutzen (s = STILL), und denen, die primär eine Wettbewerbsmarke nutzen (ns = nicht STILL).

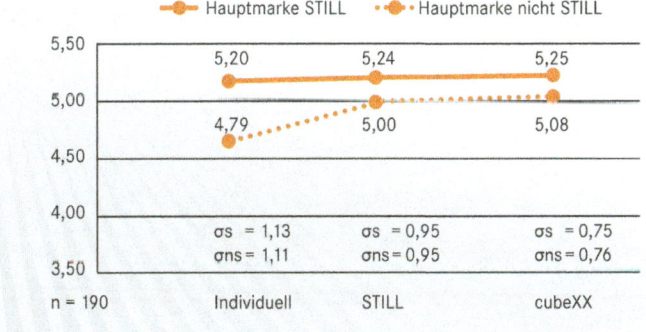

Abb. 3.4 Auswertung der Befragung 2012

Das Ergebnis zeigt, dass den Kunden, die STILL als Hauptlieferanten haben, eine individuelle Intralogistiklösung signifikant wichtiger ist als Probanden, die eine Fremdmarke als Hauptlieferanten bevorzugen. STILL-Hauptmarkenkäufer stufen STILL auch in der intralogistischen Lösungskompetenz signifikant höher ein. Bei diesen Kunden kann also die verfolgte Positionierungsstrategie als erfolgreich angesehen werden.

Auf die Frage nach der Bedeutung des cubeXX für die Positionierung von STILL zeigten sich folgende Ergebnisse: Als treibende Faktoren für eine intralogistische Lösungskompetenz sprechen vor allem die folgenden Qualitätsmerkmale:

- Automatisierung ($= 5{,}58$)
- Multifunktionsanwendung ($= 5{,}45$)
- Automatische Fahrererkennung ($= 5{,}41$)

Auf diese Merkmale sollte sich die Produktentwicklung demnach konzentrieren, will sie das angestrebte Markenimage von STILL besonders stärken.

Fazit

Die Ausführungen haben gezeigt, wie ein Konzeptfahrzeug als wertvolle Informationsquelle dienen kann, um strategiekonforme und kundennutzenorientierte Produkte entwickeln zu können. Mithilfe einer empirischen Studie bei dem Unternehmen STILL und unter Anwendung der Kano-Methode hat sich herausgestellt, dass alle betrachteten Qualitätsmerkmale des Konzeptfahrzeugs aufgrund ihrer Neuartigkeit entweder den Kategorien Attractive oder One-Dimensional zugeordnet werden können. Mithilfe des House of Quality konnten dann die Kundenwünsche mit den dazugehörigen technischen Anforderungen in Relation gebracht werden. Speziell die hoch bewerteten technischen Faktoren Automatisierung, Multifunktionsanwendung und automatische Fahrererkennung tragen in besonderem Maße zur Positionierung von STILL bei. Mit diesem Ergebnis haben die Produktentwickler wesentliche Anhaltspunkte, wie sie das Markenimage von STILL gezielt stärken können.

Über die Autoren

Dr. Thomas Gey ist Professor für Marketing & Strategische Unternehmensentwicklung an der privaten Hochschule der Wirtschaft NORDAKADEMIE (Hamburg und Elmshorn). Er lehrt auch an internationalen Universitäten in den USA und Südamerika. Zuvor war er Vorstandsassistent in einem Großkonzern und anschließend Partner einer international tätigen Beratungsgesellschaft. Seine Forschungsschwerpunkte liegen vor allem in den Themen Branding, Online-Marketing, Werte-Marketing, Markt- und Werbe- sowie Verhaltenspsychologie. Er führt regelmäßig Beratungsprojekte und Seminare zur Marken-, Leitbild-, Motivations- und Persönlichkeitsentwicklung durch.

Florian Meyke ist verantwortlich für die Aus- und Weiterbildung des Vertriebspersonals der STILL GmbH. Er konzipiert und leitet verhaltensorientierte und technische Produkttrainings im Business-to-Business-Sektor. Bevor er 2014 bei der STILL GmbH als Produkttrainer für Lagertechnikgeräte anfing, vertiefte er sein Fachwissen aus dem MBA-Studium als selbstständiger Coach für strategisches Management und Training.

Teil II

Lebendige Markenbildung

Storytelling statt Zeigefinger

Sonja Beer

Marken bestehen nicht nur aus Logos, Claims oder Produkten. Sie sind die Summe der Erfahrungen, die wir mit ihnen machen, und der Eindrücke und Überzeugungen, die wir in Bezug auf sie entwickeln. Was wir selbst erleben, ist für uns die unmittelbare Realität, obwohl unsere Wahrnehmungen immer subjektiv sind. Ein einziges Erlebnis in einem Geschäft kann unser Bild der Marke prägen. Wenn eine solche Erfahrung für uns persönlich sehr relevant ist, ob positiv oder negativ, neigen wir dazu, sie zu generalisieren und auch anderen Menschen davon zu berichten, um ihnen für die Zukunft Orientierungshilfe zu geben – zu empfehlen oder zu warnen.

Nicht die gleiche Qualität wie eine eigene Erfahrung, aber doch eine ähnliche können die Erlebnisse anderer Menschen für uns gewinnen. Das gilt insbesondere dann, wenn wir die erzählende Person als vertrauenswürdig einschätzen. Nicht alles selbst ausprobieren zu müssen, sondern sich auf Erfahrungen Anderer verlassen zu können, gehört zu unseren Alltagsstrategien. Der Einsatz von Testimonials in der Werbung versucht, sich dies zunutze zu machen.

Im Vergleich zur klassischen Werbung in Fernsehen, Funk und Print, die Ein-Weg-Kommunikation ist, sind Mensch-zu-Mensch-Interaktionen wesentlich geeigneter, damit wir Erlebnisberichte als glaubwürdig und nicht-manipulativ wahrnehmen. Wir möchten kritische Nachfragen stellen können, wie es bei unidirektionaler Werbung nicht möglich ist – machen davon aber selten Gebrauch. Stattdessen gehen wir bei einer direkten Begegnung prinzipiell davon aus, dass unser Gegenüber ehrlich ist; dies gehört zu den linguistischen Grundprinzipien, die uns in der Alltagskommunikation leiten.[1] Die jeweilige Beziehung

---

[1] Grice (1993).

S. Beer (✉)
Hamburg, Deutschland
E-Mail: kontakt@sonja-beer.de

© Springer Fachmedien Wiesbaden GmbH 2017
T. Gey (Hrsg.), *Brand the Future*, DOI 10.1007/978-3-658-05765-7_4

zum Gesprächspartner kann dieses Vertrauen noch positiv verstärken. Zusammen führt dies dazu, dass wir Face-to-Face-Gespräche auch über Markenerlebnisse meist als glaubwürdiger empfinden als klassische Werbung.

So wird also eine Marke nicht nur die Summe der eigenen Erfahrungen, sondern auch immer eine Summe dessen, was sich Menschen im direkten Gespräch über sie mitteilen: Überzeugte Kunden berichten zum Beispiel von positiven Erlebnissen mit dem Kundenservice. Mitarbeiter, die sich mit ihrem Job identifizieren, sprechen stolz über neue Produkte und zeigen in ihrem Verhalten, wofür die Marke steht: Wie sie auf Kunden zugehen; wie sie als Kollegen miteinander umgehen; wie sie mit neuen Anforderungen umgehen.

Menschen werden so auch abseits von massenmedialen Kommunikationsmaßnahmen zu Meinungsmachern und Multiplikatoren, die als „Markenbotschafter" in ihrem Alltag Anderen die „Persönlichkeit" einer Marke vermitteln und sie für die Marke gewinnen können.

Der Einsatz und die Wirkung von Alltagsgesprächen oder -handlungen werden unter dem Begriff des verhaltensbezogenen Marketings oder Behavioral Brandings beschrieben, doch selten systematisch von einer Markenstrategie erfasst. Zwar gehören fachliche Erklärungen zum Produkt und ausgearbeitete Verkaufsargumente zu den festen Bestandteilen eines Vertriebsgesprächs; hierzu werden Unterlagen ausgearbeitet und auch Schulungen geplant. Doch wie eine Marke über das spezifische Verkaufsgespräch hinaus – in ungeplanten Alltagsgesprächen, von Personen aus jedem Bereich des Unternehmens und auch von Kunden – vermittelt werden könnte, wird meist dem Zufall oder dem individuellen Geschick einer Person überlassen.

Die Methode des Storytellings stellt eine Möglichkeit dar, die Marke im alltäglichen Handeln darzustellen. Mit dem Begriff „Storytelling" ist hier nicht allgemein das Erzählen beliebiger Anekdoten gemeint, sondern im engeren Sinne eine strategische Auswahl und Formulierung, welche die Marke kurz und einprägsam in ihren wesentlichen Zügen vor Augen stellt – am Beispiel einer Geschichte.[2] Der Sprecher setzt also bewusst bestimmte Muster ein. Eine solche Gesprächsstrategie (nicht nur die jeweilige Geschichte) ist entsprechend lernbar und kann dazu beitragen, dass Behavioral Branding im Zuge der Markendarstellung gezielt eingesetzt werden kann – von jeder Person, die mit der Marke Kontakt hat, intern wie extern.[3]

Damit Storytelling wirken kann, muss neben der strategischen Formulierung die Situation, in der erzählt wird, glaubwürdig bleiben. Damit das Gesagte überzeugen kann, spielen Grundsätze des Alltagsgesprächs wie Spontaneität, Dialoghaftigkeit, Beziehungsgestaltung, Emotionalität und Kongruenz zwischen Absicht und Handeln eine

---

[2] Zur historischen Entwicklung dieser unternehmensbezogenen Form von Storytelling seit den 1990er Jahren, zunächst für das Informations- und Wissensmanagement, vgl. Thier (2006, S. 16 f.).

[3] Das gilt auch für Kunden: Gute Stories ermutigen Hörer, zu Markenbotschaftern zu werden und positiv über die Marke zu sprechen; vgl. Lundqvist et al. (2013, S. 293).

entscheidende Rolle. Das Gesprächsmuster „Storytelling" gelingt nur in einem Kontext, in dem der Sprecher authentisch und persönlich wirkt. Etwa wenn jemand „von sich" berichtet, seine eigene Meinung kundtut und zur Verdeutlichung zum (vermeintlich) nächstbesten anschaulichen Beispiel greift, das ihm einfällt.

Der Unterhaltungsaspekt des Storytellings ist ein großer Vorzug der Methode. Gemeinsamer Humor fördert eine positive Beziehung unter Menschen. Zudem dürfen sich Witze, Anekdoten und Erzählungen mehr „herausnehmen" als sachliche Erläuterungen: Beim Storytelling wird nicht 1:1 nacherzählt, was wirklich selbst erlebt wurde, sondern es wird mit einer gewissen künstlerischen Freiheit ausgeschmückt. Der Sprecher gibt zum Beispiel Gespräche mit überzeichneten Stimmen wieder und stellt dem Zuhörer die Szene möglichst unmittelbar und plastisch bis drastisch vor Augen wie auf einer Bühne.

Jeder kennt diese Inszenierungsmuster aus der Alltagskommunikation, wenn Anekdoten oder Scherze vorgetragen werden; es sind Kommunikationsmuster, für die „Show", Gefühle, Drama, Spannung und Überzeichnungen sogar erwartet werden! Eine solche Darstellung ist stets subjektiv, darf sogar übertreiben, ohne „Lüge" zu werden.

Genauso ist dem Zuhörer bekannt, dass die Story auf ein persönliches Fazit hinausläuft. Auch dies vermittelt stets eine subjektive Haltung des Erzählers zu seiner Geschichte, kein neutrales Fazit. Wenn wir Anekdoten hören, wissen wir, dass wir überzeugt werden sollen: das Gehörte zu mögen und die Sichtweise des Erzählers auf das Erzählte nachzuvollziehen, wenn nicht zu übernehmen. Eine lachend vorgetragene Anekdote soll auch der Zuhörer lustig finden – und mit Lachen quittieren. Es gehört zu den „Spielregeln" von Alltagsgesprächen, dass wir Witze und Geschichten nicht am selben Maß von Objektivität messen wie die Tagesnachrichten, und auch, dass wir „mitspielen". Dieses Beiseitelassen von Prinzipien, die wir normalerweise auf Kommunikation anwenden (die sogenannten Konversationsmaximen), sorgt dafür, dass wir uns stärker auf den Kontext des Gesagten konzentrieren müssen – um zu erkennen, wie es gemeint ist, ob das noch ein Spiel sein soll usw. Diese Aufmerksamkeit auf die Geschichte, aber auch auf den Sprecher kann, wenn der Humor gelingt, dazu beitragen, das Vertrauen zwischen den Beteiligten zu verstärken.[4]

Gut erzählte Stories können bei den Zuhörern zudem den starken Impuls auslösen, mit einer ähnlichen Geschichte nachzuziehen und, im Fall einer Markengeschichte, sich damit explizit zur Zielgruppe der Marke zu machen: „So was hab ich auch schon mal erlebt" oder „Wir haben genau dasselbe Problem wie eure Kunden".

Diese Vorzüge auf der Beziehungs-, aber auch auf der linguistischen Ebene legen es nahe, Storytelling nicht einfach als „Tool" für den Vertrieb oder Verkauf aufzufassen.

---

[4]Vgl. Goffman (1996) und Kotthoff (1998).

Storytelling bei STILL

Für den Aufbau und die Festigung der Markenbeziehung wurden bei STILL im Zuge der Markenpositionierung Stories entwickelt, die in den unzähligen ungeplanten Begegnungen mit Kunden, potenziellen Kunden und anderen Stakeholdern des Unternehmens eingesetzt werden können, aber auch intern bei Mitarbeitern, Kollegen und im privaten Umfeld: Wer Anekdoten erzählt, will zunächst Aufmerksamkeit und positive Gefühle wecken, die Zuhörer begeistern, zum Lachen und zur Übertragung des Gehörten auf sich selbst bringen. Dies ist in allen „Augenblicken der Wahrheit", in denen Markenvertreter, Zielgruppen und Umfeld aufeinandertreffen, relevant.

Im Folgenden werden die Bestandteile und Wirkweisen der verwendeten Storytelling-Methode[5] an einer Beispiel-Story aus diesem Kreationsprozess erläutert. Die Story wird hier für eine spontane Begegnung bei einem Event benötigt:

Auf der Abendveranstaltung lernt Stefan, Mitarbeiter der STILL GmbH, einen interessanten Gesprächspartner kennen: Herr Hartmann könnte ein wertvoller Kontakt für das Unternehmen werden. Leider ist er in Eile, aber zwei Minuten verbleiben Stefan, um bei Herrn Hartmann die Marke kurz vorzustellen. Herr Hartmann gibt ihm die Einladung dazu, als er sagt: *„Ich weiß in Grundzügen, was Ihr Unternehmen anbietet. Aber wofür stehen Sie denn jetzt genau?"*

Stefan, der STILL-Mitarbeiter, greift in dieser Situation nicht etwa auf eine auswendig gelernte Geschichte zurück. Er hat bis eben locker und informell mit Herrn Hartmann ein wenig Smalltalk betrieben; eine klassische „Werbeeinlage" wäre ein Bruch in der unverkrampften Beziehung, die er gerade begonnen hat aufzubauen. Daher greift er lieber aus seinem Anekdotenvorrat eine Geschichte aus dem Arbeitsalltag eines potenziellen STILL-Kunden heraus, die Herrn Hartmann ansprechen dürfte, und achtet beim Erzählen darauf, sie nach den Mustern des Storytellings auszuformulieren. Er hat diese Geschichte in ähnlicher Weise schon öfter erzählt, aber mithilfe der Muster kann er sie immer wieder anders auf seinen Hörer, die Situation und die beabsichtigte Botschaft passend zuschneiden.

Die Story beginnt also mit einer für Herrn Hartmann, den Hörer, nachvollziehbaren, alltagsrealistischen Situation: Es passiert etwas in einem Unternehmen, das seines sein könnte. Das, was passiert, birgt ein Problem in sich – spricht einen Konflikt an, wie ihn Herr Hartmann aus seinem eigenen Arbeitsumfeld kennt und selbst noch nicht vollständig lösen konnte. Dieser Ausgangspunkt ist essenziell, denn nur wenn Stefan eine Fragestellung, also einen Bedarf anspricht, kann er später eine interessante Lösung von STILL vorstellen – und genau das ist das Ziel des Storytelling-Musters!

Stefan antwortet also auf die Frage von Herrn Hartmann: *„Da muss ich Ihnen mal von einem Fall erzählen, bei dem die Vorteile von STILL deutlich werden!"*

Und so setzt Stefan dann an:

---

[5]Vgl. hierzu ausführlich Fog et al. (2005).

4 Storytelling statt Zeigefinger

Fallbeispiel

Morgens um 7 Uhr kommt Lagerarbeiter Paul ins Büro …

„Chef, wir ham da ein Problem …

Da is einer von der Nachtschicht mit nem Stapler gegens Tor gefahren. Das geht nich mehr auf."

Chef Ole schäumt:

„Nicht schon wieder. Da stapeln sich die Paletten neben dem Tor, die Produktion fällt aus – Kosten, Kosten, Kosten. Und jetzt will es natürlich keiner gewesen sein …"

Herr Hartmann nickt und lacht – das kennt er aus eigener leidvoller Erfahrung, sagt er. Der Konflikt von Chef Ole, in dem er sich wiederfinden kann, erzeugt Spannung, von Stefan jetzt auch noch zu hören, wie es weitergehen wird:[6] Wie wird Chef Ole damit umgehen? Und wie wird er das Problem vielleicht in Zukunft vermeiden können? Denn Herr Hartmann weiß, dass Stefan die Geschichte erzählt, um die Angebote und Vorzüge von STILL zu erläutern.

Mit diesem Auftakt hat Stefan also bereits die volle Aufmerksamkeit von Herrn Hartmann, vor allem aber auch die „Erlaubnis" zu beweisen, dass STILL die Lösung hat. Der Hörer möchte, dass es in dieser Geschichte eine Lösung und „Happy End" geben wird,

---

[6]Fog et al. (2005, S. 33).

und er hat bereits zu erkennen gegeben, dass diese Lösung auch für ihn interessant sein könnte.

Stefan fährt also fort, indem er nun für die Konfliktlösung wie erwartet die Marke STILL auftreten lässt – in persönlicher, personifizierter Form:

Fallbeispiel

Der STILL-Servicemechaniker Otto bekommt das Problem mit den rätselhaften Unfällen mit.

Eine intelligente Steuerung und Kontrolle der Flotte – das wäre hier mal was, denkt er. Er gibt Ole die Nummer von Matthias, dem STILL-Flottenverkäufer.

Und der kommt sofort vorbei:

„Der Fleetmanager ist genau das Richtige für dich. Zum Starten musst du eine Karte oder einen Code eingeben. Dadurch kannst du nachvollziehen, wer wann wo – und auch wie gefahren ist. Das bringt Disziplin in deine Bude."

Herrn Hartmann fällt auf: Stefan erklärt an dieser Stelle nicht fachlich genau, wie der Fleetmanager funktioniert. Es handelt sich immer noch um eine Anekdote, in der solche technischen Details aufhalten würden. Wichtig für die Story ist dagegen, dass Chef Paul eine Lösung für sein Problem erhält. Dafür genügt es zu erfahren, wie leicht der Fleetmanager bedient werden kann und welchen Nutzen er Chef Ole bringt. Und der ist jetzt, wie man es ebenfalls nun schon erwarten konnte, über die Problemlösung erfreut:

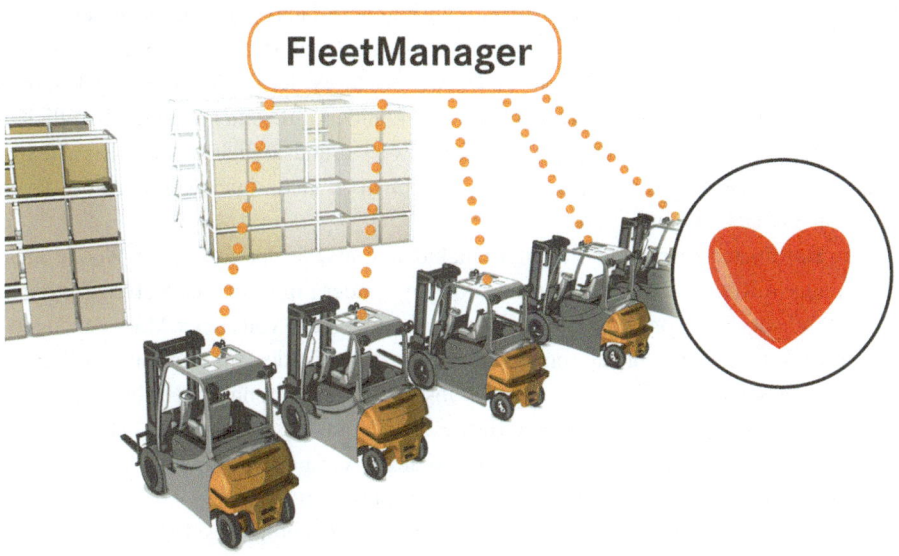

Fallbeispiel

Die Lösung von STILL überzeugt Ole. Er lässt sich den Fleetmanager in seine Flotte einbauen. Und er ist begeistert.

Keine Unfälle mehr, keine Produktionsstopps. Alles läuft wieder wie am Schnürchen, und Ole macht seine Arbeit wieder richtig Spaß. Denn „STILL bringt Transparenz in die Flotte."

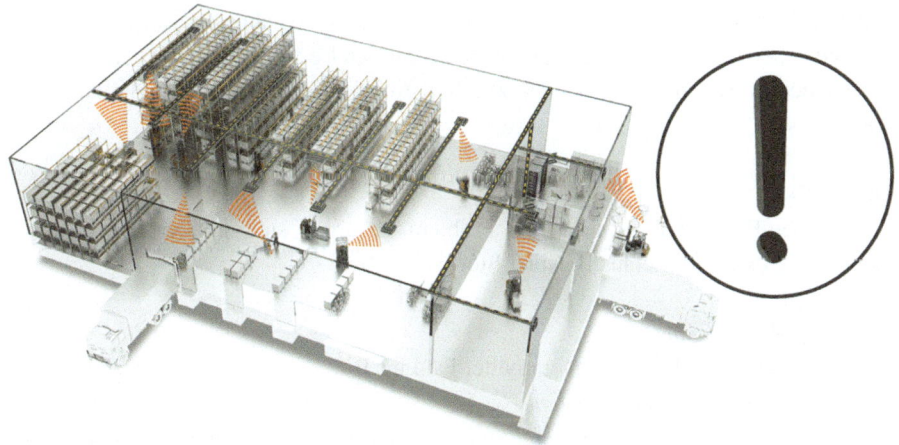

„Ja, und wie genau funktioniert das?", möchte Herr Hartmann nun doch wissen, neugierig geworden auf die Hintergründe dieser Geschichte. Während er zu Beginn der

Story noch angenehm überrascht war, keine langatmigen Erklärungen zu STILL oder Details zu Produkten und Dienstleistungen zu hören zu bekommen, ist jetzt sein Interesse geweckt, sich diese Problemlösung vielleicht auch selbst zunutze machen zu können. In seinem Hinterkopf war bereits zu Beginn der Story der Eindruck entstanden, dass Chef Oles Probleme durchaus vergleichbar sein könnten mit seinen eigenen beruflichen Fragestellungen. So freundlich interessiert er war, grundsätzlich etwas über Stefans Unternehmen zu erfahren, interessiert ihn natürlich noch mehr, inwieweit er selbst davon einen Nutzen haben könnte.

Herr Hartmann tauscht mit Stefan Kontaktdaten aus; in der folgenden Woche kann dieser dann in Ruhe, nicht mehr nur anekdotisch, sondern mithilfe der STILL EasyApp, erklären, wie der Fall von Chef Ole gelöst wurde – und mehr von seiner Marke erzählen.

Das Storytelling ist in diesem Beispielfall der Einstieg in ein ausführlicheres Gespräch. Es setzt darauf, dass der Hörer selbst zu jedem Zeitpunkt mehr hören möchte, echte Aufmerksamkeit und ein echter Bezug zum Hörer ausgelöst wird. Die Anekdote sorgt dafür, dass Herr Hartmann selbst den Wunsch verspürt, mehr über die Marke zu erfahren – gleich unter dem Aspekt, Anknüpfungspunkte zu finden.

Ausschlaggebend war hierfür weder eine genaue Kenntnis des Erzählers von den technischen Details oder konkreten Umständen der Story, sondern die Fähigkeit, eine zum Hörer passende Anekdote zu wählen und sie nach dem erfolgreichen sprachlichen Muster des Storytellings auszuformulieren.

Wie funktioniert die Geschichte?

Die Story von Beispiel-Mitarbeiter Stefan folgt einer Grundstruktur aus vier Elementen: Konflikt, Held, Nutznießer und Moral. Diese vier Story-Elemente können nun jeweils spontan so ausformuliert werden, dass die wesentlichen Aspekte der Marke auf natürliche und lebendige Weise dargestellt werden. Sie sind ein verlässliches Grundmuster, aus dem sich Stories für verschiedene Zuhörer, Ausgangssituationen oder Produkte entwickeln lassen.

Der Konflikt

Ein typischer Kunde hat ein typisches Problem. Er ärgert sich darüber und hat selbst keine Lösung dafür. In Stefans Beispiel-Story:

Fallbeispiel: Der Konflikt

Morgens um 7 Uhr kommt Lagerarbeiter Paul ins Büro ...
„Chef, wir ham da ein Problem ...
Da is einer von der Nachtschicht mit nem Stapler gegens Tor gefahren. Das geht nich mehr auf."
Chef Ole schäumt:

„Nicht schon wieder. Da stapeln sich die Paletten neben dem Tor, die Produktion fällt aus – Kosten, Kosten, Kosten. Und jetzt will es natürlich keiner gewesen sein..."

Mit der Person in der Story, die den Konflikt erlebt, kann sich der Zuhörer identifizieren. Er überträgt dessen Problemstellung auf die eigenen beruflichen Herausforderungen. Durch eine solche Identifikation ordnet sich der Zuhörer selbst der Zielgruppe der Marke zu, welche in der Story vorgestellt wird.

Von hier wäre es nur ein kleiner Schritt für den Erzähler, nach der spezifischen Eigensituation des Zuhörers zu fragen, dessen eigene Erfahrungen abzurufen und fachliches wie menschliches Verständnis zu äußern.

Die Darstellung des Konflikts kann, wie die Geschichte insgesamt, mit einer Prise Humor und Menschlichkeit erfolgen. „Die besten Geschichten schreibt das Leben selbst", besagt ein geflügeltes Wort. Viele Kollegen tauschen sich gern über skurrile, krasse oder anrührende Begebenheiten im Beruf aus; eigene „Urban Legends" können Teil der Unternehmenskultur sein. Hier liegt ein großer Schatz an Alltagsgeschichten, wie sie nicht besser erfunden werden könnten.

Der Held
Ein Vertreter des Unternehmens tritt als rettender „Held" in Aktion. Er bringt eine sachliche Problemlösung mit (sein „Schwert"), wirkt aber auch auf der emotionalen Ebene überzeugend.

Die Problemlösung wird nicht ausführlich beschrieben, sondern auf das Wesentliche zusammengefasst. Bei dieser Auswahl gilt es für den Sprecher zu erwägen:

- Welche Produkte und Dienstleistungen bietet die Marke an und was leisten sie für ihre Kunden (funktionaler Nutzen)?
- Welcher Eindruck kann vom Kontakt zwischen dem Unternehmensvertreter und dem Kunden entstehen (psychosozialer Nutzen)?

In Stefans Beispiel-Story:

Fallbeispiel: Der Held
Der STILL-Servicemechaniker Otto bekommt das Problem mit den rätselhaften Unfällen mit.
Eine intelligente Steuerung und Kontrolle der Flotte – das wäre hier mal was, denkt er. Er gibt Ole die Nummer von Matthias, dem STILL-Flottenverkäufer.
Und der kommt sofort vorbei:
„Der Fleetmanager ist genau das Richtige für dich. Zum Starten musst du eine Karte oder einen Code eingeben. Dadurch kannst du nachvollziehen, wer wann wo – und auch wie gefahren ist. Das bringt Disziplin in deine Bude."

Neben der konkreten Funktionsweise des Fleetmanagers („Zum Starten ... eine Karte oder einen Code", „nachvollziehen, wer wann wo ...") wird in diesen wenigen Sätzen auch der Claim von STILL eingebaut („intelligente Steuerung und Kontrolle der Flotte").

Auf der psychosozialen Ebene wird die Begegnung zwischen STILL-Mitarbeiter Matthias und dem Kunden Ole menschlich und glaubwürdig dargestellt. Dies gibt auch der Marke ein persönliches Gesicht: Matthias „kommt sofort vorbei" und spricht eine lockere persönliche Sprache, die Chef Ole vertraut ist („Disziplin in deine Bude"). Er wirkt dadurch praxiserfahren und auf gleicher Augenhöhe wie sein Kunde.

Die Nutznießer
Die Spannung der Story wird mit dem Element „Nutznießer" aufgelöst; es kommt zum „Happy End": Der Kunde und seine Kollegen profitieren von der Problemlösung – sachlich und persönlich. Dieser Teil der Story bietet noch einmal Platz, die Gefühle und die Perspektive des Kunden zu zeigen, diesmal nicht ärgerlich, sondern erleichtert. In Stefans Beispiel-Story:

Fallbeispiel: Die Nutznießer

> Die Lösung von STILL überzeugt Ole. Er lässt sich den Fleetmanager in seine Flotte einbauen. Und er ist begeistert.
> Keine Unfälle mehr, keine Produktionsstopps. Alles läuft wieder wie am Schnürchen, und Ole macht seine Arbeit wieder richtig Spaß.

Nutznießer können neben dem Kunden selbst auch seine Mitarbeiter, Kunden, Lieferanten, Familie sein, sowohl auf einer funktionalen wie persönlichen Ebene. Wie ausführlich und weitreichend die positiven Auswirkungen der Marke dargestellt werden und auf welche Nutzen fokussiert wird, hängt vom Hörer und der beabsichtigten Botschaft ab.

Beispiele könnten sein: Die Kennzahlen stimmen wieder und der Auftrag kann erfüllt werden – folglich kann Chef Ole nun doch in den Urlaub fahren und erhält unverhofft einen Zusatzauftrag. Daraus folgt auch, dass sich seine Familie freut, weil es Ole besser geht und er wieder mehr Zeit für sie hat. Und auch seine Mitarbeiter sind motivierter und haben weniger Angst um ihre Arbeitsplätze.

Das Element der „Nutznießer" wird also neben sachlichen Erfolgen mit positiven Gefühlen und Beziehungen gefüllt. Besonders geeignet sind Erleichterung, Sicherheitsgefühl, Anerkennung durch Andere, Stolz auf Erfolge und Freude über verbesserte Beziehungen.

Die Moral von der Geschicht
Der Kunde zieht aus dem Erlebnis mit der Marke, die als „Retter" auftritt, eine positive Erfahrung. An Andere kann er eine Botschaft oder „Moral von der Geschicht" weitergeben, wofür die Marke nun für ihn steht. In Stefans Beispiel-Story:

> **Fallbeispiel: Die Moral von der Geschicht**
> „STILL bringt Transparenz in die Flotte."

Die Botschaft sollte knapp auf den Punkt bringen, was der Zuhörer aus der Anekdote lernen und weitertransportieren soll. Aus der Perspektive des Zuhörer heraus sollte dies ein konkreter Nutzen sein, für den auch die Marke steht (hier: „systemorientiert") und den er in seiner jetzigen Alltagssituation noch vermisst (im Sinne von Bedarf – Bedarfserfüllung).

Eine gute Story handelt also von einem fiktionalen Problemfall, der stellvertretend für die reale Lage des Zuhörers gelöst wird. Die Konfliktlösung wird durch die Marke bewirkt, ausgeführt durch einen menschlichen Stellvertreter und entsprechende funktionale Produkte oder Dienstleistungen. Der Zuhörer erfährt durch das Fallbeispiel, welchen alltagsrealistischen Nutzen er von der Marke haben kann. Dies ist die funktionale Kernbotschaft der Story. Der Zuhörer baut zudem indirekt eine Beziehung auf, indem er die Gefühle des Beispielkunden auf sich überträgt. Dies stellt die psychosoziale Wirkung der Story dar. Die abschließende „Moral von der Geschicht" sollte zusammenfassen, welchen Nutzen der Zuhörer von der Marke haben könnte.

Funktionsweise des Storytellings

Was eine Story über eine Marke von einer „netten kleinen Anekdote" zum Beispiel über private Erlebnisse unterscheidet, ist ihre appellative Wirkung: Sie regt den Zuhörer zu einer Handlung in Bezug auf die Marke an – nämlich dieser zu vertrauen und darauf zurückzugreifen, also in konkrete Aktion zu treten. Ist dieser Appell erfolgreich, kommt es in der Folge zu weiteren Gesprächen, in denen es dann um die konkrete eigene Lage des Zuhörers geht, nicht mehr um „Chef Ole".

Dieser Anschub einer Handlung wird durch die Muster der Geschichte gefördert. Über sogenannte „Frames" (Handlungsmuster) speichern wir im Gedächtnis nicht nur ab, welche Beziehung wir zu einer Marke oder allgemein zu einem Begriff haben – sondern auch, wie wir in Bezug darauf handeln.[7] So wissen wir, wozu man Campari verwendet, und haben ganz bestimmte gefühlsmäßige, auch (dank der Werbung) bildliche Assoziationen zu diesem Produkt – selbst wenn wir es nie gekauft haben. Wenn wir das erste Mal unsere Heimbar bestücken, können wir der Meinung sein, dieses Produkt zu brauchen, da es in die Grundausstattung einer gut sortierten Heimbar „gehört".

---

[7]Vgl. den kognitiven Ansatz von Fillmore (1976) und die psychologische Weiterentwicklung bei Bateson (1992). Zur Repräsentation von Wissen und Erinnerungen in Form von Geschichten vgl. das maßgebliche Wert von Schank und Abelson (1977) und Schank und Abelson (1995).

Ziel des Storytellings ist es, neue emotional besetzte Skripts, also Handlungsmuster, zu einer Marke im Gedächtnis der Zuhörer zu verankern.[8] Diese Skripts besagen vereinfacht gesprochen: „Wenn eine solche Situation vorliegt, benötige ich diese Marke, um meine Ziele zu erreichen, mich gut zu fühlen." Wie genau die Problemlösung stattfindet – zum Beispiel mit welchen technischen Details – steht für das Muster nicht im Vordergrund. Der Handlungsimpuls bezieht sich darauf, die Marke aufzusuchen.[9]

Erfahrungswissen aus der Praxis der Mitarbeiter

Gute Stories werden nicht frei erfunden, sondern sie basieren auf wahren (Erfolgs-) Erlebnissen von Mitarbeitern. Bei der Einführung von Storytelling für eine Marke werden daher zunächst Stories aus der Belegschaft, unter Umständen auch von den Kunden, systematisch gesammelt. Unternehmen gewinnen auf diese Weise neues Wissen über die tatsächlich gelebten Beziehungen der Marke.

Das Ziel ist dann, aus diesem Pool eben nicht nur besonders gute Stories zu gewinnen und zu verbreiten, sondern die Alltagskommunikation zu verändern. Durch die besondere Anordnung der Story-Elemente üben die Mitarbeiter, von der „Ich-Kommunikation" („Wer bin ich? Wer möchte ich sein? Was kann ich?") zur Du-Kommunikation überzugehen („Welchen Nutzen hast du von mir? Was kann ich für dich tun?"). Das fördert die Kundenorientierung.

Die Entwicklung von Stories kann darüber hinaus einen wertvollen Mehrwert für die Markenbindung und -beteiligung der Mitarbeiter darstellen. Denn sie sind es, die tagtäglich die Marke extern wie intern vertreten und erleben, wie sie zum Beispiel durch ihre Dienstleistungen Kunden weiterhelfen konnten. Diese eigenen Erfahrungen schildern und einbringen zu können, ist eine wichtige Voraussetzung für das Behavioral Branding, sowohl um die Mitarbeiter dazu zu motivieren als auch indem sie auf diese Weise Anhaltspunkte bekommen, um welche Aussagen und Verhaltensweisen es konkret bei der Markendarstellung in ihrem Alltag geht: Eingebrachte Stories werden besprochen und ihre Elemente mit der Markenpositionierung abgeglichen. Auf diese Weise bauen die Mitarbeiter eine selektive Wahrnehmung für die Marke auf und können selbst beurteilen, wie sie durch ihr Handeln die Marke mit Leben füllen können.

---

[8] „Der Rezipient vergleicht die Markenstory mit bereits gespeicherten Erzählungen, die ähnliche Motive, Ergebnisse und Strukturen aufweisen, was schließlich dazu führen kann, dass er die Markenstory in sein eigenes Selbstkonzept integriert." (Wentzel 2012, S. 431).

[9] Entsprechend weist die empirische Studie von Lundqvist et al. (2013) einen deutlichen Zusammenhang zwischen einem Storytelling, das die Markennutzen herausstellt, und der positiven Einschätzung einer Marke sowie der Kaufbereitschaft bei potenziellen Kunden nach.

Fazit

Storytelling bietet unterhaltsame Erfolgsgeschichten einer Marke, wie sie Mitarbeiter täglich erleben. Ohne langatmige fachliche Erklärungen, dafür mit einer alltagsrealistischen und glaubwürdigen Darstellung beweisen die STILL-Stories, welchen konkreten Nutzen die Marke ihren Kunden bietet.

Mithilfe der vier Grundelemente Konflikt, Held, Nutznießer und Botschaft/Moral von der Geschicht lassen sich für die jeweiligen Zuhörer passende und attraktive Vorstellungen von der Marke schaffen, um Lust darauf zu machen, mehr von der Marke kennenzulernen.

Ziel ist der Aufbau und die Festigung der Markenbeziehung – bei potenziellen Neukunden, aber auch bei Bestandskunden und den Mitarbeitern selbst, die durch das Erzählen eigener Stories ihre Markenbindung neu erleben und unter Beweis stellen. Damit unterstützt das Storytelling das Behavioral Branding auf eine ebenso leichte wie emotionale Weise und trägt zur Identifikation mit der Markenpositionierung intern wie extern bei.

Über die Autor

Dr. Sonja Beer ist freiberufliche Unternehmensberaterin in den Bereichen Unternehmenskommunikation und Personalentwicklung. Die Entwicklung von kreativen Methoden, unter anderem für das strategische Marketing, gehört zu ihren Schwerpunkten. Seit 15 Jahren lehrt sie an Hochschulen zu den Themen Wirtschafts- und Sozialpsychologie, Management und Schlüsselkompetenzen und bildet als Lehrberaterin und Trainerin Führungskräfte, Hochschullehrer und Berater weiter. Sie ist Mitglied in der Gesellschaft für personzentrierte Psychotherapie und Beratung (GwG) e. V.

Markengeschichte schafft Vertrauensmarken

5

Thomas A. Fischer

Warum diese Marke und keine andere?

„Die haben's ja schließlich erfunden!" So oder ähnlich klingt es häufig, wenn Kunden nach dem eigentlichen Grund ihrer Treue zu einer bestimmten Unternehmensmarke gefragt werden. Herkunft, Geschichte und bestimmte mit dem Unternehmensziel verbundene Entwicklungslinien von Innovationen machen Unternehmensmarken in der Wahrnehmung von Marktteilnehmern offenbar einzigartig und begehrlich. Nicht umsonst wirbt eine Fahrzeugmarke mit dem Slogan „Vom Erfinder des Automobils" um Vertrauen, lässt ein Stahlunternehmen sein historisches Gründungsgebäude vor der neuen Konzernzentrale rekonstruieren oder baut ein Medienkonzern das Geburtshaus seines Gründers in das Fundament seiner Zentralverwaltung ein. Die eigene Unternehmensgeschichte und damit auch die Innovationsgeschichte wird zum Vehikel für Markenerlebnisse, aus denen heraus Werte wie „Glaubwürdigkeit", „Sicherheit", „Kontinuität" und „Vertrauen" abgeleitet werden – gerade dann, wenn Beschleunigung, Globalisierung und damit Unübersichtlichkeit zunehmen. Aufgrund solcher Mechanismen wird eine schlichte, alte Garage in Palo Alto zur Ikone für die Innovationsmarke „Silicon Valley" – eben weil William Hewlett und David Packard im Jahre 1939 ihren ersten Tonfrequenzgenerator hier konstruierten. Unternehmensgeschichte und Gründungsmythen taugen offenbar auch im Onlinezeitalter als Fundament für Markenversprechen. Worin liegen die Gründe?

T.A. Fischer (✉)
STILL GmbH, Hamburg, Deutschland
E-Mail: thomasa.fischer@still.de

Vertrauen ist mehr als Kundenzufriedenheit

Die entscheidende Basis für langfristige Loyalität im Beziehungsgeflecht einer Unternehmensmarke zu ihren Geschäftspartnern und Unternehmenskunden ist das Vertrauen in eben diese Unternehmensmarke. Mit „Vertrauen" ist an dieser Stelle mehr als die aktuelle „Kundenzufriedenheit" als Momentaufnahme aus Marktforschung und Kundenbarometern gemeint. Es geht vielmehr darum, in der Wahrnehmung der Kunden zum Vertrauenspartner aufzusteigen, dessen Lösungskompetenz in die eigenen unternehmerischen Zukunftsplanungen einbezogen wird. Damit eröffnet sich die Chance, künftige Ertragsfelder mithilfe der eigenen Kunden zu identifizieren und zu stabilisieren. Doch wie wird aus einer schlichten Marke eine qualifizierte „Vertrauensmarke"?[1]

Der emotionale Kern von Vertrauensmarken

Wo Produktlösungen und Dienstleistungspakete inhaltlich wie im Preis immer ähnlicher werden, entscheiden letztlich emotionale und damit psychologisch erklärbare Motive über den Kauf. Die Markenwahrnehmung geht also weit über rational vermittelte Nutzenaspekte hinaus. Erfolgreiche Unternehmen verkaufen so gesehen keine Produkte – sie verkaufen Vertrauen. Das immaterielle Produkt „Vertrauen" basiert auf Werten und Charakteristika, die dem Unternehmen selbst bei nur oberflächlicher Wahrnehmung eindeutig zugeschrieben werden können. Die Produktlösungen und Dienstleistungen eines Unternehmens können noch so innovativ und effizient sein – wenn die dazugehörige Unternehmensmarke in der Wahrnehmung des Kunden nicht handfestes Vertrauen schafft, ist die Gefahr, dass die Entscheidung zugunsten des Mitbewerbers fällt, recht groß.

Woran liegt es, dass einige Marken im kollektiven Gedächtnis über alle unternehmerischen und konjunkturellen Höhen und Tiefen hinweg nichts von ihrer Strahlkraft verlieren und unverbrüchliche Loyalität genießen – selbst wenn sich Eigentumsverhältnisse und Rechtsform mehrfach geändert haben? Liegt es an diesen Marken selbst oder an den Wahrnehmungsmustern ihrer Kunden? Oder vielleicht an beidem?

Marken mit Geschichte entfalten Bindungsfähigkeit

Dass Menschen auf die Frage nach den Gründen für ihre Markenloyalität die einzigartige Unternehmensgeschichte oder auch einen Unternehmensmythos anführen, kommt nicht von ungefähr. An diesem Punkt werden tief liegende Muster wirksam, die unsere

---

[1] Sprenger (2007, S. 182).

menschlichen Wahrnehmungs- und Orientierungsmuster widerspiegeln. Die meisten Entscheidungen werden sehr stark von Emotionen bestimmt und fallen weniger rational aus als gemeinhin angenommen. Deshalb lohnt der Blick auf psychologische Aspekte der Wahrnehmung von Marken. Unternehmensmarken, denen aufgrund bestimmter Meilensteine in ihrer Historie eindeutig bestimmte Werte und davon abgeleitete Markenversprechen zugeschrieben werden, gelingt es, Orientierung zu geben. Sie sind für den Betrachter Leuchttürme und Ankerpunkte im Meer der Ungewissheiten und Unsicherheiten globaler Märkte. Das gilt auch für den Kunden bei seiner Suche nach Unternehmensmarken, auf deren Kompetenz er für das Erreichen der eigenen unternehmerischen Ziele vertraut. Welche Voraussetzungen müssen erfüllt sein, damit Businesskunden gegenüber einer Marke dauerhaft loyal bleiben – auch über emotionale Zwischentiefs hinweg? Auf der Suche nach Antworten auf diese Frage greifen Psychologen auf die Bindungstheorie zurück.[2] Dabei werden die Gründe dafür, warum sich Bindungen bei bestimmten Menschen meist dauerhaft und loyal, bei anderen hingegen meist unstet oder ablehnend entwickeln und warum sich diese jeweiligen Muster über den gesamten Lebenszyklus hinweg nachweisen lassen, in frühkindlichen Entwicklungsphasen gesucht.[3] Die so gewonnenen Erkenntnisse helfen wiederum Unternehmen, ihre Marken zu Vertrauensmarken zu entwickeln. Die Psychoanalyse arbeitet hier mit dem Begriff der „Übertragung".[4] Damit ist gemeint, dass frühere Erlebnisse und vor allem der Wunsch nach Geborgenheit und Verlässlichkeit auf eine Figur projiziert werden, der man Beständigkeit, Überblick, Kraft und Ausdauer zuschreibt. Diese Figur kann ein menschliches Individuum, aber auch eine Marke sein. Schließlich werden auch Marken heute mit Charakterzügen, einer Biografie und einem „genetischen Code" aus bestimmten ethischen Werten ausgestattet bzw. charakterisiert und gepflegt – so wie menschliche Individuen auch. Gerade die zunehmend an Bedeutung gewinnende Disziplin des Neuromarketings macht sich Erkenntnisse der Tiefenpsychologie zunutze und wendet diese auf das Verhältnis von Menschen zu Marken an. So gesehen wird die „Vertrauensmarke" zu einer Leitfigur[5], dort hilft, wo die eigene Orientierungsfähigkeit nicht ausreicht und Ideologien oder Religionen keine eindeutigen Antworten mehr versprechen. „Meine Vertrauensmarke wird es schon richten" – so oder ähnlich könnte ein aus diesen Gründen verfestigtes Urvertrauen kurzfristige Zweifel ausräumen und das Vertrauen und die Wertschätzung gegenüber einer Unternehmensmarke zu einer weit über die unternehmerische Tagespolitik hinausreichenden Kategorie erheben.

---

[2]Vgl. Bretherton (2009, S. 27–30).
[3]Vgl. Grossmann und Grossmann (2012, S. 70–74).
[4]Freud (2006, S. 17–25).
[5]Sprenger (2007, S. 31–34 und 91–94).

Werte machen Innovationen vertrauenswürdig

Wenn Unternehmen Neues präsentieren und im Zuge dessen ihr Profil schärfen wollen, leiten sie ihre jüngste Innovation gern aus ihrer langfristigen Markengeschichte ab. Denn mithilfe der eigenen Geschichte lässt sich schlüssig argumentieren, dass der „genetische Code" der Unternehmensmarke in der gegenwärtig präsentierten Innovation ihre aktuellste Ausprägung findet und damit ein geradezu zwangsläufiges Ergebnis der unternehmerischen Erfolgsgeschichte ist – und eben kein Zufallserfolg ohne nachhaltige Wirkung. So geschehen im Januar 2013 bei dem Hamburger Intralogistiker STILL: In der unternehmenseigenen Kommunikationsarena werden zwei neue Gabelstapler präsentiert, die mit dieselelektrischem Antrieb und bis zu acht Tonnen Tragkraft ausgestattet sind. Die beiden Geräte werden nicht nur aktuellen und künftig strengeren Emissionsstandards gerecht, sondern sollen erklärtermaßen den Begriff der „Umschlagleistung" neu definieren, indem sie in puncto Energieverbrauch neue Branchenstandards aufstellen. Dazu muss man wissen, dass die Kombination zweier unterschiedlicher Antriebsarten – also konkret der dieselelektrische Antrieb – im Hause STILL eine lange Tradition

Abb. 5.1 Evolutionslinie STILL von „Matador" zu „cubeXX"

hat: Es gibt eine Art von „Familiengeschichte der elektromotorischen Antriebssysteme", an deren Beginn der Unternehmensgründer Hans Still selbst steht. Mit der Erfindung eines Dreiradstaplers, den er zunächst mit elektrischem und später mit dieselelektrischem Antrieb ausrüstete, machte Hans Still das Unternehmen zum Impulsgeber für den bis heute kontinuierlich wachsenden innerbetrieblichen Waren- und Informationsfluss einer globalisierten Wirtschaft.

So erscheinen die beiden Geräteinnovationen im Rahmen der multimedialen Präsentation als Ergebnis einer Evolution von hauseigenen Entwicklungen des Unternehmens STILL über mehr als neun Jahrzehnte hinweg (Abb. 5.1). Eine derart historisch reflektierte Präsentation zeichnet für die interessierte Öffentlichkeit das Bild einer technologisch geprägten Markengeschichte, die zwar weit zurückreicht, aber noch lange nicht zu Ende erzählt ist.

Doch auf welcher historischen Faktenbasis stellt das Unternehmen STILL eine solche „Innovationsgenealogie" glaubwürdig dar, und wer liefert stichhaltige Belege für eine durchgehende Entwicklungslinie, in der zudem noch die Kernwerte der Marke durchscheinen?

Die Innovationsgeschichte als Buch

Bereits zwei Jahre vor der hier geschilderten Produktpräsentation hatte sich die STILL Geschäftsführung entschlossen, die eigene Unternehmensgeschichte aufzubereiten und in Buchform zu publizieren. Von Anfang an stand dabei die Idee einer „Innovationsgeschichte" im Sinne einer „Genealogie der Antriebssysteme" im Mittelpunkt. Denn deren innovative Weiterentwicklung gehört bis heute zu den zentralen Markenversprechen der Unternehmensmarke STILL. Neben Recherchen des Autors sollte im Rahmen von Zeitzeugeninterviews die Methodik der „Oral History" ein lebendiges und in die Zukunft weisendes Panorama der bei STILL gelebten Unternehmenskultur abbilden. So kamen ein ehemaliger Geschäftsführer, der entscheidende Weichenstellungen in der Nachfolge des Gründers vornahm, der Leiter einer Auslandsgesellschaft, aber auch ein langjähriger Maschinenschlosser zu Wort und trugen zur glaubwürdigen Faktenbasis bei. Der konkrete Anlass für das Buchprojekt war nicht ein Jubiläum, sondern die Überzeugung, dass die künftige Entwicklung der Unternehmensmarke STILL nur auf der Basis definierter und aus der Geschichte des Hauses abgeleiteter Werte gelingen kann.

Markenidentität und Markenhistorie bei STILL

Bereits der Unternehmensgründer Hans Still war davon überzeugt, dass die Marke STILL aufgrund definierter „Charaktermerkmale" eine unverwechselbare Persönlichkeit habe. „Innovation – Marke – Mensch" mit diesem Dreiklang brachte er die

Erfolgsfaktoren von STILL auf den Punkt. Konsequent sorgte Hans Still bereits in den Gründerjahren dafür, dass die Servicemitarbeiter durch einheitliche Kleidung und später mit einem STILL Miniaturstapler auf dem Dach ihres Kundendienstfahrzeugs zu täglich erlebbaren „Markenbotschaftern" wurden. Messeauftritte verstand Hans Still nicht nur als Bühne für neue Produkte, sondern als Erlebnisplattform, auf der motivierte und identifizierte Mitarbeiter für die emotionale Aufladung der Marke STILL sorgen.

In Fortführung dieser historisch belegbaren Entwicklungslinie emotionaler und vertrauensorientierter Markenführung gilt es heute, das Markenbild von STILL in der breiten Öffentlichkeit nachhaltig weiterzuentwickeln: Vom Gabelstapler-Hersteller zum weltweiten Anbieter maßgefertigter Lösungen für alle Herausforderungen globaler Waren- und Informationsströme. Etwa durch das Aufzeigen einer stringenten Innovationsgeschichte, die neueste Produktentwicklungen in einen eindeutigen historischen Kontext von Entwicklungslinien stellt. Das Signal an Unternehmenskunden ist klar: Weil bei STILL bestimmte Markenwerte und Kompetenzen seit mehr als 90 Jahren im Unternehmen gepflegt und verfeinert werden, sind Innovationen keine „Eintagsfliegen", sondern Ergebnis einer unternehmenseigenen Evolution. Eine so argumentierte Innovationsgeschichte schafft Vertrauen und Loyalität.

Identität als Basis der Unternehmenskommunikation

Das heißt aber auch, dass die Qualität der Unternehmenskommunikation in erheblichem Umfang davon abhängt, wie weit deren Verantwortliche die Kunst des Erzählens der eigenen Geschichte beherrschen. Überall dort, wo Innovationen als generische Entwicklung eines über lange Zeitphasen erfolgreichen Unternehmens präsentiert werden sollen, um so den Beweis anzutreten, dass eine Vertrauensmarke vorliegt und der eben präsentierte Erfolg auch zukunftsgerecht sein wird, bietet die transparent erzählte Innovationsgeschichte ein tragfähiges Fundament. Denn wo Erfindergeist im Dienste der Ressourcenschonung kein Zufallserfolg ist, sondern bereits eine lange Tradition hat, stellt sich Vertrauen in die Zukunft des Unternehmens viel schneller ein. Doch warum steht die Verknüpfung von Innovation und Geschichte in der modernen Unternehmenskommunikation so hoch im Kurs?

Sicher auch deshalb, weil die menschliche Zivilisation ihren Ursprung in erzählter Geschichte hat. In ihrem gesamten von heute aus überblickbaren Verlauf wurde und wird kontinuierlich Geschichte erzählt. Zur Selbstvergewisserung – zur Verankerung der eigenen Identität – zur Absicherung der eigenen Herkunft und der Festlegung bevorstehender Ziele. Denn die eigene Geschichte zu erzählen, erfüllt für uns Menschen, die wir ja bekanntermaßen ein „Zoon politikon" (also ein „soziales Wesen") sind, viele Aufgaben: Lebenserfahrung vermitteln, Sinn stiften, Wissen weitergeben, Denkprozesse für Lösungen einleiten, aber auch schlichte Unterhaltung oder Bedürfnisse wecken.

Orientierung in der globalen Markenwelt

Das Geschichtenerzählen ist eine der Grundformen menschlicher Interaktion – in welchen Kulturkreisen, Medien und Formen auch immer sich das dann vollzieht. Das heißt, „Storytelling" auf Basis realer Fakten ist ein global verständlicher Code, den sich gerade weltweit agierende Unternehmen wie STILL zunutze machen. Vor diesem Hintergrund erklärt sich auch der globale Erfolg von sozialen Plattformen wie Facebook, wo nichts anderes geschieht, als dass die Nutzer das Drehbuch zu ihrem Leben permanent erzählen und veröffentlichen.

Nicht nur erfolgreiche Unternehmensmarken, auch Weltreligionen basieren auf einer fundamentalen Geschichte oder Geschichtsclustern. Ebenso erfolgreiche Handelsstädte, die ihre Positionierung und ihren Erfolg auf einen als Geschichte erzählten Gründungsmythos zurückführen. So etwa Hamburg, wo STILL seinen Unternehmenssitz hat, und das die Geschichte seines Freihafens erzählt, der auf einen am 7. Mai 1189 von Kaiser Friedrich Barbarossa ausgestellten Privilegienbrief zurückgeht. Am Überseetag wird diese Geschichte jedes Jahr aufs Neue erzählt und zelebriert – in Form eines der größten Volksfeste der Welt. Auch bedeutende Familien oder Dynastien legitimieren sich mit einer immer wieder erzählten Herkunftsgeschichte oder einem Mythos; man denke hier nur an die Odyssee und die Ilias, an Adelsdynastien wie die Habsburger und Hohenzollern, aber auch Unternehmerdynastien wie die Krupps, die Familie von Siemens oder die Adlons. Deren Geschichte in Form eines TV-Dreiteilers über die Hoteliersfamilie bescherte nicht nur dem ZDF höchste Einschaltquoten, sondern bewirkte auch eine starke emotionale Aufladung der Unternehmensmarke „Adlon".

Der Weg zu einer stabilen Vertrauensbasis

Glaubwürdigkeitsfundament für diesen Loyalitäts- und Vertrauensmechanismus sind zwei Seiten ein und derselben Medaille: zum einen die eigene Geschichte und zum anderen die der Vertrauensmarke. Je mehr Muster und Werte dieser beiden Geschichtssphären deckungsgleich sind, desto tiefer ist das Vertrauensverhältnis zwischen der Marke und ihrem Kunden. Ein möglichst transparentes und überzeugendes, weil an bestimmten, archetypischen Mustern orientiertes Erzählen der in der Marke steckenden Unternehmensgeschichten sowie der eigentlichen Markengeschichte, insbesondere deren Markenwerte, wird aus dieser Perspektive zum entscheidenden Drehkreuz der Markenkommunikation.

Was macht also das Nacherzählen so effektiv? Eine lebendig erzählte Geschichte dringt leichter und nachhaltiger ins Bewusstsein als eine nüchterne Aussage. Im besten Fall versuchen die Zuhörer, nicht nur den Handlungsverlauf, sondern auch die zentrale Metapher zu erfassen, um die darin enthaltene Botschaft auf sich selbst zu beziehen.

Auch wenn die Zuhörer nicht jede Einzelheit konkret verstehen, werden sie dennoch den Kern der Geschichte begreifen. Hinzu kommt, dass das Erzählen von Geschichten die Zuhörer oft in einen entspannten Zustand versetzt. So wirkt die Geschichte meist im Unbewussten weiter, und die durch sie ausgelösten Erkenntnisse reifen noch lange nach.

Unternehmensgeschichte als Quelle der Markennutzen

Auch bei der Neuformulierung seiner essenziellen Markenwerte spielt bei STILL die Kraft der immer wieder erzählten eigenen Geschichte eine wichtige Rolle. Neben technischen Innovationen widmete sich der Unternehmensgründer Hans Still vor allem den Aspekten einer gelebten Unternehmenskultur und der Versorgung seiner schnell wachsenden Zahl von Mitarbeitern. Was wir heute mit dem „psychosozialen Nutzen" einer Marke umschreiben, traf auf einen Zeitgeist, der die positive wie die negative Seite solcher Ansätze in sich vereinte. So fanden in den 1930er Jahren die ersten institutionalisierten Betriebsausflüge statt. Später entstanden die ersten Betriebssportgruppen, die es bei STILL übrigens bis heute gibt. Außerdem wurde ein systematisches Vorschlagswesen für Verbesserungen der „Intralogistik" des jungen Unternehmens eingeführt. Ein Werkssanitätsdienst und ein Werksarzt gehörten bei STILL zum Standard – zu einer Zeit, in der viele vergleichbare Unternehmen von solchen sozialen Errungenschaften noch weit entfernt waren. Vor 75 Jahren gründete der Unternehmer mit der „Nothilfe Hans Still e. V." eine unternehmenseigene Hilfsorganisation für in Not geratene „STILLianer". Sicher stand Hans Still mit diesen und anderen Initiativen auch in der Tradition eines patriarchalischen Unternehmertyps, doch erkannte er dabei vor allem den Wettbewerbsvorteil, den loyale Mitarbeiter für ein stark expandierendes Unternehmen bedeuten. Die heute in „5 + 2" Markennutzen zusammengefassten Essentials des Unternehmens STILL lassen sich historisch auf diese und andere Elemente der tradierten Unternehmenskultur zurückführen und sind keine am Reißbrett von Beratungsunternehmen formulierten Schlüsselbegriffe.[6]

Mitarbeiter als Botschafter für Glaubwürdigkeit

Unternehmen sind zunächst nur juristische Personen – also Konstrukte ohne jene unverwechselbaren Charakterzüge, die einen Menschen – und auch „echte" Marken – ausmachen. Doch Unternehmen werden von Menschen gegründet, geformt und gesteuert – und das über Jahrzehnte hinweg. Je stärker deren Profil mit dem einer Marke übereinstimmt, desto mehr gelingt es, deren Glaubwürdigkeitspotenzial auf die Unternehmensmarke, der

---

[6]Zu der Entstehung der Markennutzen siehe Kap. 2.

sie dienen, zu übertragen. Das gilt vor allem für den „markenkonformen Auftritt" der Mitarbeiter, denn für die Glaubwürdigkeit einer Marke sind sie die erste und wichtigste Visitenkarte.

Die berühmte Aussage von Paul Watzlawick „Man kann nicht nicht kommunizieren"[7] bringt Relevanz und Notwendigkeit von markenorientiertem Auftreten aller Unternehmensrepräsentanten gerade vor dem Hintergrund einer glaubwürdig zu erzählenden Unternehmensgeschichte auf den Punkt: Es geht bei einer so verstandenen Darstellung der eigenen Historie nicht um das chronologische Nacherzählen aller Meilensteine von der Gründung bis heute. Es geht vielmehr um das Freilegen der essenziellen Werte, der Glaubwürdigkeit, mit der diese im Unternehmensalltag gelebt werden, und damit wiederum eine Rückkopplung mit allen relevanten Weichenstellungen und Entscheidungen in der Geschichte dieser Unternehmensmarke. Ein kontinuierlicher Kreislauf also von Rückbezügen, der die Unternehmensmarke permanent auflädt.

Geschichte und Geschichten von und über die unternehmerisch agierenden Gestalter im Unternehmen – angefangen vom Gründer bis hin zur aktuellen Belegschaft – zählen deshalb zum festen Bestandteil der Markenpflege im B2B-Segment. Schließlich sind es die „Köpfe hinter der Marke", die im täglichen Kontakt zu Geschäftspartnern, Kunden und Eigentümern entscheidende Weichenstellungen der Markenführung vornehmen. Mit ihrer Glaubwürdigkeit steht und fällt also die der Marke, die sie führen. Eine Herausforderung, der täglich gerecht zu werden nicht einfach ist. Schon vor dem Hintergrund eines bereits heute spürbaren „War for Talents" und des viel beschworenen Fachkräftemangels sind potenzielle Mitarbeiter auf dem Arbeitsmarkt eine zunehmend wichtige Zielgruppe. Die Schaffung und Pflege einer „Arbeitgeberattraktivität" nach außen und ein effizientes „Internal Branding" gehören deshalb ebenfalls in diesen thematischen Zusammenhang.

Markengeschichte im digitalen Umfeld

Die Digitalisierung verändert die Wahrnehmung einer Marke und ihrer geschichtlichen Glaubwürdigkeit von Grund auf. So verbringen Konsumenten wie Unternehmenskunden bereits heute im Schnitt knapp eine Stunde täglich in sozialen Netzwerken. Dabei geht es nicht nur um Facebook & Co. Es geht um die gesamte Wahrnehmung der Marke auf webbasierten Firmenseiten und mobilen Anwendungen, also um die digitale Transformation der gesamten Marke und damit auch ihrer Geschichte. Um dieser Vielfalt digitaler Kommunikationsplattformen gerecht zu werden, genügt es nicht, die historischen Meilensteine der Markengeschichte darzustellen. Vielmehr müssen die Kernwerte der Unternehmensmarke deutlich im Alltag der Onlinenutzer präsent sein, um damit – im besten

---

[7]Watzlawick und Beavin (2011, S. 241).

Falle – als „Best Practice" effiziente Lösungen für deren aktuelle Herausforderungen aufzeigen. Markenkommunikation wird so zum „Content-Marketing" der Werte einer Unternehmensmarke. So wird Innovationsgeschichte kontinuierlich weitererzählt – nur eben auf Onlineplattformen. Ein so entstehendes innovationsgeschichtliches Markenerlebnis setzt sich für den Nutzer aus einer Vielfalt von Berührungspunkten mit der Marke zusammen, unter der Lösungen, Produkte und Dienstleistungen abgerufen werden. Das „Liken" von Marken, das schnelle Bewerten und Kommentieren von Produkten, das öffentliche Beschreiben eigener Erlebnisse mit der Marke trifft auf die eher „entschleunigte" Wahrnehmung einer langen Unternehmens- und Innovationsgeschichte der Marke. Ein Spannungsfeld, das eine nachhaltige Verankerung der Inhalte im Gedächtnis der Nutzer noch fördert. Das gilt insbesondere dann, wenn Online-Ansprache und das sichtbare geschichtliche Erbe der Marke deckungsgleich sind. So gehört die Anwenderfreundlichkeit einer mobilen Webanwendung im digitalen Zeitalter genauso zur Markenkommunikation wie die Freundlichkeit der Ansprechpartner an der Telefonhotline. Glaubwürdig bleibt eine Marke dann, wenn das aus ihrer Herkunft und Geschichte heraus formulierte Versprechen auch innerhalb sozialer Netzwerke zuverlässig eingelöst wird. Denn in der digitalen Markenkommunikation kann niemand mehr nur behaupten – es gilt, das Markenversprechen einzulösen – und zwar im Rahmen einer stringenten und deshalb glaubwürdigen Innovationsgeschichte (Abb. 5.2).

Abb. 5.2 Preis für beste Online- und Mobile Kommunikation 2013

Fazit

Heute gehört das Vertrauen in eine Unternehmensmarke mindestens so sehr zu dessen Bewertungsgrundlagen wie seine Quartalszahlen oder die Bilanz. Zur Weiterentwicklung einer Vertrauensmarke gehört deshalb neben der Antwort auf die Frage nach dem „Wohin" der strategischen Ausrichtung vor allem Transparenz im Hinblick auf das „Woher". Dabei gilt: Markengeschichte wiederholt sich nicht – schon gar nicht vor dem dynamischen Hintergrund digitaler Kommunikations- und Beschaffungswege im Zeichen von Industrie 4.0. Aber eine historisch belegbare Entwicklungslinie bietet mit ihren klar erkennbaren Meilensteinen stabile Ankerpunkte für jene Zielgruppen, die eine langfristige Identifikation mit bestimmten Werten und Leistungen über tagesaktuelle wirtschaftliche Impulse hinaus suchen. Die Identifikation mit solchen Meilensteinen gehört zu den unverzichtbaren Bausteinen einer langfristigen Markenloyalität. Denn die Wahrnehmung, dass eine Unternehmensmarke über unterschiedliche Epochen und jenseits wechselnder Eigentumsverhältnisse immer wieder in der Lage war, sich auf der Grundlage stabiler Werte neu zu erfinden und zukunftsfähig zu bleiben, gibt Halt und entfaltet eine psychologische Bindungswirkung. Das gilt besonders dann, wenn die eigene Position kontinuierlich wechselnden Rahmenbedingungen unterliegt. Voraussetzung einer so fundierten Markenidentifikation ist allerdings eine ebenso transparente wie glaubwürdige Dokumentation der jeweiligen Markengeschichte und eine mediale Aufbereitung, die den aktuellen Wahrnehmungshorizonten der relevanten Zielgruppen gerecht wird. Ist dies der Fall, öffnen sich nicht nur die Fenster zur Vergangenheit, sondern auch zur Zukunft. Schließlich steckt hinter jedem zukunftsfähigen Unternehmen eine Erfolgsgeschichte, die noch nicht zu Ende geschrieben ist.

Über den Autor

Thomas A. Fischer (Jahrgang 1959) ist Geschäftsführer der STILL GmbH in Hamburg. Seine berufliche Laufbahn begann er bei der Fa. Lenze GmbH, wo er in verschiedenen Vertriebs- und Marketingfunktionen tätig war. Sein Weg führte ihn über die Firmen Mercedes Benz LKW und Renault Heavy Trucks 1995 zu der STILL GmbH. Hier verantwortete er verschiedene Vertriebsbereiche, u. a. die internationale Exportabteilung sowie den Vertrieb Osteuropa/Restwelt und später dann Westeuropa/Asien. Ab 2005 übernahm Thomas Fischer die Leitung der französischen Tochtergesellschaft in Paris, bevor er dann 2010 in die Geschäftsführung für die Bereiche Vertrieb, Service und Marketing berufen wurde, die er bis heute verantwortet.

Brand Commitment als Katalysator

Christian Themann und Justin Tipke

Mitarbeiter prägen Markenwerte

Vertrauen des Kunden zu gewinnen, ist heute die wichtigste Aufgabe der Markenpolitik. Dazu reichen die üblichen verfügbaren Offline- und Online-Medien allein nicht mehr aus. Der Markenwert kann in serviceintensiven Industriezweigen durch ein markenadäquates Mitarbeiterverhalten stärker gesteigert werden als durch Massenmedien.[1] Gerade im Investitionsgüterbereich spielt das persönliche Beratungsgespräch mit dem Kunden eine entscheidende Rolle für das Markenimage. Deshalb ist es sinnvoll, bei den Mitarbeitern ein entsprechendes Markenbewusstsein zu entwickeln. Es geht jedoch nicht nur um die Vermittlung von Markenwissen. Vielmehr sollen Mitarbeiter idealerweise Begeisterung beim Kunden auslösen, um eine dauerhafte Bindung zur Marke aufzubauen. Dies hängt wiederum primär davon ab, wie gut die Mitarbeiter die Marke verinnerlicht haben und sich mit ihr identifizieren.[2] Gerade die Identifikation mit seinem Arbeitgeber ist

---

[1] Vgl. Berry und Lampo (2004, S. 25).
[2] Vgl. Bergstrom et al. (2002, S. 133 ff.); Berry und Lampo (2004, S. 23).

C. Themann (✉) · J. Tipke
Hamburg, Deutschland
E-Mail: c.themann@googlemail.com

J. Tipke
E-Mail: justin.tipke@still.de

heute aber keine Selbstverständlichkeit mehr. Nach einer Studie von Gallup haben allein in Deutschland 85 % aller Mitarbeiter kein Commitment[3] zu ihrem Unternehmen.[4]

Eine weitere Voraussetzung für die Verinnerlichung der Markenwerte ist deren Verständlichkeit. Laut einer Befragung von Markenverantwortlichen aus größeren Unternehmen glauben nur 36 %, dass ihre Mitarbeiter die Werte der Marke verstanden haben.[5] Auch für STILL war es wichtig, zunächst einmal das Commitment der Mitarbeiter mit der Marke zu überprüfen, um gegebenenfalls gezielte Maßnahmen zur Verbesserung vorzunehmen.

Brand Commitment bei STILL – Eine empirische Studie

Die empirische Studie bei STILL zeigte, dass die Mitarbeiter ein ausgeprägtes Brand Commitment zu ihrer Marke besitzen.[6] Im Einzelnen gibt es jedoch erhebliche Unterschiede zwischen den Einsatzbereichen, Alters- und Mitarbeitergruppen. Am höchsten ist das Brand Commitment in Vertrieb und Service, die Bereiche mit dem häufigsten Kundenkontakt. Ferner wird deutlich, dass die jüngeren Mitarbeiter im Durchschnitt ein niedrigeres Brand Commitment besitzen als ihre Kollegen. Auch der Umfang an markenorientierten Maßnahmen in der Personalbeschaffung und -entwicklung wird im Durchschnitt als gering eingestuft, bei den Führungskräften allerdings höher als bei anderen Mitarbeitern von STILL. Offensichtlich gibt es noch Nachholbedarf in der durchgängigen markenorientierten Führung über alle Hierarchieebenen hinweg. Immerhin fühlen sich über 78 % der Mitarbeiter durch unternehmensbezogene Artikel in den Medien (PR) motivierend angesprochen. Über 93 % empfinden sogar Stolz, wenn sie auf Werbung von STILL stoßen. Das zeigt die hohe Bedeutung der externen Kommunikation für das Brand Commitment der Mitarbeiter. Für STILL ist es also sinnvoll, externe Werbung auch unternehmensintern an vielen Kontaktpunkten sichtbar zu machen.

Stärkung des Brand Commitments

Prinzipiell kann Brand Commitment durch drei grundlegende Instrumente gesteigert werden: markenorientiertes Personalmanagement, interne Markenkommunikation und markenorientierte Führung. Das Personalmanagement kann schon durch eine erste

---

[3]Als Commitment kann in diesem Fall die psychologische Verbundenheit eines Mitarbeiters mit dem Unternehmen oder einer Marke bezeichnet werden. Letzteres wird dann auch als Brand Commitment bezeichnet. Zu weiterführenden Aspekten des Brand Commitment vgl. Burmann und Zeplin (2005a).
[4]Vgl. Nink (2005, S. 3).
[5]Vgl. IND (2007, S. 78).
[6]In einer unternehmensinternen Studie (2009) wurden 827 Mitarbeiter mit Kundenkontakt befragt.

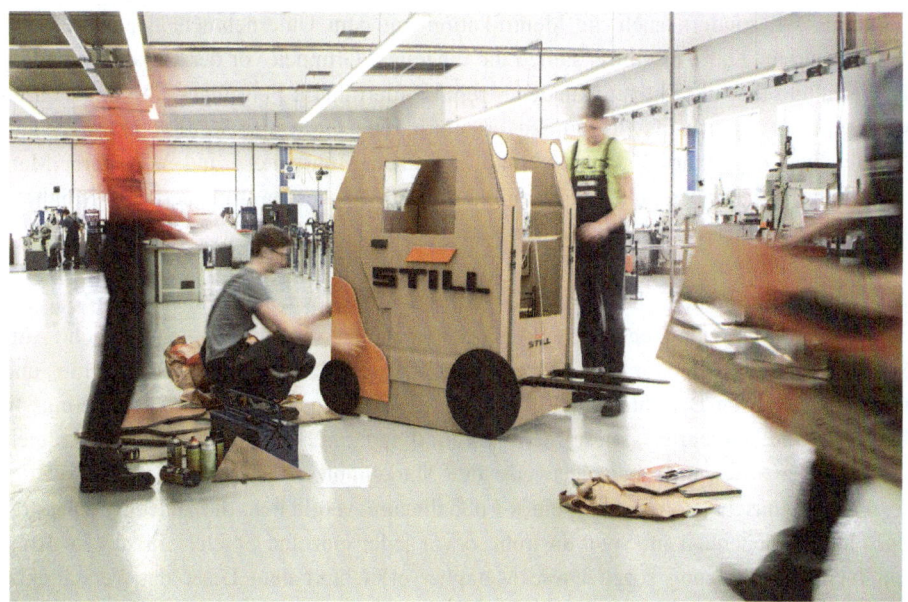

Abb. 6.1 STILL Staplerbauseminar

Überprüfung einen wichtigen Beitrag leisten. Je größer die Übereinstimmung zwischen den Markenwerten und denen der Bewerber und Mitarbeitern, umso einfacher ist die Entwicklung des Commitments.[7]

Als Konsequenz der internen Studie wurde bei STILL eine Vielzahl von Projekten und Maßnahmen entwickelt. Sie zielen vor allem auf jüngere Mitarbeiter, den Innendienst und auf Arbeitskollegen, die noch keine Führungsverantwortung haben.

Seitdem wird schon der erste Arbeitstag eines neuen Mitarbeiters nicht mehr dem Zufall überlassen. STILL veranstaltet sogenannte Willkommenstage. Neben einer ausgiebigen Werksführung in Hamburg werden den Mitarbeitern die Geschichte und die Markennutzen nähergebracht. Um dieser Bedeutung Ausdruck zu verleihen, wird die Begrüßung der Mitarbeiter grundsätzlich von der Geschäftsführung persönlich vorgenommen.

Weiterhin wird den Auszubildenden zu Berufsbeginn ein spezielles und umfangreiches Programm geboten. So absolvieren sie verschiedene Seminare, welche auf die jeweiligen Ausbildungsberufe abgestimmt sind. Als Beispiel sei das Staplerbauseminar erläutert. Die Teilnehmer eines neuen Ausbildungsjahrgangs haben die Aufgabe, selbstständig und nach eigenen kreativen Vorstellungen einen Gabelstapler aus Holz, Metall und Pappe zu bauen (Abb. 6.1). Diese Teamaufgabe stärkt nicht nur den Zusammenhalt

---

[7]Vgl. Burmann und Zeplin (2005b, S. 124 ff.); IND (2007, S. 117).

untereinander, sondern auch die Identifikation mit dem Unternehmen, der Marke und den Produkten. Zum Abschluss stehen die einzelnen Gruppen vor der Herausforderung, das gestaltete Produkt fiktiven Kunden – repräsentiert durch Führungskräfte des STILL-Managements – verkaufswirksam zu erläutern. Die Gewinner werden prämiert und anschließend folgt eine Diskussionsrunde zwischen Mitarbeitern und Managern. Markenspezifische, aber persönliche Fragen können erörtert werden. Eine derartige Möglichkeit ist im normalen Arbeitsalltag eher selten gegeben.

Ein wesentliches Instrument der nach innen gerichteten Markenkommunikation ist das STILL-Markenbuch.[8] Es bezieht sich auf die Werte des Unternehmens, den Markenkern und die Markennutzen. Vorrangiges Ziel ist die emotionale und verständliche Aufbereitung der Inhalte für alle Mitarbeiter. Zur Förderung der Identifikation und Motivation wurden Berichte und Bilder von Mitarbeitern in Form des Storytellings in das Markenbuch integriert. Diese Methodik motiviert zum Lesen und fördert ein schnelles Begreifen. So wurde beispielsweise der Markennutzen „systemorientiert" mit der gezielten Mannschaftsaufstellung eines Fußballteams verglichen, die zunächst eine strategische Überlegenheit im Spiel anstrebt, bevor jeder einzelne Spieler mit seinem Können für die Umsetzung sorgt. Diese Metapher erleichtert dem Leser das Verständnis, warum STILL die Offerte für den Kunden grundsätzlich als ganzheitlich funktionierendes „System" erläutert und konzipiert, bevor es die Vorzüge einzelner Produkte in den Vordergrund der Verkaufsbemühungen stellt.

Das Besondere: Nicht irgendein Fachautor, sondern Mitarbeiter von STILL, die gleichzeitig Hobbyfußballer sind, erläutern diese Vorgehensweise im Markenbuch. Damit wirkt die Erläuterung authentisch und nicht belehrend. Das entspricht einem wirkungsvollen Motivationsprinzip: Betroffene werden zu Beteiligten.

Das für A-Kunden konzipierte Markenmusical[9] nutzt STILL ebenfalls zur Steigerung der Mitarbeiteridentifikation. Nach dem Start jeder Neuauflage wird es exklusiv zunächst nur für das eigene Team aufgeführt. Damit werden die dargestellten Innovationen verbunden mit den jeweiligen Markennutzen der Positionierung von STILL schnell und nachhaltig im Gedächtnis verankert.[10] Es erfolgt gewissermaßen ein Update des Brandbooks im Kopf der Mitarbeiter. Darüber hinaus werden sogar eigene Mitarbeiter in das professionelle Musical-Team integriert und übernehmen darin bestimmte Handlungen.

Prinzipiell wird jeder sich bietende festliche Anlass von STILL genutzt, die Marke erneut zu verinnerlichen. Als Beispiel kann das 90-jährige Jubiläum des Unternehmens erwähnt werden. STILL präsentierte sich zu diesem Anlass multimedial mit einem großen Fest für alle Mitarbeiter und deren Angehörige. Mehr als 10.000 Besucher hatten

---

[8]Zur Entwicklung und dem Inhalt des Markenbuches siehe Kap. 2.
[9]Zum Markenmusical siehe auch Kap. 11.
[10]Hier wird ganz bewusst auf die Erkenntnis der Gehirnforschung gesetzt, dass Informationen über viele Sinne effektiver und dauerhafter im Gedächtnis verankert werden. Zu den Hintergründen sei auf das Kap. 7 verwiesen.

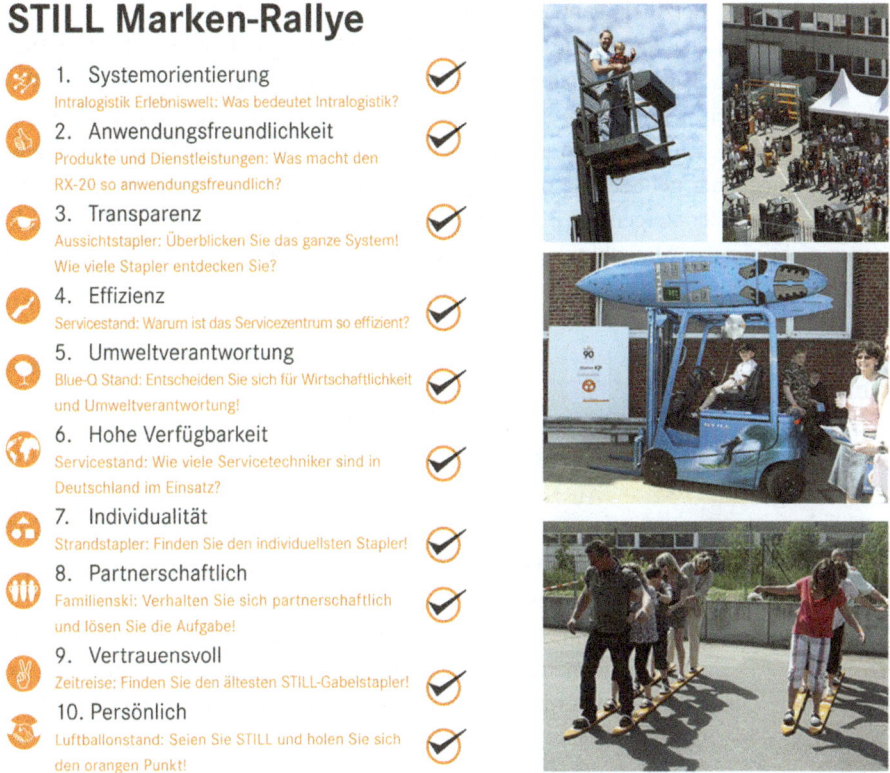

Abb. 6.2 STILL Markenrallye

einen Tag lang die Möglichkeit, sich mit der Geschichte des Unternehmens sowie Serienprodukten und Dienstleistungen des Unternehmens auseinanderzusetzen. Ein Highlight des Tages war die sogenannte Markenrallye. Getreu dem Motto „Erst wenn Du es anderen erklären kannst, hast Du es wirklich verstanden", haben die Mitarbeitern in spielerischer Weise den Besuchern die Markennutzen erläutert (Abb. 6.2). So wurde der Nutzen *partnerschaftlich* durch ein Spiel vermittelt, bei dem zwei teilnehmende Personen auf Skiern nur gemeinsam das Ziel erreichen konnten. Wer alle Markennutzen-Stationen durchlaufen und damit die Markenwerte verinnerlicht hatte, konnte darüber hinaus auch noch etwas gewinnen.

Fazit

Eine Marke differenziert sich im Wettbewerb austauschbarer Angebote zunehmend durch die Mitarbeiter. Um sie jedoch als Markenbotschafter zu gewinnen und davon zu profitieren, müssen sie emotional eingebunden und in den Markenkommunikationsprozess integriert werden. Letztlich geht es darum, den Stolz der Mitarbeiter für die eigene Marke zu wecken. Die empirische Studie bei STILL machte deutlich, wo das Unternehmen ansetzen kann. Einige Maßnahmen sind bereits erfolgreich eingeleitet worden. Weitere werden folgen. Letztlich muss sich die Erfüllung der Markenziele auch in der Entlohnungspolitik widerspiegeln, um Anreize in die gewünschte Richtung zu erzeugen. Dies wird umso eher gelingen, je operationaler die Markennutzen formuliert sind.[11] Vor dem Hintergrund der steigenden Bedeutung der Beratung im B2B-Bereich können Mitarbeiter nicht nur das Markenimage des Unternehmens beeinflussen, sondern im positiven Falle auch ihren eigenen Markenwert steigern.

Über die Autoren

Christian Themann erlangte 2009 seine akademische Auszeichnung als diplomierter Kaufmann mit den Schwerpunkten Marketing und Markenmanagement und machte sich dann selbstständig. Seitdem gibt der erfolgreiche freie Markenlotse und Marketingberater sein Fachwissen und seine gesammelten Erfahrungen als Dozent auf verschiedenen Fachveranstaltungen und an diversen nationalen und internationalen Bildungseinrichtungen mit viel Freude an Fachkräfte und Nachwuchsakademiker weiter.

Justin Tipke ist seit 2011 bei der STILL GmbH und verantwortet derzeit die Koordination und Projektplanung der internen und externen Kommunikation, insbesondere der multimedialen Inhalte des Unternehmens. Darüber hinaus lehrt er an verschiedenen Hochschulen zu den Themen Marketing und Personalentwicklung. In diesem Rahmen leitet er unter anderem verschiedene Projekte, die den Wissenstransfer zwischen Hochschule und Unternehmenspraxis fördern.

---

[11] Zur Operationalisierung der Markennutzen siehe Kap. 2.

Teil III

In den Kopf des Kunden

7 Nichtzufällige Gedankenspiele

Thomas Gey

Der Mythos vom rationalen Entscheider

Nicht selten wird im B2B-Bereich angeführt, dass Einkaufsentscheidungen im Vergleich zum privaten Konsumgüterbereich eher rational geprägt sind. Ist das wirklich so? Sicherlich sind an den meisten Investitionsgüterentscheidungen mehrere Personen beteiligt, in der Fachterminologie als Buying-Center bezeichnet. Dazu zählen Personen wie der Einkäufer und der Nutzer, aber auch Beeinflusser wie Betriebsrat, Betriebsarzt und Datenschutzbeauftragter. Es geht häufig um komplexe und teure Produkte oder Anlagen. Das Risiko einer Fehlentscheidung hat in der Regel weitreichendere Konsequenzen als beim Kauf von Konsumgütern. Das betrifft beispielsweise den notwendigen Service und die Verbindung zu anderen Anlagen oder Produkten im Unternehmen. Zur Objektivierung der Entscheidung werden deshalb entsprechende Einkaufsrichtlinien aufgestellt. Sie umfassen verschiedene Kriterien von den Mindestanforderungen an die Qualität, Geschwindigkeit der Ersatzteillieferungen bis hin zur Bonität des Anbieters.

Diese Objektivierung des Einkaufsprozesses bedeutet jedoch nicht, dass die dazugehörigen Entscheidungen rational getroffen werden. Der Mitarbeiter schaltet beim Betreten seines Unternehmens nicht am Eingang sein „privates Gehirn" ab und den „Business-Modus" ein. Die zugrunde liegenden Mechanismen im Gehirn laufen auch hier nach dem gleichen Muster ab. Das bedeutet: Nach heutiger Erkenntnis der Gehirnforschung fallen mindestens 70 bis 80 % unserer Entscheidungen unterbewusst.[1]

---

[1] Vgl. Häusel (2012, S. 86).

T. Gey (✉)
NORDAKADEMIE, Elmshorn, Deutschland
E-Mail: t.gey@nordakademie.de

In mehreren Studien konnte gezeigt werden, dass bewusst abgewogene Entscheidungen nur in Situationen mit geringer Komplexität optimal sind.[2]

Darüber hinaus werden alle Entscheidungen emotional beeinflusst, also auch die bewussten. Jeder Außenreiz hat eine emotionale Bewertung hinter sich, bevor wir im Bewusstsein darüber nachdenken können.[3] Der australische Hirnforscher Snyder bezeichnet das Bewusstsein deshalb auch als PR-Aktion des Gehirns, damit der Mensch denkt, er habe auch etwas zu sagen.

Daraus lässt sich folgern, dass die angesprochenen Buying-Center-Mitglieder ebenso emotional entscheiden, wenn dabei auch durchaus unterschiedliche Nutzenkriterien zum Tragen kommen im Vergleich zum Privateinkauf.

Wahrnehmung und Entscheidung

Für den Anbieter geht es also darum, die Emotionen der Interessenten zu beeinflussen, um die Kaufentscheidung für das eigene Angebot attraktiv zu machen. Die Untersuchung, welche Emotionssysteme unsere Kaufentscheidung wie lenken, hat sich in den letzten Jahren zu einem intensiven Forschungsbereich entwickelt.[4] Unter dem Stichwort „Neuromarketing" versuchen Wissenschaftler und Autoren, die verschiedenen Erkenntnisse im Bereich der Gehirnforschung auf Marketinganwendungen zu übertragen. Die dazu verwendeten Methoden sind vielfältig und nicht unumstritten, da sie ihre jeweiligen Vor- und Nachteile haben.[5] Trotzdem scheint sich nach dem gegenwärtigen Forschungsstand herauszukristallisieren, dass Emotionen unser Denken und Handeln maßgeblich leiten und unsere Wahrnehmungssinne dabei eine entscheidende Rolle spielen.[6] Gemeint sind Sehen, Hören, Riechen, Schmecken und Fühlen, eine Einteilung, die schon Aristoteles vor 2000 Jahren vorgenommen hat. Nach heute vorliegenden Studienergebnissen können alle Sinne zusammen etwa 11 Mio. Bits pro Sekunde wahrnehmen, davon aber nur einen Bruchteil bewusst, nicht einmal 100 Bits. Wir nehmen also fast alle Informationen unterbewusst wahr. Dabei spielt das *Auge* die maßgebliche Rolle mit einem Anteil von ca. 10 Mio. Bits pro Sekunde.[7]

Nach diesem Erkenntnisstand ist es also aus Markensicht ganz entscheidend, was wir dem Kunden optisch anbieten. Das beginnt mit dem Design des Produktes und geht bis zum Outfit des Mitarbeiters oder Verkäufers. Dem Augensinn wird eine hohe Glaubwürdigkeit zugeschrieben. Dies unterstützt die Aussage: „Wir glauben, was wir sehen." So

---

[2]Vgl. Dijksterhuis (2014, S. 10).
[3]Vgl. dazu ausführlich Roth (2007).
[4]Vgl. z. B. Häusel (2014) oder Scheier und Held (2012).
[5]Kenning et al. (2007).
[6]Vgl. z. B. Lindstrom und Pyka (2012).
[7]Vgl. McLean et al. (2006); Raichle (2010).

unterstellt der Betrachter einem schnittig aussehenden Auto eine hohe Geschwindigkeit und damit verbunden eine hohe PS-Zahl. Den Sound eines Autos mit knallig roter Farbe empfindet man lauter als mit gedeckten Farben. Farben und Formen prägen den empfundenen Innovationsgrad einer Maschine oder Anlage. Jemand, der gepflegt aussieht, gilt in unseren Augen zunächst einmal als seriös. Wenn uns ein Verkäufer mit dem iPad begegnet, um uns die neuesten Produkte in Simulationen nach unseren Wünschen zu demonstrieren, werden wir den Anbieter wahrscheinlich innovativer einschätzen, als wenn er seinen Katalog mitbringt und anhand von Fotos und Bildern seine Vorschläge erläutert.

Gerade im Zusammenhang mit dem Auge ist ein wesentlicher psychologischer Effekt zu erwähnen: der **HALO-Effekt.** Es handelt sich dabei um eine kognitive Verzerrung in der Wahrnehmung von Objekten, Personen oder Sachverhalten. Einzelne Eigenschaften dominieren die Wahrnehmung des Betrachters und beeinflussen damit seine Gesamtbeurteilung. So nutzen Automarken ein fortschrittliches, schnittiges Design, um den Betrachter bei der Beurteilung der übrigen Leistungsmerkmale positiv zu beeinflussen. Warum ist dieser psychologische Effekt auch im B2B-Bereich so entscheidend? Die Kunden haben trotz ihres Expertentums beim Einkauf selten das Wissen, um alle notwendigen Eigenschaften einer Maschine oder Anlage überprüfen zu können. In den meisten Fällen würde ihnen auch die Zeit dafür fehlen, selbst wenn sie ausreichend kompetent wären. Sie überprüfen das Angebot anhand wesentlicher Indikatoren und Kriterien. Darüber hinaus werden sie aber ganz wesentlich auch von ihren Wahrnehmungen geprägt. Erkennt ein Kunde beispielsweise die geringen Spaltmaße bei der Verarbeitung an den Türen eines Gabelstaplers, schließt er häufig auf eine qualitativ gute Verarbeitung des Motors, ohne ihn jedoch gesehen zu haben oder sogar beurteilen zu können. Deshalb sollte eine hochwertige Qualität auch optisch entsprechend unterstützt werden, damit der Eindruck stimmig bleibt (Abb. 7.1).

Im Zusammenhang mit der Wahrnehmung und Prägung eines Markenimages spielt die sogenannte Anthropomorphisierung – die Vermenschlichung – von Produkten eine große Rolle. Diese Suggestionstechnik gilt als wesentliche Voraussetzung für die Entwicklung der Markenpersönlichkeit. Es handelt sich um die Neigung unserer Informationsverarbeitung im Gehirn, nichtmenschliche Objekte oder Sachverhalte zu vermenschlichen. Dies wird besonders genutzt, wenn Marken mit menschlichen – auch künstlich erzeugten – Lebewesen verknüpft werden, wie dem über Jahre bekannten Marlboro-Mann oder Meister Propper. Schon vor Jahrzehnten konnte gezeigt werden, dass Personen dazu neigen, sogar einfachen geometrischen Formen wie Kreisen oder Dreiecken menschliche Eigenschaften zuzuschreiben.[8] Dieses Konzept wird auch in der Gestaltung von Maschinen und technischen Geräten erfolgreich genutzt. Im Alltag begegnet es uns häufig in Form der unterschiedlich gestalteten Frontpartien von Automobilen. Exemplarisch sei der MINI erwähnt, dessen Kühlergrilldesign und die speziell geformten Front-Scheinwerfer zusammen ein (lächelndes) Kindchenschema nutzen. Es

---

[8]Heider und Simmel (1944).

Abb. 7.1 Konsistente Farb-Linienführung zur Professionalitätsanmutung und Wiedererkennung der Marke

kann angenommen werden, dass diese bewusste Linienführung besonders zielführend bei der Ansprache weiblicher Kunden gewesen ist. So weist der BMW MINI im Vergleich zu anderen Modellen den größten Anteil weiblicher Käufer auf.[9]

Obwohl das Auge so entscheidend für unsere Wahrnehmung ist, sollten die anderen Sinne nicht außer Acht gelassen werden. Zum einen können andere wichtige Wahrnehmungseindrücke ausgelöst werden. Zum anderen werden gerade die übrigen Sinne von vielen Mitbewerbern bei der Botschaftsvermittlung vernachlässigt. Das ist für uns die Chance, die Einzigartigkeit unserer Marke noch stärker herauszustellen.

Da ist zunächst die *Akustik* zu erwähnen. Akustische Signale bewirken eine unmittelbare Aufmerksamkeit. Im Gegensatz zum Auge lässt sich das Ohr nicht einfach verschließen. Es ist bei jeder Wahrnehmung automatisch beteiligt. Songs, Stimmen oder auch Geräusche dienen als Gedächtnisanker und bringen ein besonderes Erlebnis aus der Vergangenheit prägnant in Erinnerung: die erste Liebe, ein besonderer Urlaub oder eine Abschlussfeier für eine bestandene Prüfung. Diesen Kopfkino-Effekt können wir auch in der Markenpolitik nutzen, besonders zur schnellen und prägnanten Wiedererkennung, einem wesentlichen Indikator für den Markenwert. Deshalb sollte man akustische

---

[9]Statista (2016).

Signale beim Markenkontakt des Kunden nicht dem Zufall überlassen. Man schafft eine hörbare Abgrenzung vom Wettbewerb!

Darüber hinaus vermitteln sie Emotionen, ohne die starke Marken sich im Wettbewerb kaum mehr differenzieren können. Über Musik kann eine hohe Aktivierung ausgelöst werden, die zu unbewussten körperlichen Reaktionen führt.[10] Aktivierung ist wiederum maßgeblich für die schwer zu erreichende Aufmerksamkeit von Kunden, die in der Regel einem „Information Overload" ausgesetzt sind. Wird ein Sound gleichzeitig mit bildhaften Reizen verbunden, kann eine starke Konditionierung zur Marke erzielt werden. Viele Menschen werden beim Hören des 5-Klang-Jingles der Telekom sofort an das Bild des Magenta-T und die vier quadratischen Punkte denken oder bei den pulsierenden Herztönen an Audi. Ähnliches gilt für den Bacardi-Song und den dazugehörigen Vorstellungen über Strand-Parties in der Karibik. Der „Plopp" beim Öffnen einer Verschlussflasche ist bei vielen Menschen mit dem Flensburger Pils konditioniert. Ein typischer „Markensound" ist auch das charakteristische Laufgeräusch einer Harley-Davidson, das auf einer unregelmäßigen Zündfolge beruht. Kaum vorstellbar, dass ein Käufer darauf verzichten möchte. Sogar nachts im Bett kann man eine vorbeifahrende Harley akustisch identifizieren, eine „kostenlose" Markenwerbung. Premiumhersteller wie Porsche und BMW setzen im sogenannten „Sound Engineering" auf hoch bezahlte Ingenieure, um dem Auto einen typischen und unverwechselbaren Sound zu verleihen. Bei den Marken BMW und MINI wird das Akustikkonzept etwa fünf Jahre vor dem Serienstart der Fahrzeuge festgelegt.[11]

Auch qualitätsanmutende Eigenschaften lassen sich über akustische Signale vermitteln. So lässt ein satter Sound beim Türenschließen eines Fahrzeugs auf die Verarbeitungsqualität schließen. Selbst das Blinker-Geräusch wird auf die Marke abgestimmt, wie zum Beispiel beim MINI von BMW.[12]

Der Motorsägenhersteller Stihl legt in seinem Brandbook auf das leise, sanfte Klicken von Schaltern und Knöpfen sowie auf ein kraftvolles, kerniges Aufheulen des Motors wert. Auch der Gebläsesound wird als „voll und kräftig" festgelegt. Letztlich werden bestimmte Assoziationen geweckt, die zum Markenimage passen und die Marke auch hörbar profilieren. Ziel ist, ein stimmiges und unverwechselbares Erlebnis zusammen mit den anderen Markensignalen zu schaffen. Für B2B-Unternehmen sind vor allem Messen, Events und Showrooms wichtige Kommunikations- und Akquisitionsinstrumente. Hier kann durch ein bewusst gestaltetes Raumklangdesign eine bestimmte Atmosphäre für Kunden geschaffen werden. Akustische Elemente können mit anderen Sinneswahrnehmungen in Einklang gebracht werden.[13] Ein akustisch angelegtes Markenprofil dient vor allem der Wiedererkennung der Brand und trägt zu einer langfristigen Verankerung im Gedächtnis bei.

---

[10]Vgl. Rötter (2005); Tauchnitz (1990, S. 38).
[11]Steiner (2014, S. 369).
[12]Vgl. Steiner (2015).
[13]Vgl. Garber (2005).

Die *Haptik* spielt nicht nur bei der Beurteilung von Gegenständen eine große Rolle, sondern auch im zwischenmenschlichen Bereich. Wird man als Säugling häufig berührt und gestreichelt, hat das positive Auswirkungen auf die psychische Entwicklung des Menschen. Beim Streicheln wird das Hormon Oxytocin ausgeschüttet, welches ein subjektives Wohlgefühl auslöst.[14] Für Säuglinge und Kleinkinder ist auch die eigene sensorische Erfahrung äußerst wichtig für das reale Begreifen. Deshalb entdecken sie Gegenstände durch Anfassen oder nehmen sie gerne auch in den Mund. Kleinkinder vermögen über das Zeigen mit dem Finger Wünsche auszudrücken, noch bevor sie diese in Worten fassen können.

Der Finger hat in diesem Jahrhundert hat als haptischer Sinneskanal durch die Digitalisierung und die damit verbundene Touch-Technology noch eine besondere Aufwertung erfahren. Als Katalysatoren dieser Entwicklung sind vor allem die Erfindungen des iPhone und iPad zu nennen. Gerade der Zeigefinger schafft eine schnelle Verbindung zwischen Information und Gehirn. Diese in die Informationstechnologie eingebettete Berührung von Zeigefinger und Oberfläche kommt einem „Quantensprung" für die Aneignung von Wissen gleich.[15]

Die Berührung spielt bei der Beurteilung eines Markenproduktes eine sehr große Rolle.[16] Streichen Sie mit den Händen über eine Oberfläche, hinterlässt dies eine sehr intime und beeindruckende Wirkung. Wir kennen das gute Gefühl, ein ausreichend dickes und mit Leder eingefasstes Lenkrad anzufassen im Vergleich zu einem dünnen aus Kunststoff. Es vermittelt uns sofort eine entsprechende Wertigkeit des Autos. So konnte auch nachgewiesen werden, dass das Sitzen auf einer weichen, angenehmen Oberfläche uns zu positiveren Bewertungen verleitet als ein hartes Sitzgefühl.[17] Für ein ganzheitliches Empfinden ist es entscheidend, dass der visuelle Eindruck einer Oberfläche oder eines Bedienelementes mit dem taktilen Empfinden übereinstimmt. Optisch weich anmutende Bauteile sollten sich also auch so anfühlen. Das ist für das Gehirn wichtig, um keine Störung in der Wahrnehmung hervorzurufen, sondern das Markenbild stimmig zu unterstützen.[18] Die Wiedererkennungsleistung wird deutlich verbessert.

So legt der erwähnte Marktführer Stihl bei seinen Motorsägen Wert darauf, dass der Anwender ein gleichmäßig kraftvolles Vibrieren empfindet (fühlbare Produktleistung). Bei Hilti spielen Überlegungen eine Rolle, wie durch Veränderung der Akkuposition eine Bohrmaschine noch besser in der Hand liegt, um damit einen fühlbaren emotionalen Mehrwert zu vermitteln. Leider wird dieser Wirkungsmechanismus oft sträflich vernachlässigt: Der lasche Händedruck des Verkäufers oder das billig anmutende Papier

---

[14]Vgl. Bushnell und Boudreau (1991); vgl. dazu auch Field (2003).

[15]Vgl. dazu auch den wesentliche Erkenntnisse zusammenfassenden Artikel des Kinderneurologen (Heinen 2013).

[16]Vgl. Nickel (2013, S. 62 f).

[17]Ackermann et al. (2010); vgl. dazu auch Nickel (2013).

[18]Vgl. dazu auch Steiner (2015).

des Kaufvertrags. Das Unternehmen STILL legt in der Fahrerkabine darauf Wert, dass die Hand des Fahrers bei der Bedienung ergonomisch auf einem Handballen aufliegen kann und der Fahrer die Vorteile einer modernen Joysticksteuerung spürt und ihm dies das Gefühl einer bequemen und aufwandsparenden Kontrolle gibt – auch hier kommt der HALO-Effekt wieder zum Tragen (Abb. 7.2).

Ein Kunde könnte einen STILL-Stapler sogar „blind" oder im Dunkeln ertasten aufgrund des verwendeten robusten Strukturlackes und des geprägt hervorgehobenen Markennamens am Heckgewicht (Abb. 7.3). Dieser „Mehrwert" unterstützt assoziativ den Premiumanspruch des Anbieters.

Die Professionalität einer systematischen Markenentwicklung wird gerade an solchen „Touchpoints" deutlich. Nur wer einen durchgehend roten Faden für jeden Berührungspunkt mit dem Kunden entwickelt, macht die eigene Marke unverwechselbar und unterstützt ihre Einzigartigkeit.

Betrachten wir nun den *Geruchssinn,* in der Fachliteratur auch als olfaktorische Wahrnehmung bezeichnet. Er ist mit dem Geschmackssinn verbunden und gilt als besonders sensibel. Kein anderer Sinn ist so unmittelbar mit dem limbischen System, unserem Gefühlszentrum, verbunden. Das zeigt sich schon bei der Partnerwahl. Paartherapeuten sind sich dessen bewusst und wissen, dass ein Verlieben nahezu ausgeschlossen ist, wenn „man sich nicht riechen kann". Im Vergleich zum Augensinn ist der Geruchssinn immer „wach" und damit rund um die Uhr im Einsatz.

Abb. 7.2 Fühlbare ergonomische und innovative Joysticksteuerung beim STILL-Stapler

Abb. 7.3 Bewusste Markenhaptik: Geprägter Name und fühlbarer Strukturlack

Gerüche spielen im medizinischen Einsatz bereits eine bedeutende Rolle. So arbeitet die Uniklinik in München mit der Aromatherapie, um Patienten zu entspannen und auch physische Linderung zu verschaffen. Dabei kommen ausschließlich natürliche Aromen zum Einsatz.

In der Geschäftswelt arbeitet man dagegen zunehmend auch mit künstlichen Düften, um Kunden zu beeinflussen. Viele Duftstoffe beeinflussen den Hormonspiegel und damit unser Verhalten, und zwar ohne dass wir uns dieser Ursache bewusst werden. Auf diese Weise versucht die SPARDA-Bank, ihre Kundenbindung zu fördern. Ihre Unternehmenswerte, wie Integrität, Dynamik und Nähe, sollen mithilfe eines Duftmarketing-Unternehmens durch eine adäquate Aromamischung zum Ausdruck kommen. Bereits 2005 wurde ein Duftgenerator in eine MINI Konzeptstudie integriert, um eine positive Stimmung des Autofahrers erzeugen zu können. Je nach Gemütslage sollten bestimmte Düfte stimulieren oder Aggressionen olfaktorisch gedämpft werden. Zum Einsatz kamen Vanille, Minze, Grapefruit und Grüner Tee.[19]

Singapore Airlines verwendet einen durchgehend gleichen Duft bei ihren Hot Towels und für das Aroma beim Kabinenluftspender.[20] Auch die Deutsche Bahn beabsichtigt aufgrund der positiven Ergebnisse im Rahmen einer empirischen Studie, Markendüfte in

---

[19]Steiner (2011, S. 226, 414).

[20]In Kap. 8 wird ausführlicher auf den Einsatz von Duftstoffen eingegangen.

den Fahrgasträumen einzusetzen. Die Bahnreise wird bei Fahrgästen und Zugpersonal ceteris paribus bei bestimmten Düften als angenehmer empfunden und besser bewertet. Auch das Beschwerdepotenzial kann auf diese Weise, zum Beispiel bei Verspätungen, reduziert werden.[21] Viele Studien bestätigen auch bessere Abverkaufsprognosen im Non-Food-Bereich, wenn der Geruch der Ware als angenehm empfunden wird.[22] Markenbewusste Unternehmen verankern bestimmte Gerüche in ihrer Marke: „Frisches Benzin" und „verbrannter Kraftstoff", das sind für den Motorsägenhersteller STIHL markentypische Gerüche, die im Brandbook als Parameter gesetzt sind.

Da die unbewusste Beeinflussung von Kunden zu einem bestimmten Verhalten aus ethischer Sicht umstritten ist, soll hier ein anderer wesentlicher Aspekt des Geruchssinns in den Vordergrund der Betrachtungen gestellt werden. Viele von uns kennen sicher das Erlebnis, wenn Zimtgeruch uns unmittelbar an Weihnachten denken lässt. Oder ein bestimmter Seifenduft in einem Hotelbad versetzt uns gefühlsmäßig in die Kindheit zurück in das Zuhause unserer Großeltern, weil wir den Geruch dort zum ersten Mal wahrgenommen haben. Schneller als jeder andere Sinnesreiz wecken Düfte Erinnerungen. Der Duftstoff wird sozusagen zum Schlüssel für eine bestimmte Erinnerung (Schloss).

Duftstoffassoziierte Erinnerungen lassen sich bewusst hervorrufen, wenn Kunden zu einem besonderen Anlass eingeladen und mit einem bestimmten Duftstoff konditioniert werden. Wird dieser Duftstoff dann bei späteren Begegnungen, zum Beispiel in Besprechungs- und Konferenzräumen oder auf Messeständen, wiederholt eingesetzt, weckt das Unternehmen die Erinnerung an den besonderen Anlass. Die Schwierigkeit besteht allerdings in der möglichen Polarisierung eines bestimmten Duftstoffes: Manche mögen ihn, andere rümpfen die Nase. Deshalb versuchen Marken häufig, auf Nummer sicher zu gehen, und setzen allgemein eher positiv besetzte Duftstoffe ein. Dazu werden Zimt und Vanille gezählt. Doch ist hier zu bedenken: Je weniger individuell ein verwendeter Duftstoff ist, desto weniger markentypisch kann er verwendet werden.

Der *Geschmackssinn* spielt im B2B-Bereich eher eine untergeordnete Rolle. Er ist ein sogenannter Nahsinn. Man muss also etwas in den Mund nehmen, um es zu schmecken. Es sei aber darauf hingewiesen, dass Geruchssinn und Geschmackssinn zusammenhängen. Ist der Geruchssinn beeinträchtigt – zum Beispiel durch Schnupfen – kann man nicht alle Geschmacksqualitäten wahrnehmen. Geschmackseindrücke können ebenfalls Erinnerungen an emotionsbeladene Situationen wecken.[23] Hat man also bei einer sehr gelungenen Veranstaltung für Kunden auch ein kulinarisches Highlight geboten, so kann den Personen zu einem späteren Zeitpunkt in der Pre-, Sales- oder Aftersales-Phase dieses Erlebnis subtil mit gleichen Speisen oder Getränken wieder in Erinnerung gerufen

---

[21]Vgl. dazu Girard et al. (2013).
[22]Vgl. Leven (2015, S. 16).
[23]Vgl. Leven (2015, S. 17).

Abb. 7.4 Nutzung der kognitiven Dissonanz zur Unterstützung des Markenimages

werden. Insofern kann auf dem Wege der emotionalen Konditionierung auch dieser Sinn zur Verstärkung des Markenimages gerade im B2B-Bereich genutzt werden. Wie man den kulinarischen Rahmen einer Kundenveranstaltung darüber hinaus zur Unterstützung des Markenimages nutzen kann, demonstriert der Intralogistikanbieter STILL. Als vor einigen Jahren RFID-Transponder für die Intralogistikbranche eine wichtige Thematik darstellten, hat STILL nicht nur seine neuen Produkte damit ausgerüstet, sondern die Kunden bei der Verköstigung durch Nutzung einer kognitiven Dissonanz imageprägend darauf aufmerksam gemacht. Sie konnten Pommes frites aus einem Automaten bekommen, aber nur unter Nutzung der RFID-Technik, die mit den eigenen Namensschildern verbunden war (Abb. 7.4). Auf diese Weise wurde subtil der konkrete Markennutzen „systemorientiert" hervorgehoben.[24]

---

[24] Zu den Markennutzen von STILL siehe ausführlich Kap. 0.

Multisensorische Ansprache zur Markenprofilierung

Forscher haben herausgefunden, dass die Beeinflussung von Personen umso größer ist, je mehr Sinne gleichzeitig angesprochen werden.[25] Dabei steigert sich die emotionale Wirkung der Wahrnehmungskanäle nicht additiv, sondern exponentiell, in der Fachsprache als *Multisensoring Enhancement* bezeichnet. Nach einer empirischen Studie liegt bei der Ansprache eines Sinneskanals die Markenloyalität bei ca. 28 %, bei zwei bis drei Kanälen schon bei 43 % und bei der Adressierung aller fünf Sinne bei 59 %.[26] Erfolgreiche Premium-Hersteller im Automobilbereich messen der Integration von Design, Markenerlebnis und Produktinnovationen schon lange zunehmend höhere Bedeutung bei.[27]

Diese Erkenntnis rückt Events mit Kunden in ein ganz besonderes Licht. Kundenveranstaltungen, die bewusst alle Sinne markenspezifisch „bestrahlen", haben einen hohen emotionalen Einfluss und eine langfristige Erinnerungswirkung. Diese Möglichkeit machen sich Unternehmen zunehmend auch im B2B-Bereich zunutze.

Ein sehr prägnantes Beispiel dazu liefert STILL. Seit 1999 präsentiert das Unternehmen seinen Kunden mehrmals im Jahr ein Musical-Event, um Innovationen im Produkt-, Service- und Dienstleistungsbereich auf allen Ebenen der Wahrnehmung erfahrbar zu machen und ein höchstmögliches Involvement der Teilnehmer zu erzielen. Dazu werden Innovationen dramaturgisch in eine Handlung eingebettet, die auf typische Problemlösungen in der Intralogistik – der Kernkompetenz von STILL – ausgerichtet sind. Die Zuschauer werden in bestimmten Phasen des Musicals sogar zur aktiven Mitwirkung angeregt. Das löst ein Höchstmaß an Aufmerksamkeit und eine starke Erinnerungswirkung bei den Besuchern aus. Über den regelmäßig während der Veranstaltung eingesetzten Song „One step ahead" wird eine Konditionierung geschaffen, die Kunden und auch Mitarbeiter auch zu anderen Anlässen immer wieder an die Inszenierung erinnert.

Im Anschluss an das Musical haben die Gäste dann die Möglichkeit, sich über die gezeigten Innovationen bei STILL-Experten tiefer gehend zu informieren. Sowohl die Einladung zu diesem Event als auch die weitere Betreuung der Interessenten und Kunden wird durch ein ausgeklügeltes Lead-Management-System gezielt gesteuert.[28] Diese Art der Innovationsinszenierung ist kaum mehr vergleichbar mit einem klassischen Erstakquisitionsgespräch beim Kunden oder einem konventionellen Messeauftritt. Das entscheidende persönliche Verkaufsgespräch – wiederum eine Ansprache über mehrere Sinne – wird auf diese Weise bestmöglich vorbereitet. Durch dieses außergewöhnliche Event wird das Interesse des Kunden so stark geweckt, dass er häufig von sich aus ein weiteres Gespräch bei dem Unternehmen anfragt. Das ist geradezu eine Idealposition aus

---

[25] Lwin et al. (2010).
[26] Fösken (2006).
[27] Becker (2005, S. 108 f.).
[28] Das Lead-Management-System von STILL wird ausführlich in Kap. 14 behandelt.

Sicht von STILL, wenn man bedenkt, wie schwierig es normalerweise für einen Lieferanten ist, einen Akquisitionstermin beim Kunden zu erhalten.

Fazit

Idealerweise verbindet die Zielgruppe mit einer Top-Marke einzigartige positive Assoziationen, die im Kopf als semantisches Netzwerk abgespeichert sind.[29] Fördert ein Unternehmen eine prägnante Wiedererkennung über die Wahrnehmungssinne, so werden die mit der Marke verknüpften Assoziationen im Kopf des Kunden aktiviert. Hierbei wird durch ein gezieltes und abgestimmtes Codieren der Marke über mehrere Sinne auch die Gedächtnisleistung erhöht.[30] Vereinfacht ausgedrückt, „brennt" sich die Marke über die gezielte Ansprache möglichst vieler Wahrnehmungskanäle im Sinne des verfolgten Markenimages besser in das Gedächtnis ein. Die Kommunikation ist effektiver. In den nachfolgenden Kapiteln wird in der Anwendung der Markenpolitik von STILL immer wieder auf diese Erkenntnisse Bezug genommen.

Über den Autor

Dr. Thomas Gey ist Professor für Marketing & Strategische Unternehmensentwicklung an der privaten Hochschule der Wirtschaft NORDAKADEMIE (Hamburg und Elmshorn). Er lehrt auch an internationalen Universitäten in den USA und Südamerika. Zuvor war er Vorstandsassistent in einem Großkonzern und anschließend Partner einer international tätigen Beratungsgesellschaft. Seine Forschungsschwerpunkte liegen vor allem in den Themen Branding, Online-Marketing, Werte-Marketing, Markt- und Werbe- sowie Verhaltenspsychologie. Er führt regelmäßig Beratungsprojekte und Seminare zur Marken-, Leitbild-, Motivations- und Persönlichkeitsentwicklung durch.

---

[29]Zur Bedeutung und Entwicklung eines semantischen Netzwerks für eine Marke siehe Kap. 1.
[30]Vgl. Nickel (2013, S. 63).

Emotionen rechnen sich

Jan-Christoph Sachse und Matthias Klug

8

Markenerlebnisse für die Sinne

Da ist dieser Geruch. Als wäre gerade jemand mit einem frisch aufgetragenen Parfüm vorbeigelaufen. Er ist überall auf der noblen Einkaufsmeile zu bemerken, und je näher man dem riesigen Eingangsportal des Flagship-Stores einer amerikanischen Jeans- und Sportswear-Marke kommt, desto stärker ist er. Dann, in der geräumigen Lobby des Geschäfts, entlang der akkurat eingeräumten Regale, bei den Aufzügen, in der Leseecke, bei den Sesseln im überdachten Lichthof: überall der etwas herbe und holzige, mit einem Hauch von Meeresaromen versehene Duft. Besonders deutlich ist das Aroma direkt vor dem Tresen des Kassenbereichs zu bemerken. Ein Blick nach oben verrät, wieso: Dort sind die Gitter der Belüftungsanlage, von wo frische Luft in den Raum strömt – und mit ihr die Duftmoleküle. Es ist ein Duft, den das US-amerikanische Unternehmen Abercrombie & Fitch eigens für seine Verkaufsstandorte entwickelt hat. Er soll Sportlichkeit, Ferienstimmung und ein entspanntes Lebensgefühl vermitteln und nicht zuletzt auf diese Weise zu entspannten – sprich großzügigen – Konsumentscheidungen führen. Weil auch alle dort angebotenen Kleidungsstücke mit diesem Duft versehen sind, haben Jugendliche bei Tests eine Jeans sofort der Marke Abercrombie & Fitch zugeordnet – unabhängig vom Schnitt oder der Farbe der Hose – nur, weil sie den Duft der Marke verströmte. Wie das Logo und das sorgsam geschulte Verhalten des einheitlich gekleideten

---

J.-C. Sachse (✉)
Hamburg, Deutschland
E-Mail: jan-christoph.sachse@gmx.de

M. Klug
Buchholz, Deutschland
E-Mail: matthias.klug@still.de

Verkaufspersonals wird auch der Signatur-Duft auf diese Weise zum integralen Bestandteil der Marke.

Dieses Konzept verdeutlicht einen Trend: Unternehmen setzen inzwischen eine Vielfalt emotionaler Impulse ein, um die Kunden an ihre Marke zu binden. „Duftmarketing" ist nur eine der vielen Ausprägungen dieses Trends. Denn inzwischen sind auch im klassischen Management die Erkenntnisse des Neuromarketings angekommen und drängen die bis dato vorherrschende Theorie vom „Homo oeconomicus", der ja bekanntlich ausschließlich nach streng rationalen Kriterien seine Kaufentscheidungen trifft, in den Hintergrund. Hirnforscher wissen schon lange, dass Gerüche die Gefühle und Erinnerungen von Menschen sehr viel direkter beeinflussen als andere Sinnesreize. Sie wirken unmittelbar auf das limbische System, das unsere Emotionen steuert. Das führt dazu, dass Ereignisse, die mit starken und im besten Falle positiven Emotionen verknüpft sind, sehr viel länger im Gedächtnis bleiben. So etwa, wenn der Duft einer bestimmten Seife einen schlagartig in die Geborgenheit von Großmutters Haus versetzt. Doch nur am gehobenen Niveau der angebotenen Bekleidungsartikel kann die Wirkkraft dieses Effekts nicht liegen, denn beim Besuch in einem zufällig ausgewählten Supermarkt am Rande einer deutschen Großstadt weht einem sofort der Duft frischer Brötchen entgegen, wenn sich die Schiebetür öffnet. Nicht ohne Grund ist der Stand eines Bäckers, der seine Backwaren hier im Ofen hinter dem Tresen fertig bäckt, direkt am Eingang des Supermarktes positioniert. In der Marketingwelt ist bekannt, dass der Geruch nach frisch Gebackenem bei fast jedem Kunden mit schönen Erinnerungen verbunden ist und deshalb die Laune hebt. Diesen Effekt nutzt der Lebensmitteleinzelhandel gezielt bei der Einrichtung seiner Verkaufsstandorte.

Doch sind wirklich alle wirtschaftlichen Entscheidungen von solchen emotionalen Rahmenbedingungen abhängig oder haben wir es bei den eben beschriebenen Beispielen mit Sonderfällen aus dem Einzelhandelssektor zu tun, die etwa auf den Investitionsgüter- oder Finanzbereich nicht ohne Weiteres übertragbar sind?

Auf der Suche nach verhaltensökonomischen Erklärungsmodellen

Bei der Suche nach Antworten auf die Frage, wie und nach welchen Kriterien Menschen in wirtschaftlichen Entscheidungssituationen ihr Urteil fällen, beherrschte lange Zeit das Erklärungsmodell des sogenannten „Homo oeconomicus" das Meinungsbild. Danach verarbeiten Menschen als „animal rationale" alle verfügbaren Informationen sachlich und entscheiden deshalb heute genauso wie gestern – kurz: Sie tun immer genau das, was für sie persönlich gut ist. Nach diesem Konzept ist der Mensch in wirtschaftlichen Entscheidungssituationen eine Art „Nutzenmaximierungsmaschine" und ein „Permanentkalkulator"[1]. Dieses rein rationale Modell menschlichen Handelns vereinfacht die

---
[1] Schlösser (2007, S. 169).

Betrachtung von Entscheidungsverläufen in der Wirtschaftswelt, denn es hat den Vorteil, dass die Parameter des Handelns messbar sind und zu deren Erforschung mechanistische und mathematische Methoden eingesetzt werden können. Auf immer mehr Lebensbereiche angewandt, entwickelte sich das Modell des „Homo oeconomicus" zum quasi allgemeingültigen Menschenbild und entfaltete damit eine umfassende, sogar fast normative Leitbildfunktion in der westlichen Welt. Es wurde Basis für ein bestimmtes Selbstverständnis von Individuen, woraus dann auch das Gesamtverhalten einer ganzen Gesellschaft abgeleitet wurde. Doch gerade in Bezug auf das Erklärungsmodell des „Homo oeconomicus" kann das zur Eindimensionalität der Betrachtungsweisen und schlimmstenfalls zu selbsterfüllenden Kausalketten bei Entscheidungen führen – etwa in dem Sinne „Eigennutz ist etwas allen Menschen Eigenes" oder „wenn jeder an sich selbst denkt, ist an alle gedacht", sodass sich menschliches Handeln zuletzt an diesem früh gelernten Leitsatz quasi immer wieder selbst erfüllt.

Ein anderes, früheres Beispiel dafür, wie solche mechanistischen „Leitideen" nahezu zu Axiomen werden, ist die „unsichtbare Hand", die seit den Theorien von Adam Smith als optimierendes Prinzip zwischen eigennützig handelnden Akteuren eine kontinuierliche Balance der Märkte bewirken soll. Andere, „weiche" also emotional basierte Motivationen für bestimmte wirtschaftliche Entscheidungen gerieten vor diesem Hintergrund lange aus dem Blickfeld oder wurden erst gar nicht ernsthaft in Erwägung gezogen. Nicht zuletzt wegen dieser Defizite wurden seit Beginn der 80er Jahre des vorigen Jahrhunderts bei der Entwicklung alternativer Erklärungsmodelle der Verhaltensökonomie zusätzlich Sichtweisen aus Psychologie, Medizin und der Spieltheorie einbezogen. Denn dass der „Homo oeconomicus" als alleiniges Erklärungsmodell wirtschaftlicher Entscheidungen von Individuen nicht ausreicht, zeigte bereits die Beobachtung, dass die angeblich so egoistischen Menschen durchaus Wert darauf legen, dass es in der Wirtschaft fair zugeht. Ein Unternehmen, das den Preis für Regenschirme verdoppelt, bloß weil es draußen gerade in Strömen regnet, werden die Konsumenten danach für lange Zeit meiden, auch wenn sie das bares Geld kostet.[2] Hinzu kommt die Beobachtung, dass gerade die Menschen, die ganz egoistisch das Beste für sich herausschlagen wollen, dabei oft vorhersagbare Fehler begehen: Eigentlich sind Menschen in wirtschaftlichen Angelegenheiten eher auf Sicherheit bedacht, weshalb sie lieber 1000 EUR in bar nehmen als ein Los, das ihnen mit 55 % Wahrscheinlichkeit 2000 EUR einbringen könnte – und in 45 % der Fälle eben gar nichts. Doch wehe, es droht ein Verlust. Dann gehen sie immense Risiken ein, wenn es mit geringer Wahrscheinlichkeit noch gelingen kann, diesen Verlust ganz abzuwehren. Denn: Menschen hassen Verluste mehr, als sie Gewinne lieben.

Diese These und die genannten Beispiele sind nur einige von vielen, mit denen die „Neue Erwartungstheorie" (im amerikanischen Original: „Prospect Theory") ein alternatives Verhaltensmodell untermauert.[3] Ihre Thesen finden nicht erst seit dem Jahr 2002

---

[2] Kahneman (2012, S. 113).
[3] Tversky und Kahneman (1974); Kahneman (1973); Kahneman und Tversky (1979).

weltweit Beachtung, als ihr Begründer Kahneman – auch stellvertretend für seinen zu diesem Zeitpunkt bereits verstorbenen Forschungspartner Tversky – den Nobelpreis für Wirtschaftswissenschaften erhielt. Bereits zu Beginn der 1980er Jahre, als die marktgläubigen „Chicago-Boys" um Milton Friedman ihre erzliberale Revolution ausriefen, beschäftigten sich die beiden Wissenschaftler mit der Frage, inwieweit Rationalität wirklich der wichtigste Dreh- und Angelpunkt wirtschaftlicher Entscheidungen ist, oder anders formuliert, ob sich Gefühle wirtschaftlich gesehen rechnen. Ein zentraler Punkt ihrer Argumentation: Wo bei einer Entscheidung der Gewinn aufhört und der Verlust beginnt, liegt in der individuellen Wahrnehmung jedes einzelnen Individuums begründet. Das hat demzufolge mehr mit Gefühlen als mit der Ratio zu tun. Die individuelle Bewertung von Gewinn und Verlust hat mit der Sozialisation, dem aktuellen Umfeld und den zuvor erhaltenen Informationen jedes einzelnen Wirtschaftsakteurs zu tun. Das heißt aber auch, diese Rahmenbedingungen sind beeinflussbar – etwa durch Werbung oder emotionale Impulse von außen – wie etwa durch das eingangs geschilderte Duftmarketing.

Das ist aber nur ein Beispiel dafür, wie sich der tatsächliche Mensch nach Ansicht Kahnemans vom Erklärungsmodell des „Homo oeconomicus" unterscheidet. So neigt der Mensch auch dazu, der eigenen Urteilskraft zu sehr zu vertrauen, was ihn vor allem als Geldanleger verarmen lassen kann. Oder er hängt alten Investments nach und verharrt wie gelähmt im Status quo. Im Übrigen sei ein guter Teil der Ereignisverläufe Zufall, so Kahneman.[4] Das bestätigten auch seine Studien in Investmenthäusern der New Yorker Wall Street. Um den Bankern von Nutzen zu sein, ließ er sich vorab die Rendite-Historie der einzelnen Anlageprofis geben. Kahneman rechnete und sah: Zwar wurden einige als Stars gehandelt und andere nicht, zwar erhielten einige riesige und andere nur hohe Boni. Aber mit Leistung hatte das nichts zu tun. Fast alles war Zufall, wie sich bei näherem Hinsehen erwies. Kein Wunder, erklärte Kahneman den Wall-Street-Experten, denn das Börsengeschehen sei viel zu volatil und chaotisch, um vorhersagbar zu sein. Das Ergebnis: Die prosperierenden Unternehmen von heute sind oft die Enttäuschung von morgen und umgekehrt, und die Gewinnerstrategie von gestern läuft schon bald ins Leere. Hinzu kommt, dass viele Menschen den Einfluss von Managern auf Performance und Profitabilität von Unternehmen überschätzen. Zudem messen viele Wirtschaftsakteure dem eigenen Genie zu viel Gewicht bei, etwa wenn sie als Geldanleger nach einem Erfolgserlebnis schnell übermütig werden und ihre Einsätze stetig erhöhen.

Der Mensch ist es nicht gewohnt, scharf nachzudenken, denn er lässt sich zunächst von seinem Unterbewusstsein und seiner Intuition leiten, so lautet ein Kernsatz Kahnemans. Das ist vor dem Hintergrund der Evolution auch nachvollziehbar. Ohne dieses System, das schnell, unbewusst und oft emotionsgesteuert Entscheidungen herbeiführt, könnten wir gar nicht überleben. Doch es begeht eben auch Fehler, die nur zu vermeiden sind, wenn wir mithilfe unseres Verstandes bewusste, langwierige und oft anstrengenden Überlegungen vornehmen. Und selbst wenn wir bewusst über eine Gemengelage von entscheidungsrelevanten Fakten reflektieren, kann die Emotion am Ende immer noch siegen.

---

[4]Kahneman (2012, S. 105–117).

Konsequenzen für die B2B-Kommunikation

Welche Konsequenzen können die für Marken- und Unternehmenskommunikation im B2B-Bereich ihrer Unternehmen verantwortlichen Manager aus den beschriebenen Erkenntnissen der „Neuen Erwartungstheorie" ziehen? Zunächst einmal, dass sie die emotionale Komponente ihrer kommunikativen Kernbotschaften gegenüber deren rationalen Komponenten deutlich stärker akzentuieren sollten. Besonders erfolgversprechend scheint es nach diesem Erklärungsmodell zu sein, die Kommunikation mithilfe des „Ankereffekts" gerade im Vorfeld von geschäftlichen Entscheidungen zu intensivieren. Im Mittelpunkt steht dabei das Phänomen, dass Menschen, die im Rahmen einer Entscheidungssituation frei und sachlich bestimmte Zahlenwerte auswählen sollen, dabei unbewusst von momentan vorhandenen Umgebungsinformationen beeinflusst werden. Diese Umgebungsinformationen haben Einfluss selbst dann, wenn sie für die Entscheidung eigentlich irrelevant sind. Das heißt, Menschen orientieren sich bei der zu treffenden Entscheidung an einem willkürlichen, zuvor sinnlich wahrgenommenen „Anker". Die Folge ist eine systematische Verzerrung der Entscheidung in Richtung eben dieses Ankers.

So zeigt ein Experiment Kahnemans und Tverskys, dass bei der Schätzfrage, wie hoch der Prozentsatz afrikanischer Staaten in der UN sei, die Höhe der Antwort massiv davon beeinflusst wird, welche Zahl der Befragte kurz vorher an einem Glücksrad gedreht hat. Je höher die Zahl am Glücksrad, desto höher lag danach der geschätzte Prozentsatz afrikanischer Staaten in der UN. Weniger harmlos klingt es, wenn Kahneman berichtet, dass in einem Experiment erfahrene deutsche Richter eine des Ladendiebstahls angeklagte Frau zu einer höheren Haftstrafe verurteilten, wenn sie zuvor eine hohe Zahl gewürfelt hatten.[5] Der Ankereffekt zeigt sich demnach als ein in unterschiedlichsten Entscheidungssituationen robustes Phänomen – gerade dann, wenn Entscheidungen im Zusammenhang mit Zahlen zu treffen sind.

Da dies gerade in wirtschaftlichen Bereichen, wo Entscheidungen an quantitative Zahlenwerte gebunden sind, fast immer der Fall ist, wird der Ankereffekt zu einem wichtigen Instrument für die Marketingkommunikation. Vor allem in Verhandlungssituationen können solche Anker eine maßgebliche Rolle spielen. So hängt die subjektive Verlust- oder Gewinnsituation, die ein Verhandlungspartner sich in der Verhandlungssituation zuschreibt, oftmals vom ersten Angebot ab, das in die Verhandlung eingebracht wird. Dieses beeinflusst dann den weiteren Verhandlungsprozess bedeutend.[6] Es zeigt sich, dass Personen in Verhandlungen vorteilhaftere Ergebnisse für sich erzielen können, wenn sie das erste Angebot aussprechen. Vor diesem Erfahrungshintergrund eröffnet sich also die Möglichkeit, von sich aus gezielt Referenz- und Ankerpunkte zu setzen, um den weiteren Verlauf der Verhandlungen zu steuern und zu beeinflussen.

---

[5]Tversky und Kahneman (1974).
[6]Ritov (1996); Moran und Ritov (2002).

Das Phänomen der Ankerung und Anpassung bildet vor allem bei Kauf- und Verkaufsentscheidungen entscheidende Rahmenbedingungen. In etlichen Studien, sei es im Einzelhandel oder in der Immobilien- und Gebrauchtwagenbranche, wurde eine signifikante Ankerwirkung von numerischen Werten auf Kauf- und Verkaufspreise oder auch auf verkaufte Mengen nachgewiesen.[7] Es ist durchaus anzunehmen, dass der beschriebene Effekt auch auf nicht-numerische Impulse, also besonders Bilder, Klänge oder Düfte, übertragbar ist. Wo Entscheidungen so leicht zu beeinflussen sind, ergibt sich aus Sicht dieses Erklärungsmodells eine Vielzahl von Ansatzpunkten bzw. Zugangstoren für „emotionales Marketing", und zwar genau dort, wo die emotionale Komponente der Kaufentscheidungen von Kunden mit sinnlich wahrnehmbaren Impulsen positiv beeinflussbar ist.

Die Prospect Theory ist durchaus kritisch von der ökonomischen Wissenschaft aufgenommen worden. Immer wieder sind Argumente für die deskriptive Validität der rationalen Entscheidungstheorie und gegen die Notwendigkeit eines völligen Neuansatzes wie der Prospect Theory angeführt worden.[8] Methodisch wird kritisiert, dass lediglich imaginäre Anreize geschaffen würden, da fast alle Experimente anhand fiktiver Gedankenspiele durchgeführt würden. Jedoch wurde dieser Vorwurf widerlegt, da sich das Verhalten bei imaginären wie tatsächlichen Transaktionen als identisch herausstellte.[9] Tversky und Kahneman weisen darauf hin, dass reale Anordnungen nichts an ihren Ergebnissen veränderten.[10] Ein aktueller Autor, der versucht, die rationale Theorie auch als deskriptives Instrument zu bewahren, ist Zou, der die Grundannahmen der Erwartungsnutzentheorie beibehält, jedoch auch nichtlineare Elemente wie die Spiel- und Chaostheorie einbezieht.[11] Doch wie genau werden Entscheidungen letztlich getroffen und wie können Kommunikationsmaßnahmen darauf Einfluss nehmen?

Wirtschaftsakteure im Fokus der Verhaltensforschung

Gerade an diesem Punkt versucht die Verhaltensforschung und konkret die Konsumentenforschung, die Veränderbarkeit von Verhaltensmustern bei Akteuren in der Wirtschaft aufzuzeigen. Konsumentenverhalten wird dabei als jedes äußerlich wahrnehmbare oder mit technischen Hilfsmitteln erfassbare Verhalten von Zielgruppen verstanden, dass diese zur Beschaffung und zum Verbrauch von materiellen und immateriellen Gütern animiert. Dabei begnügt sich die Konsumentenforschung bei der Kriterienauswahl nicht mit den klassischen „4 Ps" der Marketinginstrumente, also „Product", „Price", „Place" und „Promotion".

---

[7]Mussweiler et al. (2000).
[8]Ritov (1996); Moran und Ritov (2002).
[9]Grether und Plott (1979, S. 632).
[10]Tversky und Kahneman (1981, S. 455, 1986, S. 274).
[11]Zou (2006, S. 1–27).

Vielmehr verlässt die Konsumentenforschung aufgrund ihrer deskriptiven Zielsetzung die den traditionellen Wirtschaftswissenschaften zugrunde liegende normative Perspektive des „Homo oeconomicus". Der heute vorherrschende Ansatz der Verhaltensforschung und damit des Konsumentenverhaltens ist nicht einseitig behavioristisch.[12] Er führt Verhalten nicht allein auf äußere Anreize zurück und geht auch nicht von einer völlig freien Willensbestimmtheit des Handelnden aus. Vielmehr sei das Verhalten von Menschen eine Mischung aus den Komponenten Vererbung, sozialem Erwerben (also dem Lernen) und der Freiwilligkeit, also dem Bemühen, Ziele zu erreichen. Der Mensch sei nicht so sehr an dem in Rede stehenden Wirtschaftsgut oder Vorteil an sich, sondern vielmehr an dessen weiteren Bedeutungsinhalten interessiert. Diese weiteren Bedeutungsinhalte oder auch Mehrwerte sind oft durch gesellschaftliche Codes, Rituale, Vorbilder oder andere emotional begründete Wertvorstellungen beeinflusst. Statt lediglich das Produkt wird ein damit verbundenes Erlebnis gesucht, statt nutzenorientierter Kriterien werden bei der Auswahl die jeweils damit verbundenen spielerischen Spaßanreize in den Blick genommen.[13]

Diese Betonung der hedonistisch-emotionalen Komponente gegenüber der rationalistischen führt in jedem Fall zu neuen Herausforderungen für all diejenigen, die für eine auch unter diesen Voraussetzungen effektive Wahrnehmung von Marken verantwortlich zeichnen. Denn jetzt gilt es, den klassischen drei Funktionen einer Marke, nämlich zunächst mit ihrem Image ideellen Nutzen zu stiften, dann den Wirtschaftsakteuren durch Informationseffizienz Zeit zu verschaffen und schließlich durch Risikoreduktion Vertrauen zu gewinnen,[14] einen weiteren, eben emotional wahrnehmbaren Leuchtturm zur Seite zu stellen. Zum Beispiel, indem Marken gezielt so aufgebaut werden, dass sie eine emotionale Vorbildfunktion gewinnen, die den Wertvorstellungen (Wertschätzungscodes) der anvisierten Zielgruppen entspricht.

Die Vorbildfunktion von Marken bei Entscheidungen

„Mein Haus, mein Auto, mein Boot" – wer erinnert sich nicht an den Werbespot einer Bank, der die Rolle ikonischer Vorbilder bei der wirtschaftlichen Lebensgestaltung ironisch überzeichnet? Auf der Basis psychologischer und soziologischer Betrachtungsweisen spielen Vorbilder, gerade solche aus Kindertagen, eine wichtige Rolle für das spätere Entscheidungsverhalten. So zeigten bereits in den 1960er Jahren durchgeführte Experimente, dass schon vierjährige Kinder Vorbilder aus zuvor gesehenen Filmen auf das Verhalten in Alltagssituationen übertragen.[15]

---

[12]Trommsdorf und Teichert (2011, S. 18–19).
[13]Trommsdorf und Teichert (2011, S. 20–23).
[14]Backhaus und Voeth (2010, S. 172).
[15]Bandura und Walters (1963); Bandura (1976).

Vorbilder – bewusst selbst gewählte oder durch Herkunft und spätere Sozialisation in den eigenen Wertekanon einbezogene – prägen wirtschaftliche Entscheidungen von Menschen offenbar weit mehr, als es eine rein nutzenorientierte Betrachtungsweise erklären könnte. Aus der Sicht der Kommunikationsverantwortlichen einer Marke bzw. eines Unternehmens stellt sich vor diesem Hintergrund die Frage, wodurch das Entscheidungsverhalten der relevanten Zielgruppen maßgeblich bestimmt wird und wie sie diese Faktoren modellieren können: die Emotionen, das Image und das Wissen über das Unternehmen und die Marke. Wenn wir das Logo einer Marke sehen oder es uns vorstellen, fühlen wir unwillkürlich auch etwas, das uns entweder anzieht oder abstößt. Diese sinnliche Erfahrung des Markenimages wird mit bestimmten Emotionen verknüpft, was wiederum zu bestimmten Verhaltensdispositionen bei Entscheidungen führt. Diese emotionale Reaktion steht zugleich in Verbindung mit unserem Handlungswissen, also allen uns bekannten rationalen Aspekten einer Sache – konkret einer Marke. Jedes Image steht aber auch im Kontext derjenigen Situationen und Wertzuschreibungen, die unser jeweiliges soziales Umfeld gerade dieser Marke beimisst. Die Sichtweisen der Anderen fließen in unsere Sicht des Markenimages mit ein, vor allem, wenn diese „Anderen" für uns Vorbildfunktion haben und damit zur „Peer Group" werden. Die Folge: Unabhängig davon, ob Entscheidungen rational-nutzenorientiert, emotional oder rein reaktiv, im Sinne einer reinen Nachahmung, getroffen werden: Das Markenimage und darüber hinaus die gesamte Unternehmensreputation erweisen sich stets als wichtige – auch emotionale – Verhaltensdeterminanten.

Wo Unternehmen und ihre Marken in der Vielfalt von Impulsen eindeutig und unverwechselbar wiedererkannt werden sollen, müssen sie demnach beim Aufbau und der Pflege ihres Markenimages im Sinne einer 360°-Schau alle rationalen wie emotionalen Wahrnehmungsfaktoren gleichermaßen ausgewogen steuern. Nur so gelingt es, zum einen Image und Wahrnehmung in beabsichtigter Weise zielgruppengenau zu verankern und zum anderen Wiedererkennung und Loyalität zu einer Marke auch in standardisierten Beschaffungsprozessen zu gewährleisten.

Der Messeauftritt von STILL bei der CeMAT 2014

Vor diesem Hintergrund stellt sich die Frage, wie es einer Marke aus dem Investitionsgüterbereich gelingen kann, sich im dichten Umfeld einer Fachbesuchermesse mit einer Vielzahl von Informationen und emotionalen Reizen in der Wahrnehmung jedes einzelnen Fachbesuchers exakt so zu positionieren und zu präsentieren, dass ein konsistentes Bild des Markenkerns entsteht und über den eigentlichen Messebesuch hinaus gefestigt bleibt. Das in Hamburg beheimatete und weltweit aktive Unternehmen STILL realisiert seit mehr als 90 Jahren das intelligente Zusammenspiel von Gabelstaplern und Lagertechnik, Software, Dienstleistungen und Service für bedeutende Unternehmenskunden aus unterschiedlichen Branchen. Weit über 7000 Mitarbeiter an vier Produktionsstätten in 14 Niederlassungen in Deutschland, 20 Tochtergesellschaften im Ausland und nicht zuletzt eine über 200 Mitarbeiter umfassende Vertriebsmannschaft tragen gemeinsam mit einem weltweiten Händlernetz zum Erfolg der zur börsennotierten KION Group gehörenden Unternehmensmarke STILL bei. Auftritte bei relevanten Fachbesuchermessen mit dem Schwerpunkt Intralogistik sind ein elementarer Baustein im Kommunikationsgefüge des Unternehmens. Dazu gehört insbesondere die CeMAT, eine Fachbesuchermesse, die im Zwei-Jahres-Turnus von der Deutschen Messe AG in Hannover veranstaltet wird und sich als Leitmesse des gesamten Logistiksektors versteht. Im Jahr 2014 zählten die Veranstalter 48.000 Besucher aus 65 Ländern, die sich auf den insgesamt 120.000 Quadratmetern Ausstellungsfläche über die Innovationen der 1025 ausstellenden Unternehmen aus dem Bereich Intralogistik, Warehouse Management Systems, Auto-ID und Verpackungen informierten. 80 % der Messebesucher sind Entscheider mit Einkaufs- und Beschaffungskompetenz.[16] Unternehmen, die vor dem Hintergrund dieser Besucherstruktur und der Vielzahl an medialen Eindrücken überhaupt wahrgenommen werden wollen, müssen ebenso emotionale wie rationale Ankerpunkte für die für sie relevanten Zielgruppen anbieten. Für die Intralogistikbranche gewann die Messe im Jahr 2014 zusätzliche Aufmerksamkeit durch die dort stattfindende Verleihung des IFOY Awards, eines Branchenpreises, der das Image einer Art „Stiftung Warentest" der Logistikbranche für sich in Anspruch nimmt.

Das Unternehmen STILL übersetzt seine Kernbotschaften mithilfe von Markenmusicals in kommunikative Erlebniswelten, deren Dreh- und Angelpunkt eine im Rahmen der jeweiligen Messe vorgestellte Innovation bildet. So gewinnt das reine Produkt oder die Dienstleistung über den Charakter einer intelligenten Lösung hinaus einen emotional wahrnehmbaren Mehrwert, der langfristig Loyalität bewirkt. Dramaturgie und Storytelling der für STILL entwickelten Handlungsstränge und die darauf abgestimmten Musikkompositionen folgen den Bedürfnissen und Herausforderungen der im Vorfeld identifizierten Kernzielgruppen jeder Messe. Die im Mittelpunkt stehenden Innovationen werden dabei in typische Arbeits- und Alltagssituationen der auf der Messe dominierenden Branchen angesiedelt. Das Erlebnis dieser Markenmusicals involviert die Gäste in emotionale Gemeinschaftserlebnisse, bei denen die vorgestellten Produkte und Systemlösungen in der Wahrnehmung der Zuschauer und späteren Anwender einen intelligenten Zusatznutzen erhalten. Auf diese Weise wird den Zuschauern der Eindruck vermittelt, selbst Teil einer intelligenten Lösung zu werden. Mithilfe dieser identitätsstiftenden Vorgehensweise wird eine unverwechselbare Marken- und Produktkultur rund um die Vertrauensmarke STILL aufgebaut, mit der sich die Nutzer langfristig identifizieren. Diese auf den Mehrwert der Marke konzentrierte Argumentationsstrategie gewinnt im Musicalerlebnis einen gleichermaßen emotionalen wie rationalen Ankerpunkt. Im Anschluss stellen von Trainern moderierte „Arbeitsspiele", also typische Einsatzbereiche der jeweiligen Gerätelösungen, einen glaubwürdigen Brückenschlag vom Storytelling zum Praxisalltag der Gäste her. Doch wie lange und wie wirksam sind solche Auftritte, und gelingt

---

[16]O. V. (2014, S. 1).

der Schritt vom reinen Zuschauer zum interessierten Besucher des Pavillons und wiederum zum potenziellen Kunden? Oder anders gefragt: Gibt es für STILL einen „*Return on emotional Investment*"?

Die integrierte Messekommunikation beginnt bei STILL lange vor der eigentlichen Messe. So gehen im Vorfeld rund 70.000 Einladungen mit der aktuellen Kernbotschaft und dem Standort von STILL an potenzielle Geschäftskunden, wobei die dafür verwendete Database über Jahre hinweg gepflegt und kontinuierlich aktualisiert wird. Kurz vor Beginn der Messe werden die Kommunikationsintervalle kürzer: So erhält der Gast seinen persönlichen Zugangscode zur Messe per SMS oder E-Mail, und bei Adressaten, die auf die Einladung nicht geantwortet haben, wird telefonisch oder ebenfalls per SMS nachgefragt.

Auf der Messe selbst wird der Besucher in einem mehrstufigen Erlebnisprozess an die Kernbotschaften des Unternehmens herangeführt. Den am Beginn dieses Beitrags ausgeführten Erkenntnissen und Mechanismen der „Neuen Erwartungstheorie" folgend, geht es zunächst darum, im räumlichen Vorfeld des eigentlichen Ausstellungspavillons erste kommunikative Ankerpunkte zu setzen und den Gast mit den Mitteln des Edutainments auf die kommunikative Leitidee einzustimmen. Eine in den Haupteingang des eigentlichen Messepavillons integrierte Bühne bildet den Hintergrund für ein rund 15-minütiges STILL-Markenmusical, dessen Storyline und die darauf abgestimmten Musikkompositionen die jeweilige Produktinnovation mit der typischen Lebens- und Arbeitswelt der angesprochenen Kernzielgruppen unter den Messebesuchern aufgreift (Abb. 8.1). Gerade was die Konzeption angeht, wird demnach der hohe Anteil bestimmter Branchen unter den Fachbesuchern bereits bei den ersten Entwicklungsschritten der dramaturgischen Konzeption mitgedacht. Visuelle Anker im Umfeld der Bühne bzw. des Pavilloneingangs wie etwa Blow-up-Motive, die auf diese Branchen Bezug nehmen und das Produkt oder die Dienstleistung von STILL in exakt diesem Branchenumfeld zeigen – zum Beispiel in der Chemieindustrie – unterstützen sowohl die Praxisverortung wie die Identifikation. Grundsätzlich ist die Besucherfrequenz im Showbereich des Standes und korrespondierend dazu am zentralen Ausstellungsobjekt „cubeXX" im Inneren des Messepavillons innerhalb der Musicalzeitfenster besonders hoch. Peaks sind gegen 11:00 und 14:00 Uhr festzustellen sowie zwei niedrigere jeweils um 10:00 bzw. 15:00 Uhr (Abb. 8.2). In diesem eher einfachen Sinne rechnen sich die Investitionen in emotionale Markenkommunikation durchaus, doch stellt sich die Frage, wie aus begeisterten Zuhörern qualitative Kontakte im Sinne umsatzträchtiger „Leads" werden.

Mit dem Finale des Musicalparts öffnet sich der Haupteingang zum Messepavillon und damit der Zugang zum eigentlichen Messeauftritt, sodass mit dem dramaturgischen Schlussmoment eine Sogwirkung hin zur eigentlichen Messepräsentation ihre Wirkung entfalten kann (Abb. 8.3). Die Messearchitektur konzentriert sich ganz auf die zuvor im Markenmusical thematisierte Produktinnovation und stellt dieser eine zentrale Position in der direkten Blickachse des Haupteingangs zur Verfügung. Rund um dieses Zentralobjekt illustrieren exemplarische Einsatzsituationen den operativen Nutzen und die Vorteile der innovativen Merkmale, und das wiederum in Bezug zu den Kernzielbranchen, aus denen sich die Gäste rekrutieren.

8 Emotionen rechnen sich

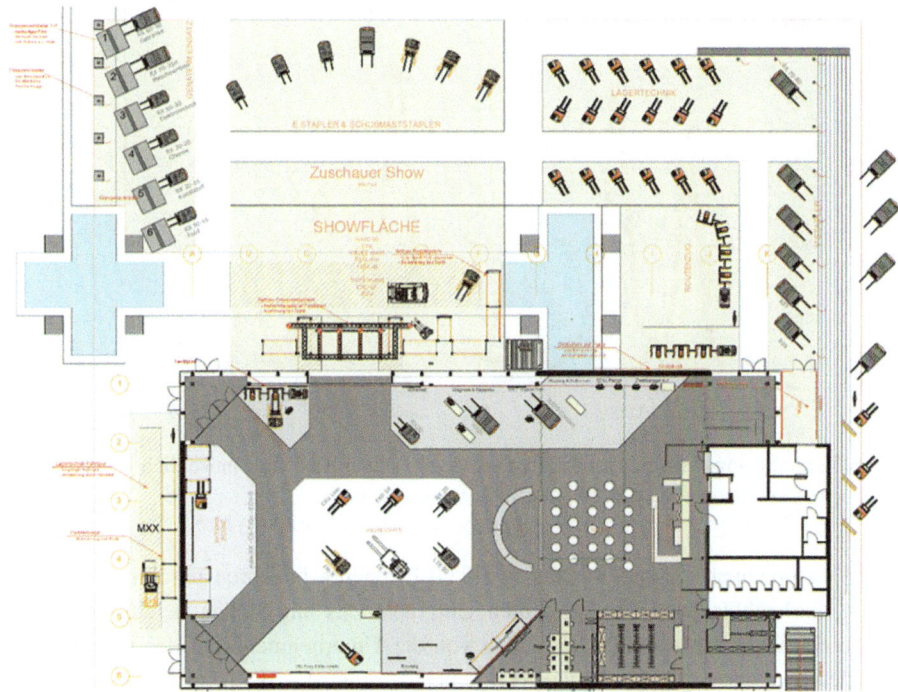

Abb. 8.1 Lageplan und Szenario des STILL-CeMAT-Messeauftritts 2014

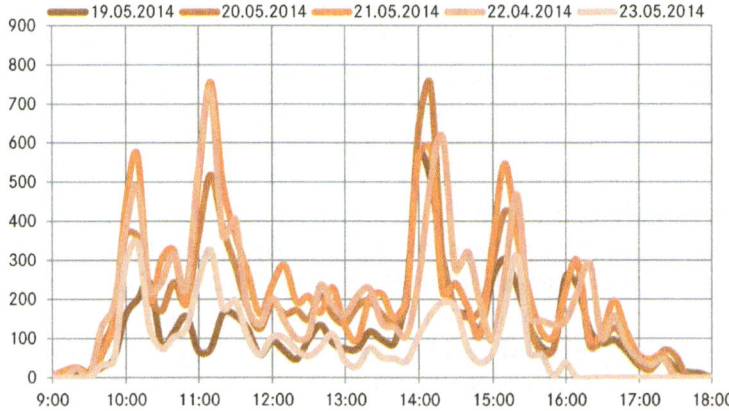

Abb. 8.2 Signifikante Zuwächse bei der Anzahl der Messebesucher während der emotional gestalteten Produktvorführungen

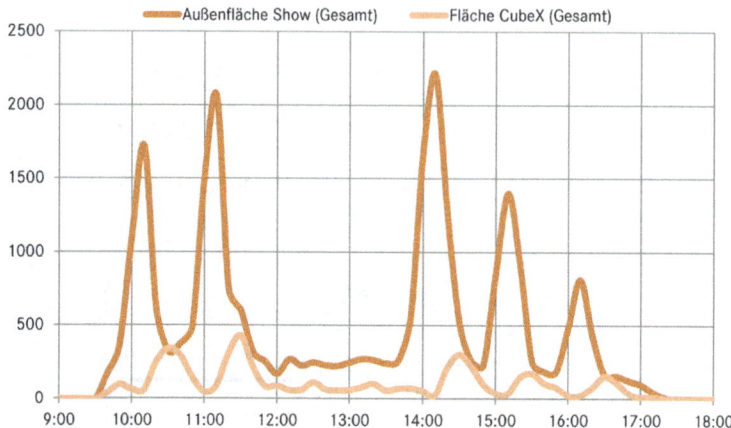

Abb. 8.3 Steigerung der Besucherzahl in zwei ausgewählten Bereichen im zeitlich geplanten Versatz entsprechend der aufeinander folgenden Vorführungen

Die Ansprechpartner und Berater von STILL agieren bei ihren proaktiven Kontakten als Markenbotschafter des gesamten Unternehmens und stellen bereits beim Einstieg in das Gespräch den Brückenschlag von der Unternehmenswelt des individuellen Besuchers zur Intralogistikwelt von STILL her. So wird das Bedürfnisprofil des Unternehmens, in dessen Auftrag der Besucher agiert, gleich zu Beginn in den Mittelpunkt gerückt, um die weitere argumentative Strategie zielführend zu gestalten. Diese besucherzentrierte Gesprächsführung liegt auch den Interviews zugrunde, die bei jedem Messeauftritt von STILL den Ausgangspunkt der späteren Evaluation bilden. Dabei werden Konzeption und real erzielter Kommunikationseffekt in einem Soll-Ist-Abgleich einander gegenübergestellt. Diese Besucherinterviews werden iPad-gestützt vorgenommen, wobei konkrete Fragen wie die nach dem jährlichen Investitionsvolumen oder der Struktur der vorhandenen Flotte an Flurförderzeugen ein realistisches Bild des potenziellen Kunden zeichnen. Gefragt wird auch nach den Eindrücken und Erinnerungen an den zuvor gesehenen Musicalpart und die kognitiven Bezüge zu den Elementen des Messepavillons. Diese Antworten bilden die Basis für die Untersuchung über signifikante Korrelationen zwischen Musicalerlebnis, Produkterlebnis und der weiteren qualitativen Entwicklung des Kontaktes bzw. „Leads" im besten Falle bis hin zum später erfolgten Kaufabschluss. Diese Interviews erfolgen zyklisch über den ganzen Messetag hinweg bevorzugt im direkten Nachgang zu den Shows. So wurden allein durch Interviews im Jahr 2014 bereits rund 3500 Kontakte generiert.

Nach der Messe werden die generierten Kontakte bzw. Kontaktdaten ausgewertet und anschließend individuell an den jeweils für den Interessenten bzw. Prospektivkunden regional verantwortlichen STILL-Repräsentanten weitergeleitet. Dieser kontaktiert den potenziellen Kunden jetzt telefonisch, wobei die beim Messegespräch aufgezeichneten Kennzahlen und Eindrücke diesem Gespräch zugrunde gelegt werden, sodass der Angerufene den Eindruck einer Kontinuität des Gesprächsfadens wahrnimmt.

Im Sinne einer Erfolgskontrolle gilt es, besonders der folgenden Frage nachzugehen: Gibt es eine Korrelation beim Involvement der Messebesucher zwischen der Musicalshow mit dem cubeXX vor dem Eingang und deren späteren Beschäftigung mit diesem Hauptobjekt im eigentlichen Messeforum? Sollte das der Fall sein, würde dies die „Neue Erwartungstheorie" und deren zugrunde liegende These von kognitiven Zusammenhängen zwischen hintereinander ablaufenden und wahrgenommenen Ereignissen bzw. Sinneseindrücken maßgeblich stützen.

Die Auswertung der Messeinterviews ergab ein vielschichtiges Bild: 47,8 % der Besucher des Standes nahmen die Inhalte der Show bewusst wahr und konnten sich an die Kernbotschaften erinnern, wobei das zentrale Ausstellungsobjekt im Inneren des Messepavillons – das Multifunktionsgerät „cubeXX" – in der Wahrnehmung etwas niedriger lag (32,8 %). Dies könnte Folge eines beim Publikum nach jeder szenischen Performance eintretenden Spannungsabfalls sein. Auch die Intention der Messeverantwortlichen, das mit der Musicalshow generierte Interesse am Konzeptfahrzeug „cubeXX" im Inneren des Pavillons weiter zu vertiefen, scheint aufgegangen zu sein: Immerhin entschieden sich 30 bis 40 % (Wert am Vormittag) der Showbesucher im Anschluss dafür, im Inneren des Pavillons am cubeXX-Stand ein moderiertes Edutainment-Format zu erleben (Abb. 8.4). Am Nachmittag ging das Interesse dann aber etwas zurück. Hingegen unterstreicht die Tatsache, dass die Mehrheit der Standbesucher (78,30 %) bereits beim Betreten des Messegeländes die feste Absicht hatte, STILL zu besuchen, die Bedeutung von Kommunikationsinstrumenten im zeitlichen Vorfeld der

Abb. 8.4 STILL Konzeptfahrzeug cubeXX

Messe (Mailings, Telefonmarketing, SMS-Reminder etc.). In einem rein quantitativen Sinne rechnen sich die Investitionen in emotionale Markenkommunikation demnach durchaus, doch stellt sich die Frage, in welchem Umfang aus begeisterten Zuhörern qualitative Kontakte im Sinne umsatzträchtiger „Leads" werden und am Ende der Kommunikationskette ein Neugeschäft generiert wird.

Um an diesem Punkt einen Zusammenhang feststellen und bewerten zu können, wurde ausgewertet, wie viele qualitative Fachgespräche sich aus dem emotionalen Showerlebnis entwickelten: Ein gutes Drittel der Besucher (32,40 %) hat nach dem Besuch der Show im Inneren des Messepavillons ein substanzielles Gespräch geführt. Im Mittelpunkt der Gespräche standen vorrangig Elektrostapler (67,70 %), gefolgt von Lagertechnik (41,04 %) und Intralogistiksystemen (26,03 %). Gerade diese Produktgruppen waren ein inhaltlicher Schwerpunkt der in Form des Musicals präsentierten Botschaften. Interessant ist, dass der jeweilige dramaturgische Anteil der unterschiedlichen Produktgruppen in der Musicalhandlung nahezu exakt deren inhaltlichem Anteil in den später geführten Besuchergesprächen entspricht. Dies könnte als Hinweis darauf gedeutet werden, dass eine Korrelation zwischen zunächst in Form von erlebnisorientierten Edutainment-Formaten und später in Form sachlicher Gespräche definierten Ankerthemen im Sinne der Neuen Erwartungstheorie existiert. Dafür spricht auch, dass das Multifunktionsgerät „cubeXX", das als Konzeptfahrzeug im Mittelpunkt der Musicalshow stand, ein signifikant hohes Interesse in den ausgewerteten Kundengesprächen fand. Ein beträchtlicher Teil dieser Gesprächspartner (22,90 %) hat aufgrund des Messekontaktes einen Folgetermin mit einem Berater vereinbart, woraus im Nachgang zur Messe Neugeschäfte in unterschiedlichen Größenordnungen generiert wurden. Dieser finale *„Return on emotional Investment"* auf die Investitionen in die emotionale Marken- und Messekommunikation wird vonseiten der STILL-Unternehmenskommunikation als durchaus beachtlich eingestuft und bestärkt sie in der Überzeugung, dass emotionale Voreindrücke eine stabile Basis für spätere rationale Kaufabschlüsse sind. Markenkommunikation auf unterschiedlichen Kanälen und unter Berücksichtigung der durch die Neue Erwartungstheorie formulierten und nachweisbaren Korrelationen zwischen gezielt hintereinander ablaufenden Sinneseindrücken („Anker") bleibt im B2B-Bereich eine Konstante.

Fazit

Im klassischen Kommunikationsmanagement drängen sozialpsychologische Erklärungsmodelle wie die „Neue Erwartungstheorie" sowie Erkenntnisse des Neuromarketings die bisher geltende Annahme, Menschen würden gerade bei geschäftlichen Entscheidungen strikt vernunftgesteuert handeln, zunehmend in den Hintergrund. Offenbar hat die emotionale und atmosphärische Gestaltung der Umgebung, in der eine wirtschaftliche Entscheidung gefällt wird, einen signifikanten Einfluss auf deren Ausgang. Menschen orientieren sich bei der zu treffenden Entscheidung an zuvor sinnlich wahrgenommenen

Ankern – selbst wenn diese nicht in Zusammenhang mit dem eigentlichen Sachthema stehen. Da emotionale Reize unmittelbar auf das limbische System wirken, gelingt es Unternehmen, die ihre Kernbotschaften gezielt in emotional aufgeladene Umfelder einbetten, vergleichsweise leichter, die Kaufentscheidung zu ihren Gunsten zu lenken. Das Beispiel eines Unternehmens für innerbetriebliche Logistik, das mithilfe von Markenmusicals technische Zusammenhänge emotional auflädt, zeigt die Möglichkeiten markenkonformer Ankerpunkte: Sie erhöhen gerade im Vorfeld von geschäftlichen Entscheidungen die Wiedererkennung einer Marke und erleichtern die Aufnahme und die Akzeptanz damit einhergehender Markenbotschaften. Oder anders formuliert: Erlebnisorientierte Anker sorgen für einen „Return on emotional Investment".

Über die Autoren

Jan Christoph Sachse ist Leiter „Koordination externer Kommunikation" der STILL GmbH auf nationaler und internationaler Ebene. Nach seinem Studium der Betriebswirtschaftslehre in Hamburg und dem Studium „Internationale Beziehungen" in Sydney, Australien, war er zunächst als Berater und Trainer für Vertriebsmaßnahmen, Kommunikation und Werbung tätig, bevor er bei STILL Verantwortung im Bereich „Internationale Kommunikation" übernahm.

Matthias Klug geboren 1962 im thüringischen Schlotheim, begann seine Tätigkeiten für die STILL GmbH im Jahr 1992. Bis 1997 betreute er federführend die Umstrukturierung einer Werksniederlassung sowie den Aufbau eines Vertriebsnetzwerks in den neuen Bundesländern. 1997 übernahm er die Abteilung Verkaufsförderung, Training und Events. Seit 2007 leitet Matthias Klug die internationale Unternehmenskommunikation der STILL GmbH und koordiniert die weltweiten Kommunikationsaktivitaten der gesamten STILL Gruppe.

Gehirngerecht die Augen öffnen

Joachim Hahn und André Weiers

Zur Zukunft visueller B2B-Kommunikation

Im Oktober 2013 meldete die britische Tageszeitung „The Sun" eine sensationelle medizintechnische Neuentwicklung des Unternehmens Sarif Industries: Ein hochkomplexes Implantat mache es in Kürze möglich, Menschen einen künstlichen Augapfel einzupflanzen. Das Blatt druckte auch ein Foto dieses innovativen Implantates ab, auf dem eine augapfelgroße Kameralinse mit davon wegführenden elektronischen Nervenbahnen zu erkennen war. Was die Redakteure von „The Sun" für die Wahrheit hielten, entpuppte sich allerdings später als reine Fiktion. Denn die Firma Sarif Industries existiert nur in der Videospiel-Reihe „Deus Ex", und bei dem Pressefoto handelte es sich nur um ein dreidimensionales, computergeneriertes Artwork aus dem Videospiel. Die Filmsequenz eines computergenerierten Objektes wurde demnach als Beweis für etwas real Existentes wahrgenommen. Nun könnte man mit Verweis auf die Quelle sagen, dieser Vorgang sei typisch für das Niveau von Boulevardzeitungen. Doch die Erfahrungen aus unserer mehr als zehnjährigen Arbeit mit unterschiedlichsten visuellen Medien für renommierte Marken führt uns zu der These: Wie und was wir inhaltlich in Bildern und Filmen wahrnehmen, wird mehr und mehr beeinflusst von „ikonischen Bildern" und „ikonischen Filmen", die über die Massenmedien oder in Form von Computerspielen Teil des „kollektiven Gedächtnisses" werden. Die Trennlinien zwischen analogem und digitalem

J. Hahn (✉)
Timeslice GmbH, Hamburg, Deutschland
E-Mail: office@timeslice-projects.de

A. Weiers
Raumtaucher Animation, Hamburg, Deutschland
E-Mail: nexus@raumtaucher.de

Realismus verschwimmen. Vor diesem Hintergrund lautet unsere zentrale Fragestellung: Wie und unter welchen Voraussetzungen können Unternehmen, die Bildwelten und Filme für die B2B-Kommunikation konzipieren und herstellen, ihre visuellen Marken- und Produktbotschaften künftig zielgenau in der Wahrnehmung ihrer relevanten Zielgruppen verankern?

Wer in Zukunft mithilfe von Bildern oder Filmen visuelle Produkt- und Markenbotschaften nachhaltig im Gedächtnis seiner Zielgruppen verankern will, tut gut daran, sich Funktionsweise und mediale Rahmenbedingungen menschlicher Wahrnehmung wieder neu bewusst zu machen. Denn sowohl die Vielzahl der Medienkanäle wie auch der Umfang und die Intensität aller Sinneseindrücke, denen wir in allen Lebensbereichen tagtäglich ausgesetzt sind, prägen unseren visuellen Wahrnehmungshorizont mehr denn je.

Realität oder mediale Kopfgeburten?

Zunächst zur Ausgangsfrage, wie Bilder in unserem Kopf entstehen und in welchem Verhältnis sie zur uns umgebenden Realität stehen. Es scheint zunächst selbstverständlich, dass wir Bilder und Filme als solche erkennen – also nicht mit der Realität gleichsetzen, sondern in ihrer Bedeutung einordnen können. Dennoch wissen wir auch, dass unsere jeweils individuellen Wahrnehmungen keine getreuen Abbildungen einer wie auch immer gearteten Wirklichkeit sind. Was wir sehen und vor allem was wir im Gesehenen erkennen, ist Ergebnis komplexer Konstruktionen und Interpretationsprozesse unseres Gehirns. Genau vor diesem Hintergrund wollen wir im Folgenden die Rahmenbedingungen und Zukunftspotenziale visueller und speziell filmischer Medien – insbesondere computeranimierter Filme – in der Marketing- und Produktkommunikation ausloten.

Ist unser Gehirn ein Kommandozentrum, in dem das autonome Ich wertet, entscheidet und befiehlt? Stellen wir uns das Gehirn einmal als ein sehr aktives und vor allem in hohem Maße auf sein eigenes Wissen zurückgreifendes – also selbstreferenzielles – System vor. Dabei entwirft das Gehirn auf Basis gespeicherter Informationen, die sowohl genetisch definierte wie auch erst im Laufe der biografischen Entwicklung erworbene sein können, ein Modell der Welt und gleicht die permanent einlaufenden Sinneseindrücke damit ab, um so potenzielle Lösungsvorschläge zu erarbeiten.[1] Doch stehen diese Lösungen nicht immer im Einklang mit der physikalischen Realität. So gesehen bilden die „innere Welt" unseres Gehirns und die „äußere Welt" zwei getrennte Sphären. Unsere Wahrnehmung der objektiven Welt basiert nach dieser These auf Wahrscheinlichkeitsberechnungen und sich daraus ergebenden – subjektiven – Schlussfolgerungen.[2] So schaffen wir permanent und in hohem Tempo eine Wirklichkeit, die doch nur unsere Interpretation ist. Hinzu kommt, dass diese Prozesse zunächst unbewusst und ohne unsere Willenskontrolle ablaufen. Unsere Überzeugung, dass wir autonome und mit

---

[1] Anderson (2013, S. 94, 130).
[2] Singer (2004, S. 56–60).

einem freien Willen ausgestattete Wesen sind und deshalb frei entscheiden, was wir in neuronale Aktivitäten umsetzen, ist mit den Ergebnissen neurobiologischer Forschung immer weniger vereinbar.[3] Agieren wir also quasi parallel in zwei Welten – der einen, die auf den Interpretationen unserer Wahrnehmungen beruht und unsere „inneren Bilder" schafft, und der anderen, einer objektiven „äußeren" Welt? Die Antwort auf diese Frage hat Einfluss auf Funktionsweise und Wirkung filmischer Erlebniswelten auf unsere Wahrnehmung – also auch auf die Effizienz visueller Marken- und Produktkommunikation. Was wir dort präsentiert bekommen, ist Interpretation – die der Filmschaffenden –, und was wir daraus ableiten, ist ebenfalls Interpretation – nämlich unsere eigene. Daraus folgt, dass, wer gezielt eine bestimmte Botschaft in unserer Wahrnehmung verankern will, die Koordinaten, anhand derer seine Zielgruppen die visuellen Szenarien einordnen, recht gut kennen muss. Denn selbst die aufwendigsten Animationen entfalten erst dann nachhaltige Bewusstseinswirkung, wenn sie im Koordinatensystem der Zielgruppen, bei der der Film Wirkung entfalten soll, richtig eingeordnet und dann mit der im Sinne dieser Botschaft gewünschten Haltung oder Handlungsanweisung verknüpft wird.

Der Bauchrednereffekt

Doch was definiert die „Wahrnehmungskoordinaten", anhand derer unser Gehirn mithilfe einer Art „Vorwissen" die permanent eingehenden Sinneseindrücke interpretiert und bewertet? Ein Blick auf das Zusammenspiel innerhalb unseres Sinnessystems kann helfen, diese Frage zu beantworten. Wie also funktioniert das, was wir „sinnliche Wahrnehmung" nennen? Anhand welcher Koordinaten sortiert, bewertet und interpretiert das Gehirn die Relevanz der vielen permanent einlaufenden Koordinaten? Trauen wir zum Beispiel unseren Augen mehr als unserem Gehör oder dem Tastsinn? Beobachten wir einmal ein Baby, wie es die Welt entdeckt. Es ertastet sich die Welt, ergreift, was es umfassen kann. Es verlässt sich also zunächst ganz auf seinen Tastsinn. Das Sehsystem spielt offenbar erst später eine Rolle und greift dann erst auf die zuvor mit dem Tastsinn gewonnenen Erkenntnisse zurück.[4] So gesehen scheint der Tastsinn der überzeugendste, weil in der Entwicklung erste zu sein und – zumindest bei Primaten – erst an zweiter Stelle der Gesichtssinn. Man muss nur ein Baby dabei beobachten, wie es das Gesicht der Mutter erst abtastet und dann in den Blick nimmt, um nachzuvollziehen, dass sich ihm die Welt so abbildet, wie sie sich auch haptisch erkennen lässt. Diese Beobachtung untermauert auch die Tatsache, dass gemalte oder fotografierte Bilder auf der menschlichen Netzhaut zunächst als eine Art Relief, also als zweidimensionale Helligkeits- und Farbverteilungen abgebildet werden.[5] Also als etwas, das wir auch ertasten könnten.

---

[3]Anderson (2013, S. 309).
[4]Ilg und Thier (2012, S. 35).
[5]Bülthoff und Bülthoff (2012, S. 29–133).

Gerade deshalb kommt uns das Gesehene so überzeugend vor wie die Wirklichkeit. Genau diesen Wahrnehmungsmechanismus nutzen die täuschend echten „dreidimensionalen" Bilder wie etwa die sogenannte „Trompe-l`Œil-Malerei" oder 3-D-animierte Filme. Gerade deshalb halten wir sie zunächst für real. Aufgrund ihrer Tiefenwirkung und Dreidimensionalität entsteht das Bedürfnis, solche Bilder mit den Händen zu ergreifen.

Doch welche Rangfolge belegen so betrachtet andere Sinnessysteme – etwa das Gehör? Auf einer gedachten „Verlässlichkeitsskala" belegt bei Primaten das Gehör den zweiten Rang, denn es kann im Vergleich zum Gesichtssinn räumliche Zuordnungen nur unzuverlässig vornehmen und lässt sich leicht täuschen. Oder anders gesagt: Das „Hören in 3D" ist nicht unsere Stärke. Ein Alltagsbeispiel mag diesen Vorrang des Sehens vor dem Hören illustrieren: der „Bauchrednereffekt". Sehe ich jemanden mit einer bewegten Puppe in der Hand sprechen, ohne dass er seine Lippen bewegt, dann ist die Suche des Gehirns nach Übereinstimmung zwischen den als immer deckungsgleich gelernten Sinneseindrücken so stark, dass ich wahrnehme, die Schallquelle komme aus dem Mund der bewegten Figur in der Hand des Bauchredners und nicht von diesem selbst.

Gehirngerechte Kommunikation

Doch wo genau im Gehirn läuft die eben beschriebene Einordnung und Verarbeitung unterschiedlicher Sinneseindrücke ab, und findet die eben skizzierte Hierarchie der Sinne ihr Spiegelbild im physiologischen Aufbau unseres Gehirns? Für die Evaluierung unserer Wahrnehmungen ist die sogenannte Großhirnrinde zuständig. Dieser etwa zwei Millimeter dünne Zellmantel besteht aus dick gepackten und miteinander vernetzten Nervenzellen. Aufbau und Struktur der jeweils dem Sehen, Hören, Riechen, Fühlen und Sprechen gewidmeten Bereiche der Großhirnrinde sind identisch. Daraus folgt, dass sich die Verarbeitungsprozesse, die in diesen verschiedenen Arealen ablaufen, in ihren Grundzügen ähneln müssen. Noch bevor das Gehirn für seinen Gesamtüberblick einen umfassenden Verarbeitungsalgorithmus anwendet, werden die jeweils ankommenden Reize zunächst ausschließlich im jeweiligen Sinnes-Areal decodiert und verarbeitet, also die Signale vom Auge im Areal der Sehwelt, die der Sprache im Gehör-Areal und so weiter.[6] Für diesen Vorgang lassen sich mehr als 100 Areale ausmachen, wobei sich die zahlenmäßig meisten dem Sehsystem, dem sogenannten „visuellen Kortex" zuordnen lassen. Das Auffälligste ist dessen funktionelle Spezialisierung nach verschiedenen Aufgaben.[7] Vor diesem Hintergrund erscheint der Mensch also vor allem als „Augentier", das in der Lage ist, das Beobachtbare sehr wirklichkeitsgetreu abzubilden. Doch wie eingangs bereits ausgeführt, gibt es kein „erkennendes Sehen" ohne „Vorwissen". Worauf gründet also letztlich unsere Wahrnehmung der Realität und vor allem der visuellen Medien?

---

[6]Zeki (2004a S. 80).
[7]Anderson (2013, S. 93); Zeki (2004a, S. 101–102).

Erkennen wir nur, was wir schon wissen?

Schon immer haben sich die Gestalter von Bildwelten unabhängig von ihrem jeweiligen Medium die Tatsache zunutze gemacht, dass unsere Wahrnehmung Ergebnis der eben geschilderten, in der Großhirnrinde ablaufenden Bewertungen und Interpretationen ist. So verleihen sie im einfachsten Fall zweidimensionaler Malerei mit Schattenlinien, die einen bestimmten Lichteinfall suggerieren, eine dritte Dimension. Obwohl wir wissen könnten, dass die Darstellung zweidimensional ist, nehmen wir automatisch räumliche Tiefe wahr. Ähnlich funktionieren die bekannten Wahrnehmungsmuster, aufgrund derer wir kleiner dargestellte Objekte neben größeren als weiter weg wahrnehmen. Die neuronalen Prozesse, welche diesen Einschätzungs- und Abstraktionsvorgängen zugrunde liegen, laufen automatisch ab. Wir nehmen am Ende nur die Ergebnisse dieser Prozesse wahr. Hinzu kommt, dass neurobiologische Untersuchungen zeigen, dass beim Sehen eines Objektes dieselben Gehirnregionen aktiv sind wie bei dessen rein gedanklicher Vorstellung.[8] Wahrnehmung und Vorstellung kommen sich also im Gehirn sehr nahe. So betrachtet könnte die Welt, wie wir sie subjektiv wahrnehmen, nur Einbildung unserer Sinne sein wie in „Das erstaunliche Leben des Walter Mitty", einem Kinofilm, der dieses Phänomen zum Dreh- und Angelpunkt des Drehbuchs macht. Woher, so könnte man an diesem Punkt fragen, nimmt das Gehirn und damit wir selbst die Sicherheit, dass die Realität real ist und das, was wir uns nur vorstellen, eben keine Realität? Oder anders gefragt: Wie unterscheiden wir Bilder und Filme von der Realität?

Mit dem limbischen System verfügt das Gehirn über eine Art Controllingabteilung der Wahrnehmung. Die Verschaltungen von Nervenzellen, auf denen dieses System basiert, legen die Kriterien fest, nach denen eingehende Signale der Außenwelt bewertet und wenn nötig in praktische Handlungen übersetzt werden. Oder anders gesagt: Hier wird die „Spreu vom Weizen getrennt" und werden die Eckpunkte für unser Bild der Außenwelt festgelegt. Das heißt, dass hier nur diejenigen Reize ernst genommen werden, die mit dem Vorwissen des Individuums über „die Welt" kompatibel sind. Doch ist dieses Vorwissen genetisch festgelegt oder durch Biografie und Sozialisierung erlernt oder beides? Und wenn beides zutrifft, wie hoch ist der jeweilige Prozentsatz? Eine von der Wissenschaft letztlich – noch – unbeantwortete Frage, doch ist unstreitig, dass die „Macht der bewegten Bilder", der wir tagtäglich ausgesetzt sind, das „Weltbild" unseres Gehirns und damit unser aller „kollektives Gedächtnis" nachhaltig beeinflusst und damit die entscheidenden Koordinaten für unsere Einschätzungen, Urteile und davon abgeleitete Handlungen bildet.[9] Die eingangs geschilderte, von Journalisten vorgenommene Einordnung einer nur in einem Computerspiel existierenden Erfindung als Realität beweist, wie weit diese Entwicklung bereits fortgeschritten ist. Doch was heißt dies für uns als Akteure in der B2B-Kommunikation? Zumindest so viel: Wer seinen Kunden die für sie jeweils „richtigen" Bilder liefern will, muss sich mit Inhalt

---

[8]Zeki (2004a, S. 82).
[9]Assmann (o. J.).

und Entstehung von deren jeweiligem „Vorwissen" beschäftigen, denn ob die zum Einsatz kommenden visuellen Botschaften als relevant oder nicht wahrgenommen werden, hängt davon entscheidend ab.

„Iconic Turn" im kollektiven Gedächtnis

Die Tatsache, dass heute Bilder – und nicht mehr Texte – in nahezu allen Lebens- und Wissensbereichen die Basis der Kommunikation sind und unsere heutige Kultur im Unterschied zu allen vorherigen über errechnete, also an Computern hergestellte Bilder verfügt, bildet unter dem Begriff „Iconic Turn" oder „Wende zum Bild" einen Kristallisationspunkt in den Medien-, Kultur- und Geisteswissenschaften und damit auch in der Praxis von Medienschaffenden.[10] Es geht bei diesem Begriff um unsere kollektive Wahrnehmung und damit auch um das zuvor beschriebene „Vorwissen", mithilfe dessen unser Gehirn Botschaften bewertet. Computergenerierte oder zumindest technisch bearbeitete Filme und Bilder sind mittlerweile in einem umfassenden Sinn zu Koordinaten unserer Berufs- und Alltagsweltsicht geworden, weshalb auch und gerade die stilistische Ausrichtung und Effizienz visueller B2B-Kommunikation in diesem Licht beurteilt werden muss. Denn die Schere zwischen unserem eben beschriebenen – genetisch und biografisch fundierten – visuellen Vorwissen und der Dynamik, mit der virtuelle Bildwelten im Alltag an Umfang und Bedeutung gewinnen, wird täglich größer. So gerät die Navigation durch die Bilderflut des geschäftlichen wie privaten Alltags für jeden von uns leicht zum Hindernisrennen, und diejenigen, die sich mithilfe animierter Filme Aufmerksamkeit sichern wollen, stehen vor der immer schwieriger werdenden Aufgabe, das aktuelle „Vorwissen" ihres Publikums oder besser ihrer „Zielgruppen" richtig einschätzen zu können. Unter dem Begriff „Iconic Turn" wird auch das Phänomen diskutiert, dass die wachsende Bedeutung von Bildern auch unsere neuronale Wahrnehmung dominiert. Dies geschieht immer häufiger über sogenannte „Medienikonen". Damit sind jene medial herausragenden, technisch bzw. elektronisch generierten Bilder und Filme gemeint, die durch ihre schnelle Verbreitung via Internet quasi „Bild-Geschichte" schreiben – und das weltweit. Aufgrund ihrer Reproduzierbarkeit und Verbreitungsgeschwindigkeit im Internet sind diese „Iconic Visuals" in der Lage, Gesellschaften zu durchdringen, geografische wie politische Grenzen zu überwinden und damit eine Art globales Gedächtnis zu erschaffen. Uns allen vertraute Beispiele für solche „Bildikonen" sind die Fotos der zerstörten Doppeltürme des World Trade Centers, die Real-Time-Videos der nächtlichen Luftangriffe auf Bagdad, aber auch Impressionen royaler Hochzeiten und ihrer idealisierten Gegenwelten zu globalen Krisenszenarien.[11]

Neben Bildern des Zeitgeschehens nehmen bei der „Wende zum Bild" und dem kollektiven Bildgedächtnis der Gegenwart jene weltweit erfolgreichen Kinofilme eine

---

[10]Sauerländer (2004, S. 407–409).
[11]Paul (2011, S. 7–9).

herausragende Rolle ein, die sich durch aufwendige Computeranimationen auszeichnen. Angefangen mit dem ersten, vollständig am Computer erstellten abendfüllenden Kinofilm „Toy Story", den der Regisseur John Lesseter 1995 in den Pixar Animation Studios vollendete, über den 2003 ebenfalls bei Pixar entstandenen Animationsfilm „Finding Nemo" bis zu James Camerons 2009 vorgestelltem Blockbuster „Avatar", der auf raffinierte Weise reale, mit Spezialkameras gedrehte, und computeranimierte Szenen vermischt, prägen computeranimierte Filmszenarien unser neues Bild der Welt. Auch Filme, die im Dienste der Produkt- und Unternehmenskommunikation erstellt werden, stehen zwangsläufig unter dem Einfluss dieser kontinuierlich sich weiterentwickelnden animationstechnischen Ästhetik. Denn das Erlebnis virtueller Szenarien findet Zugang zur Großhirnrinde und wird dort Teil des Erfahrungshintergrunds unserer Erinnerung. Alle späteren Wahrnehmungen filmischer Bildwelten – ob privat oder im beruflichen Umfeld – werden mit diesen stetig wachsenden Standards abgeglichen und in ihrer jeweiligen Bedeutung entsprechend eingeordnet. Doch wie gehen die verantwortlichen Drehbuchautoren, Regisseure und Produzenten in Studios für visuelle Marketingkommunikation mit Wünschen und Anforderungen ihrer Kunden um, wenn diese beim Verfassen ihrer Briefings für Filmaufträge spürbar die neueste computeranimierte Filmästhetik ihres letzten Kinobesuchs als Maßstab nehmen? Am Beispiel der medial inszenierten Präsentation eines Konzeptfahrzeugs des Hamburger Intralogistikers STILL möchten wir die Rahmenbedingungen und Vorgehensweise von Drehbuchautoren und Regisseuren computergenerierter und marketingorientierter Filme vor unserem Erfahrungshorizont darstellen.

„CubeXX" – Vom Konzeptfahrzeug zum filmischen Charakter

Das von STILL entwickelte Konzeptfahrzeug „cubeXX" bildet die Synthese von sechs in Logistikzentren und Lagern üblicherweise getrennt agierenden Gerätetypen: Gegengewichtsstapler, Horizontalkommissionierer, Hochhubwagen, Doppelstockfahrzeug, Niederhubwagen und Routenzug (Abb. 9.1). Die Vision, diese verschiedenen Geräte im Sinne eines „six in one"-Prinzips in einem einzigen, auf zukünftige Anforderungen zugeschnittenen Gerät zu verschmelzen, führte die Produktentwickler zur Idee, einen intelligenten Würfel zu schaffen, der autonom und lautlos durch die Logistikzentren und Lagerhallen gleitet und von einem intelligenten Netzwerk gesteuert wird. Diese Produktinnovation sollte im Rahmen eines multimedialen Messeauftritts mithilfe computeranimierter Filmsequenzen vorgestellt werden. Die Herausforderung für das Animationsteam des Hamburger Medienunternehmens Time Slice bestand vor allem darin, die von STILL vor dem Hintergrund bestimmter Megatrends wie „Urbanisierung", „Globalisierung" und „Umweltverantwortung" entwickelten Lösungen für künftige innerbetriebliche Logistik- und Transportaufgaben nicht nur zu formulieren, sondern den intelligenten Würfel cubeXX in Gestalt eines „Filmhelden" dramaturgisch erlebbar zu machen. Und dies für das fluktuierende Publikum einer Logistikmesse, das beim Gang durch die

Abb. 9.1 Konzeptentwürfe vom cubeXX

Messehallen einer Vielzahl von Eindrücken und Sinnesreizen ausgesetzt ist und das dabei wenig Gelegenheit hat, einen zentralen, ruhigen Fokus einnehmen zu können.

Nun kann man der Ansicht sein, dass technische Filme bzw. Bilder, die rein erklärend sein sollen, diesen Zweck nur dann erfüllen, wenn sie rein kausal argumentieren, also ohne jede emotionale Komponente ausschließlich das zeigen, was gezeigt werden soll.[12] Im Gegensatz zu dieser Auffassung waren wir von Anfang an der Überzeugung, dass es für die von uns intendierte „neuronale Wirkung" des Animationsfilmes nicht ausreicht, filmische Bilder zu schaffen, die eine reine „Zweck-Mittel-Relation" herstellen – die also nur zeigen, welche Funktionen das Konzeptfahrzeug in sich vereint. Es ging uns also nicht darum, den Film an die Stelle des gefilmten Objekts zu rücken. Dies schon deshalb nicht, weil das Objekt, also ein (zu diesem Zeitpunkt noch nicht fahrtauglicher) Prototyp des cubeXX, in der Messepräsentation selbst als zentrales Exponat in Szene gesetzt werden sollte und unsere Filme zunächst nur als visueller Hintergrund für das Exponat gedacht waren. Bei der Konzeption ging es uns, inspiriert vom Alfa-Romeo-Werbeslogan „Wenn wir kein Herz hätten, wären wir nur Maschinen", darum, die sechs Funktionen der Maschine in sechs menschliche Charakterattribute zu übersetzen und aus dem Fahrzeug ein „Wesen", also einen filmischen Charakter zu schaffen. Alle wesentlichen Kernbotschaften sollten in einem dramaturgischen Fluss zusammenfinden, der wiederum dem

---

[12]Rammert (2007, S. 48); Rammert (1998, S. 293–295).

aus der Anwenderpraxis kommenden Zuschauer „gehirngerechtes Edutainment" bietet, also auf unterhaltsame Weise Wissen vermittelt, das gleichzeitig neuronal effektiv wirkt.

Vor diesem Hintergrund hat unser Projektteam im Animationsstudio dem visionären Fahrzeug mithilfe von Lichtführung, unterschiedlichen Kameraperspektiven und einer klaren Fokussierung des Gerätes als visueller „Eye Catcher" des Geschehens ein markantes Charakterprofil verliehen. Der Arbeitsalltag des „Heros" wird in produktspezifischen „Story-Situationen" geschildert, mit denen sich der Zuschauer identifizieren und auf emotionale Weise die intralogistische Wertschöpfungskette der Zukunft erleben kann. Maßstab für Story und Inszenierung waren die genannten Kinoblockbuster, denn der „cubeXX" sollte prominenten Avataren von der Kinoleinwand möglichst in nichts nachstehen. Die Ausgangsbasis für unsere Computeranimation bestand in den Dateien der Produktentwickler und Designer des Hamburger Unternehmens „TEAMS DESIGN", die das Chassis und die verschiedenen Funktionalitäten des Konzeptfahrzeuges im Auftrag von STILL entwickelt hatten.

Die entstandenen Animationen bildeten auch eine filmische Fortsetzung einer zuvor geschalteten mehrstufigen Anzeigenkampagne, in der das nur schemenhaft erkennbare Chassis des Fahrzeugs Stück für Stück mit dramatisch gesetzten Lichtern aus einem dunklen Hintergrund hervorleuchtet. So findet der von uns quasi als Erlebnisversprechen des danach präsentierten Films formulierte Slogan „Wir machen aus der Zukunft kein Geheimnis" im animierten Filmgeschehen seine finale dramaturgische Auflösung (Abb. 9.2).

Im Ergebnis lernt der Messebesucher die sechs verschiedenen Gerätetypen, die der cubeXX in sich vereint, als sechs „Charakterattribute" kennen, die wiederum mit den sechs Seiten eines klassischen Würfels korrespondieren. Stark betonte Licht- und Schatteneffekte verhelfen dem durch die „Logistikwelten der Zukunft" gleitenden würfelförmigen Flurförderzeug, das sich dabei nach und nach in sechs unterschiedliche „Gerätepersönlichkeiten" verwandelt, eine herausgehobene Aura. Bedienungspersonal oder Fahrer werden im Film bewusst schemenhaft dargestellt, um dem Objekt als Eye Catcher ganz die Bühne zu überlassen. Die autonome Steuerung durch im Boden der Aktionsflächen eingelassene RFID-Netzwerke nimmt der Zuschauer durch symbolische Funksignale wahr, die dem Objekt zwar keine menschlichen Züge, aber doch die Anmutung menschlicher Dialogfähigkeit im Stil des legendären Roboters „R2D2" aus der Star-Wars-Saga verleihen. Die filmischen Antworten auf logistische Zukunftsfragen nimmt der fachlich versierte Zuschauer also an Schauplätzen und in Situationen wahr, die zunächst die gewohnten Szenerien seines Berufsalltags nachbilden: ein Logistikzentrum, ein Hochregallager und eine Kommissionierungshalle. Doch irgendetwas ist anders. Eine leichte Differenz zwischen den in die Zukunft weitergedachten Alltagsszenarien und dem wie von Zauberhand durch diese gleitenden cubeXX, der unterschiedliche Spezialaufgaben ebenso beseelt wie mühelos und ohne menschliches Zutun erledigt, nimmt Bezug auf die klassischen Wahrnehmungsmuster des Fachpublikums, um dann eine neue Geschichte zu erzählen, die sich in der gar nicht mehr so fernen Zukunft der Intralogistik ereignen könnte. Eine Filmästhetik mit gehirngerechter Wirkungsweise, oder anders gesagt: Mit filmischen Mitteln von der computergenerierten Zukunft für die reale Zukunft lernen.

(a)

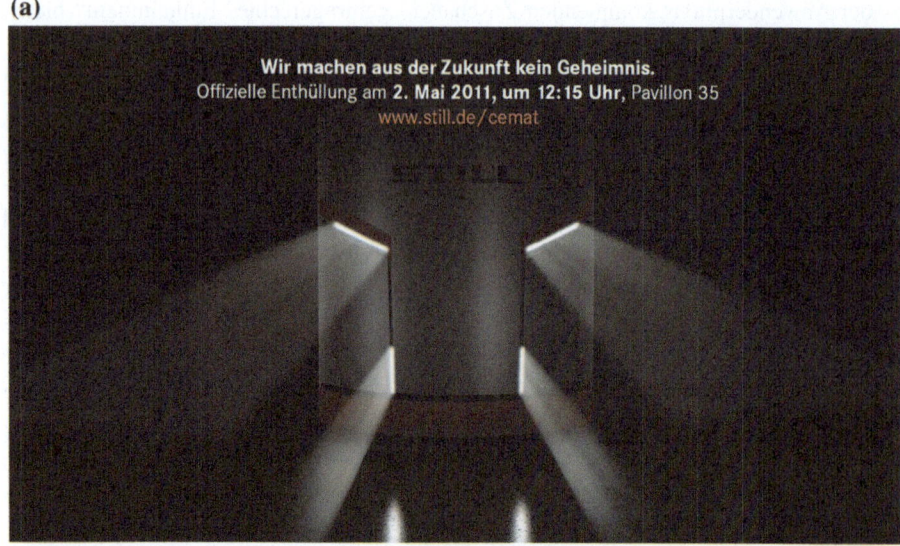

(b)

Abb. 9.2 Teaserkampagne cube XX – Schritt 1 und 2

Fazit

Die Gehirnforschung liefert uns wichtige Ergebnisse, die nicht nur im B2C-, sondern auch im B2B-Bereich angewendet werden können. Eine entscheidende Erkenntnis ist das Wissen um die inneren Bilder unserer Zielgruppe, die wir bei der Adressierung der Sinneskanäle nutzen können. Sie ermöglichen uns, die Wahrnehmungskanäle der Kunden zielgerechter zu bedienen und das „richtige Bild" unseres Angebotes zu vermitteln und im Gedächtnis zu verankern. Am Beispiel des Konzeptcars cubeXX von STILL wurde gezeigt, wie diese Erkenntnisse konkret umgesetzt wurden.

Über die Autoren

Joachim Hahn ist seit 2003 Geschäftsführer des Unternehmens TIMESLICE, einem Design-Spezialisten für 3-D-Animation, Produktvisualisierung und künstlerischere Fotoprojekte. Zuvor war er verantwortlich für die Bildgestaltung von Business-Movies namhafter Unternehmen, bevor er als Werbetexter und Konzeptioner für große Event- und Werbeagenturen, wie z. B. Scholz & Friends, tätig war.

André Weiers leitet seit 1995 sein von ihm gegründetes Animationsstudio Raumtaucher Animation und war von 2005 bis 2015 Mitbegründer und Geschäftsführer der Medienagentur Timeslice-GmbH. Mit dem Besuch des ersten „Star Wars"-Filmes im Kindesalter begann seine Leidenschaft für virtuelle, nicht real existierende Bildwelten. Diese Leidenschaft zog sich auch durch das Informatik- und Philosophie-Studium, weshalb er sich 1995 dazu entschloss, mit Raumtaucher Animation in diesem Bereich zu arbeiten. Er verfügt über eine langjährige Erfahrung im klassischen TV-Spot- und Werbe-Illustrationsbereich und war 2002 Mitbegründer des Berufsverbandes für Illustratoren „ILLUSTRATORENORGANISATION E. V.", des derzeit einzigen Berufsverbandes für Illustratoren in Deutschland.

10 Wahrnehmung im Fokus – Der STILL PartnerPlan

Thomas Gey und Manuel Meurant

Wie Bilder zu Botschaften werden

„Ein Bild sagt mehr als tausend Worte" – so bringt es der Volksmund auf den Punkt, wenn im Kommunikationsalltag seitenlange Inhalte auf ein entscheidendes Bild reduziert werden. Dass die Wirkung aussagestarker Bildsymbole geradezu sprichwörtlich ist, verwundert nicht, denn Sprachsysteme, die statt Worten ausschließlich Bildsymbole nutzen, haben eine weit zurückreichende Tradition. Entscheidende Voraussetzung für den Erfolg von visuell basierten Sprachen ist, dass die dafür ausgewählten Bilder jedem Betrachter das damit eigentlich Gemeinte unmissverständlich mitteilen. Denn erst, wenn über den Bedeutungsinhalt eines Bildsymbols ein breiter Konsens gilt, taugt es als effizienter wie universell einsetzbarer Sprachersatz. So gilt auch im Dialog von Unternehmen mit ihren Kunden: Wer als Sender einer Botschaft sichergehen will, von seinen Empfängern richtig verstanden zu werden, tut gut daran, deren Vorwissen über die zum Einsatz kommenden Bilder, Zeichen und Symbole gut zu kennen. Diese Vorkenntnisse, aber auch grundsätzliche Einstellungen zu bestimmten Bildmotiven, bilden die Basis für eine zeitlich stabile, auf bestimmte soziale Zusammenhänge – etwa innerhalb einer bestimmten Branche – vorhandene Verhaltensbereitschaft. Verändert sich dort das Kommunikationsverhalten, weil zunehmend Onlinegeräte mit meist symbolgestützten Benutzeroberflächen ohne weitere verbale Zeichen zum Einsatz kommen, muss das bisher gültige Vokabular

---

T. Gey (✉)
NORDAKADEMIE, Elmshorn, Deutschland
E-Mail: t.gey@nordakademie.de

M. Meurant
STILL GmbH, Hamburg, Deutschland
E-Mail: manuel.meurant@still.de

© Springer Fachmedien Wiesbaden GmbH 2017
T. Gey (Hrsg.), *Brand the Future*, DOI 10.1007/978-3-658-05765-7_10

diesen veränderten Wahrnehmungsansprüchen erst angepasst werden. Denn im Gegensatz zu langfristig geltenden Werten und kollektiven Überzeugungen, wie sie etwa in einem Unternehmensleitbild verankert sind, gilt an dieser Stelle das Prinzip „nichts ist so beständig wie der Wandel". Sprachmuster und Symbolvokabulare wandeln sich parallel zu allgemeinen gesellschaftlichen Veränderungen. Deshalb verändern Menschen ihr Suchverhalten bei der Gewinnung der von ihnen benötigten Informationen. Nicht zuletzt deshalb rückt im Zuge der Digitalisierung und des damit möglichen permanenten Dialogs zwischen Unternehmen und Zielgruppen der letztlich „monologische" Charakter klassischer Informationsbroschüren immer mehr in den Hintergrund.

Die Notwendigkeit beständiger Aktualisierung der visuellen Unternehmenskommunikation gilt vor allem dann, wenn Symbole, Zeichen oder Icons nicht mehr selbst Träger einmal festgelegter Information sind, sondern auf berührungsempfindlichen Nutzeroberflächen, sogenannten „User Interfaces", nur noch als Platzhalter für dort hinterlegte Inhalte dienen, die ihrerseits ständig aktualisiert werden. Der Empfänger muss in diesem Fall das Symbol auf den ersten Blick mit seinem gespeicherten Vorwissen abgleichen und wiedererkennen können, um erst dann den Impuls zu geben, die dahinterliegenden Information abzurufen – in der Hoffnung, es handelt sich um die gesuchten Inhalte.

Um zukunftsfähig zu bleiben, müssen vor dem Hintergrund eines kontinuierlichen Datenflusses bereits eingeführte Zeichen oder Symbole nicht nur daraufhin überprüft werden, ob sie überhaupt richtig erkannt und assoziiert werden, sondern auch daraufhin, ob sie zusätzlich bei Verwendung auf interaktiven Benutzeroberflächen funktionieren. Das scheint auf den ersten Blick einfach, doch die Herausforderung liegt darin, dass der online geschulte User sehr viel schneller Assoziationen abruft, wenn er die Symbole einer Benutzeroberfläche wahrnimmt, als er es stattdessen bei der Wahrnehmung der gleichen Symbole oder gar der Lektüre von Texten in einem Printmedium tun würde – etwa bei Verwendung einer gedruckten Unternehmens- oder Produktbroschüre. Dass visuelle Codes online wie offline gleichermaßen verständlich und effizient sind, setzt deshalb nicht nur einheitliche Symbole und Zeichen für die jeweils gleichen Inhalte voraus, sondern auch, dass die „erzählende" Komponente der symbolischen Darstellung bei unterschiedlichsten Adressaten immer die gleichen Assoziationen auslöst – völlig unabhängig von deren kulturellem oder sozialem Nutzerhintergrund.

Um auch die Kommunikation der vom Unternehmen STILL maßgefertigten innerbetrieblichen Logistiklösungen weltweit effizient zu gewährleisten und ein intelligent verzahntes Zusammenspiel von Online- und Offline-Medien für das veränderte Kommunikationsverhalten von Business-Akteuren zu gewährleisten, war es 2003 das erklärte Ziel der Unternehmenskommunikation, die Vielfalt des Leitungsportfolios strukturiert, übersichtlich, selbsterklärend und im Einklang mit den Markenwerten und Markennutzen von STILL in eine kompakte, universelle Wort-Bild-Darstellung zu bringen. Diese soll Interessenten, Anwendern und Kunden gleichermaßen eine „Landkarte" bieten, auf der die verschiedenen Angebote als Ankerpunkte einer strategischen Route dienen, die der B2B-Anwender vorzugsweise gemeinsam mit einem Berater von STILL beschreitet. Zielpunkt dieser Route ist die maßgefertigte Lösung für diesen speziellen Geschäftskunden.

10 Wahrnehmung im Fokus – Der STILL PartnerPlan

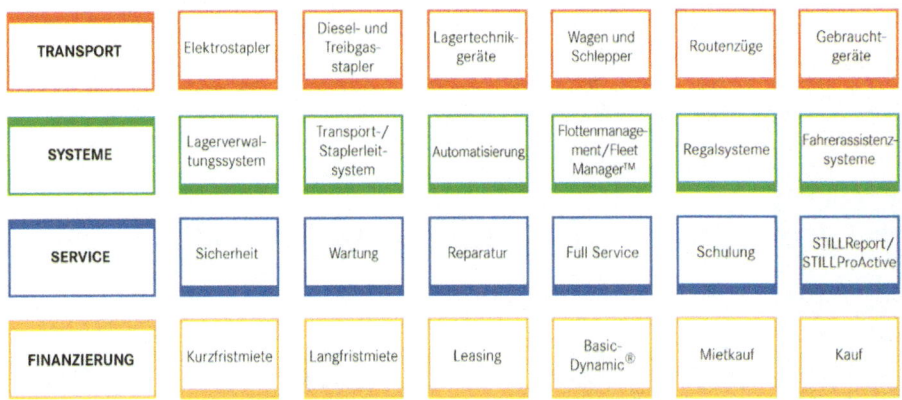

Abb. 10.1 Erste Version der PartnerPlan-Matrix bei ihrer Einführung im Jahr 2003

Mithilfe einer Matrixstruktur, deren Achsen die vier Kompetenzfelder von STILL „Transport", „Systeme", „Service" und „Finanzierung" bilden, schafft die Darstellung auf den ersten Blick einen orientierenden visuellen Ausgangspunkt. Damit korrespondieren in der Horizontalen sechs gängige Lösungscluster wie „E-Stapler" „V-Stapler", „Lagertechnik", aber auch onlinebasierte und STILL-spezifische Lösungen wie „Logistiksoftwaresysteme" oder „Fleet Data Services". Im Mai 2003 wurde dieses visuelle Navigationssystem unter dem Namen „STILL PartnerPlan" vorgestellt (Abb. 10.1).

Der STILL PartnerPlan als interaktives Schachbrett

Arbeitet diese erste Version des STILL PartnerPlans noch mit rein verbalen Beschreibungen der Lösungen ohne eine über die vier Leitfarben der Buttons hinausgehende Symbolik, entschließen sich die Verantwortlichen im April 2014, mit einer überarbeiteten Version an die Öffentlichkeit zu gehen, die mit eigens geschaffenen Piktogrammen jedes Lösungscluster individuell visualisiert (Abb. 10.2). Die Funktion dieser Symbole ist es, sowohl in Printmedien als auch in Form interaktiver Benutzeroberflächen bei Kunden und Anwendern konkrete inhaltliche Assoziationen auszulösen. Die interaktive Dimension des PartnerPlans wurde nicht zuletzt deshalb notwendig, weil dieser in die 2014 lancierte STILL EASY App integriert ist. Damit wird der PartnerPlan zur interaktiven Benutzeroberfläche und übernimmt Funktionen, die über die eines reinen Informationsinstrumentes hinausgehen. Im Rahmen der STILL EASY App fungiert er als intuitiv zu bedienendes Navigationselement. Den von einem Berater „geführten Weg" des Interessenten oder Kunden über verschiedene Wegmarken zur maßgefertigten Lösung kann dieser jetzt je nach seinen Bedürfnissen auch selbst beschreiten. Umso wichtiger ist es, einen klar verständlichen Gesamteindruck mit schnellem Zugang zu den Lösungen im Bereich Transport, Systeme, Service und Finanzierung zu finden.

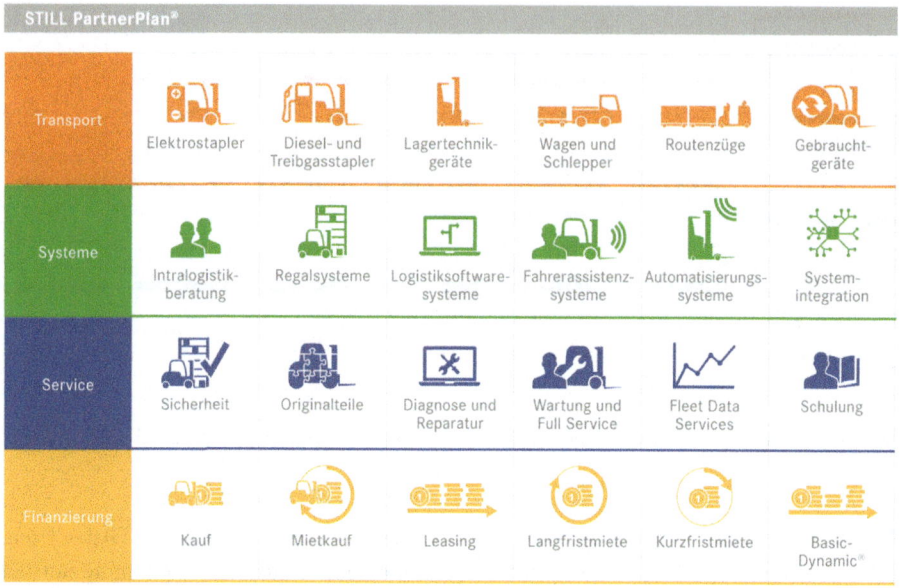

Abb. 10.2 PartnerPlan-Matrix als interaktive Benutzeroberfläche mit visuellen Codes

So führen die Piktogramme jetzt mit Links zu konkreten Praxisbeispielen, die wiederum eine individuelle Lösungsentwicklung aufzeigen. Getreu dem Prinzip „personalisierte Ansprache der verschiedenen Kunden statt Gießkannenprinzip" werden den Nutzern bei allen Produktinformationen Kontaktmöglichkeiten zur individuellen Beratung eröffnet. Ein solches Praxisbeispiel kann etwa ein Versandhändler sein, der eine Komplettlösung für ein neues Lager benötigt. Für solche Zielgruppen bieten Online-Angebote eine schnelle erste Orientierung und stellen auf Wunsch den Kontakt zum Berater her. Der Fokus des STILL PartnerPlans als interaktiver Benutzeroberfläche liegt auf der sogenannten „Usability" und folgt dem Leitsatz „Don't make me think". Generell geht der Trend beim Design interaktiver Nutzeroberflächen in Richtung Reduzierung, weil sich Anwender interaktiver Medien intuitiv orientieren und eine einfache Symbolik mit kompakten Inhalten verlangen. Um dem gerecht zu werden, werden die Anwendungen des STILL PartnerPlans kontinuierlich überprüft und nach Maßgabe eingehender Anfragen und Anwendertests immer wieder angepasst.

Die neuen Piktogramme der PartnerPlan-Matrix ermöglichen eine schnellere, weil intuitive Wahrnehmung der Inhalte, schaffen eine visuelle Ordnungsstruktur und ermöglichen die Kompatibilität des Instruments PartnerPlan sowohl für Online- wie auch für Offline-Medien (Abb. 10.3). Durch „Schlüssigkeitstests" bei unternehmenseigenen Abteilungsleitern werden die verwendeten Bildmotive Stück für Stück in die aktuelle Form gebracht. Dabei ist den Designern durchaus bewusst, dass eine allzu große Reduzierung bzw. Abstraktion der Symbolsprache zur Entfremdung von vertrauten

Abb. 10.3 Intuitive Navigation im PartnerPlan

Wahrnehmungsmustern führen kann. Welche Symbole können als allgemein bekannt vorausgesetzt werden? Was ist den Kunden von STILL längst vertraut, was neu? Vor allem der häufige Einsatz der Silhouette eines klassischen Gabelstaplers trotz der Weiterentwicklung des Unternehmens zum „stahlfreien" Lösungs- und Softwareanbieter bietet in diesem Kontext Anlass für Diskussionen. Es gilt an diesem Punkt, die richtige Balance zwischen Einfachheit und Verständlichkeit sowie zwischen Vertrautheit und Innovation zu finden, denn unser Gehirn interpretiert vorrangig bereits bekannte Symbole zeitnah im jeweiligen sachlich richtigen Sinnzusammenhang. Ziel ist es, mit dem neuen STILL PartnerPlan ein interaktives „Schachbrett" zu schaffen, auf dem in unterschiedlichen „Zügen" für jedes Kundenprofil eine passgenaue „Angebotsroute" nachvollziehbar wird, die dann als Basis für eine maßgefertigte Lösung dient. Im Ergebnis kommt damit ein „Mindmap"-Prozess in Gang, der dem Kunden seinen Weg zur maßgefertigten Lösung von STILL weist. Doch wie gelingt es, gerade so viele Informationen visuell auf den Punkt zu bringen, dass ein Betrachter diese noch im Gedächtnis abspeichern kann?

„Chunk Food" für das Kurzzeitgedächtnis

Den Appetit der relevanten Zielgruppen auf immer mehr und neue Informationen anzuregen, ist keine leichte Aufgabe. Schließlich funktioniert das menschliche Wahrnehmungsvermögen selektiv – anders würden wir der Informationsflut, die auf uns einwirkt, auch nicht Herr werden. Folge dieses unter dem Stichwort „Information Overload" diskutierten Phänomens ist, dass die Adressaten von Businessinformationen inzwischen nur noch einen Bruchteil aller für sie verfügbaren Informationen nutzen. Gefragt sind deshalb Unterscheidungsmerkmale und klar erkennbare Strukturen, die aus der Vielzahl der zur Verfügung stehenden Informationscluster herausragen. Eine Möglichkeit ist es, in der Unternehmenskommunikation darauf zu achten, mit dem Medienangebot stets einen Informationsmehrwert für die relevanten Zielgruppen zu schaffen. So erhöht sich die Chance, dem Unternehmen auch bei kurzen Kontakten ein wiedererkennbares Gesicht zu geben und den Eindruck emotional zu verankern. Ein Instrument wie der PartnerPlan ist deshalb Teil einer viel breiter angelegten Kommunikationsstrategie des Unternehmens und dient nicht zuletzt auch der Imagepflege. Aus diesem Blickwinkel kann der STILL PartnerPlan als idealtypische Verkopplung von Marken- und Unternehmenskommunikation gelten. Er fungiert so gesehen auch als eine Art wirkungsgerichtetes „Framing-Management"[1], mit dem bestimmte Themen und Lösungen kommunikativ besetzt werden und als Ergänzung zum sonstigen medialen Agenda-Setting des Unternehmens Wirkung entfalten. So bildet der PartnerPlan auch eine Plattform für ein effizientes Image- und Reputationsmanagement, die dank einer ikonischen Bildsprache in ein visuelles „Organizational Storytelling" mündet, bei dem die in der Onlineversion hinterlegten Praxisbeispiele zum Narrativ werden.

Solche Sinn vermittelnden Zusammenhänge, die unserer Wahrnehmung helfen, Informationen richtig einzuordnen, sind mit Blick auf die kognitiven Prozesse der Wahrnehmung von Nutzen. Denn mit dem limbischen System verfügt das Gehirn über eine Art Kontrollinstanz, die alle eingehenden Signale nach festgelegten Kriterien abwägt, je nach Wichtigkeit selektiert und wenn nötig in praktische Handlungsimpulse übersetzt. Im Gedächtnis bereits gespeicherte Bilder werden an dieser Stelle vorrangig verarbeitet und darauf aufbauend die Eckpunkte für unser Bild von der Außenwelt – etwa einer Marke, die um unsere Aufmerksamkeit wirbt – festgelegt.[2] Wer seinen relevanten Zielgruppen die für sie spezifischen Bilder verständlich liefern will, muss sich deshalb mit Inhalt und Historie des jeweils vorhandenen „Vorwissens" beschäftigen. Denn davon hängt entscheidend ab, ob die zum Einsatz kommenden visuellen Botschaften als relevant wahrgenommen werden. Mit der zunehmenden Bilderflut wird die Schere zwischen unserem visuellen Vorwissen und der Dynamik, mit der visuelle Aussagen im Alltag an Umfang und Bedeutung gewinnen, täglich größer.

So gerät die Navigation durch die Bildwelten des geschäftlichen Alltags leicht zum Hindernisrennen, und die Nutzer verzichten bewusst auf einen großen Teil des medialen Informationsangebotes. Sie konzentrieren sich auf sogenannte „Chunks of Knowledge". Unter „Chunks" versteht man Schlüsselinformationen, die für den Kunden bei der Kaufentscheidung besonders wichtig sind, weil sie weitergehende Informationen ersetzen oder verdichten. Solche Bündelungen können die Form eines Markenversprechens oder

---

[1] Dahinden (2006, S. 214–218).
[2] Damasio et al. (2000, S. 1052).

auch des veröffentlichten Testergebnisses einer anerkannten Institution (z. B. „Stiftung Warentest: gut") haben und komplexe Detailinformationen über Eigenschaften, Preis oder Tauglichkeit von Angeboten ersetzen.

Information Chunks gewinnen im Hinblick auf die Informationsüberlastung eine zunehmende Bedeutung, denn sie machen Informationen, die in der menschlichen Wahrnehmung als besonders wichtig eingestuft werden, leichter wahrnehmbar. Diese Segmentierung kann auch über Textblöcke oder Bildsymbole erfolgen. Es entspricht der menschlichen Informationsökonomie, dass solche Schlüsselinformationen bevorzugt herangezogen werden, um den Umfang des im Verlauf der Entscheidungsfindung nötigen Ankerwissens möglichst gering zu halten.

Unser Bewusstsein verfügt bei der Aufnahme von Informationen nur über eine sehr begrenzte Verarbeitungskapazität. In den 1960er Jahren hat der Psychologe Miller bei Untersuchungen festgestellt, dass ein Erwachsener durchschnittlich 7 +/− 2 Informationseinheiten gleichzeitig im Kurzzeitgedächtnis präsent halten kann.[3] Neuere Untersuchungen kommen sogar auf geringere Werte.[4]

Um sich diese Funktionsweise zunutze zu machen, kommt es darauf an, das Prinzip einer zweckorientierten Informationsverarbeitung gehirngerecht anzuwenden. Denn letztlich können weder der Umfang noch die Vielfalt der Inhalte, die in einem einzigen Chunk of Knowledge jeweils maximal möglich sind, für alle Menschen verbindlich definiert werden. Sicher ist: Eine zu grobe Einteilung kann die Hypertext-Wahrnehmung des Lesers verhindern – er denkt dann, es sei ein normaler Text.[5] Das Aufteilen in zu kleine Informationseinheiten kann wiederum zur Atomisierung der Begriffsinhalte führen, sodass der jeweilige Kontext in der individuellen Wahrnehmung verloren geht. Die Nutzer können die Botschaft dann nicht mehr erkennen bzw. nicht mehr in einen Gesamtkontext einordnen.

Einer drohenden Zersplitterung komplexer Informationsparts kann durch Einbindung der Chunks in einen leicht verständlichen Kontext entgegengewirkt werden, etwa durch eine Farbcodierung oder eine Matrix-Struktur, die wie ein Rahmen wirkt. So liefern beim STILL PartnerPlan die vier in der Matrix-Vertikalen angeordneten Kompetenzfelder des Unternehmens ein Angebot zur Bildung von Inhalte-Chunks. Eingängige Informationseinheiten können auch ein kurzer Satz, ein Bildsymbol oder ein aussagekräftiger Begriff sein. Entscheidend bleibt letztlich immer das individuelle Interpretationsmuster des Betrachters – also dessen Vorwissen über die Symbole und die Materie, um die es jeweils geht.[6] Reicht es also aus, die zu kommunizierenden B2B-Botschaften in eine möglichst eingängige Bildsprache zu übersetzen, um dem „Information Overload" zu entkommen?

---

[3]Vgl. Miller (1956, S. 81–97).
[4]Vgl. Cowan (2001, S. 87–185).
[5]Vgl. Lowyck und Elen (1992, S. 142).
[6]Vgl. Meyer et al. (2010, S. 32–58).

Piktogramme als visuelle Chunks of Information

Verändert sich eine Botschaft, wenn diese mithilfe eines Bildes, etwa eines Piktogramms, auf eine visuelle Sprachebene gehoben wird? Oder anders gefragt: Wird sie nur anders wahrgenommen, oder gewinnt sie eine ganz neue Qualität? Eine Textbotschaft kann immer nur geschrieben oder gesprochen werden, um sie zum Empfänger zu transportieren. Dort angekommen, „verschwindet" sie sozusagen und wird Teil der Erinnerung beim Empfänger. Wird eine Botschaft hingegen in ein Bild übersetzt, gewinnt sie eine Art mediales Eigenleben – sie wird quasi zu einem Gegenstand, den man zeigen, berühren oder aufbewahren kann. Das bedeutet, eine Bildbotschaft in Gestalt eines Piktogrammes existiert auch dann, wenn sie gerade nicht gedacht wird oder vorhanden ist. Sie erhält Dauer, man kann damit argumentieren, hantieren und mit anderen Menschen austauschen, sie aber auch in ein anderes Konzept stellen.[7] Mit dieser Aufwertung gewinnen Bilder oder Piktogramme quasi eine eigene Wesenheit und ersetzen für einen Moment das bisher tradierte rein sprachliche Denken.[8] Werden „Chunks of Knowledge" in Textform zusätzlich durch visuelle Mittel gebündelt oder ganz ersetzt – etwa durch ein Piktogramm –, scheint dies die Verankerung im Kurzzeitgedächtnis enorm zu vereinfachen.

Immer mehr Menschen vermitteln einen großen Teil ihres Wissens und ihres kommunikativen Miteinanders mithilfe rein bildhafter Symbole und Eindrücke. Auch Off- und Online-Medien bieten von Jahr zu Jahr mehr Bilder und Icons an. Mit dieser steten Visualisierung auf allen Medienkanälen entsteht ein neuartiges „Netz visueller Argumente"[9], und manche Autoren sprechen sogar von einem „Jahrhundert des Auges".[10]

Ein kurzer Blick zurück macht deutlich, worum es geht: Automobilanzeigen unterschiedlicher Herstellermarken bestanden im Jahr 1975 durchschnittlich noch aus 210 Wörtern, 1985 aus 120 und 1995 nur noch aus 55 Wörtern, 2015 dann noch aus 12 Wörtern.[11] So erhalten gerade im Zuge der Globalisierung von Wirtschaftsbeziehungen visuelle Kommunikationsmittel, die mit wenig oder ohne Sprache auskommen, einen zunehmenden Stellenwert. Ihr Vorteil: Sie machen – richtig gestaltet und angewandt – Unternehmenskommunikation über Sprach- und Kulturgrenzen hinweg möglich. Dies wiederum bietet große Chancen gerade für weltweit agierende Unternehmensmarken und ihr Bedürfnis, ihre jeweiligen Markenversprechen weltweit gleich und richtig verständlich zu machen. Mit der Konzentration auf das Visuelle geht auch eine unaufhaltsame Reduzierung einher. Im Zweifel muss ein Bildsymbol eine Vielzahl an

---

[7]Vgl. Graeser (2002, S. 30–34).
[8]Vgl. Buss und Fink-Heuberger (2000, S. 34).
[9]Zimmer (2008, S. 119).
[10]Neurath (1926, S. 40).
[11]Jung und Matt (2012, S. 295).

Bedeutungsebenen gleichzeitig abdecken und transportieren. Letztlich wird sich diese Entwicklung hin zur Vereinfachung zu Icons und anderen Bildsymbolen weiter fortsetzen, denn durch die Verbreitung einer zunehmend visuellen Informationskultur gerade im Onlinebereich müssen visuelle und textliche Kontexte in der Wahrnehmung immer breiterer Zielgruppen schon auf den ersten Blick zu einem schlüssigen Ganzen werden. Funktioniert das nicht, gehen die Botschaften ins Leere. Das ist immer dann der Fall, wenn die Wort-Bild-Korrespondenz im Moment der ersten Wahrnehmung erst gelernt und nicht als in der Erinnerung gespeichertes Vorwissen schnell abrufbar ist. Ob wir den visuellen Eindruck eines Piktogramms in genau der Bedeutung, die der Hersteller oder Absender der Bildbotschaft wirklich geben will, einordnen, entscheiden wir in Sekundenbruchteilen. Das ist ein Relikt aus den Anfängen der Menschheit, als es überlebensnotwendig war, Freund und Feind blitzschnell voneinander zu unterscheiden. Damals hat sich ein mentales System entwickelt, das eine Entscheidung ermöglicht, noch bevor das kognitive Denken einsetzen kann, d. h., das Vorwissen entscheidet.

Damit der Einsatz von Icons und Piktogrammen gerade in der schnellen Online-Kommunikation einen Mehrwert bringt, muss der Adressat die Bedeutung der verwendeten Symbole entweder schon kennen oder in Sekundenbruchteilen intuitiv lernen. Letzteres kann durch die schlüssige Kombination von Icon bzw. Piktogramm und einem kurzen Schlagwort erleichtert werden. Ein gutes Beispiel, wie dies weltweit funktionieren kann, zeigt Microsoft Windows. Im Menü werden die Befehle mit selbsterklärenden Icons kombiniert, die bei längerem Verweilen des Cursors ein Schlagwort bieten. Einmal gelernt, vereinfacht dies die Bedienung des Programms enorm. Der Einsatz von Symbolen in Online- wie in Print-Medien lohnt sich demzufolge besonders bei wiederkehrenden Kontakten. Eine konsequente und durchgängige Verwendung von Symbolen, Icons und Piktogrammen schafft dann tatsächlich den gewünschten Mehrwert, und der User findet sich schneller zurecht. So gesehen kann man B2B-Kommunikation auf der Adressatenseite als „orientierendes Handeln"[12], einordnen, denn Kunden und Anwender nutzen die bildhaften Botschaften zur effizienten Navigation durch die Welt einer Unternehmensmarke. Das gilt auch und gerade für Nutzer aus dem Beschaffungssektor von Unternehmenskunden.[13]

Der STILL PartnerPlan im demoskopischen Test

Kommunikationsinstrumente im B2B-Bereich sind so effizient wie deren Wahrnehmung bei den relevanten Zielgruppen, also Kunden, Partnern und Interessenten. Und weil die Wahrnehmungsgewohnheiten und Mediennutzungen kontinuierlichem Wandel

---

[12]Maturana (1982, S. 55).
[13]Vgl. Arnold (2002, S. 201–220).

ausgesetzt sind, steht die Frage im Raum, ob eine in ihrer Grundstruktur nahezu zwölf Jahre alte Darstellung der heutigen, an mehrdimensionalen Nutzeroberflächen geschulten Wahrnehmung der B2B-Zielgruppen gerecht wird. Oder anders gefragt: Hat der STILL PartnerPlan das Potenzial für ein selbsterklärendes Kundenbindungs- und Vertriebs-Tool im B2B-Sektor?

Um den Verantwortlichen in der STILL-Unternehmenskommunikation darauf stichhaltige Antworten geben zu können, wurden Studien zur Wahrnehmung des neuen, mit Piktogrammen gestalteten PartnerPlans durchgeführt. Es zeigte sich, dass über 85 % der befragten Messebesucher auf der CeMAT 2014 in Hannover die Erläuterung des Produktportfolios von STILL durch den PartnerPlan als „gut" oder „sehr gut" einschätzen. Ein ähnliches Bild ergab sich bei der Befragung der eigenen Mitarbeiter.

Auf die Frage, welche Assoziationen sie beim Blick auf den neuen PartnerPlan haben, zeigten die Ergebnisse der internen und externen Befragten kein deckungsgleiches Bild. So geben etwa 47 % der befragten Mitarbeiter an, beim Blick auf den neuen Partnerplan würden sie „Komplettanbieter" assoziieren. Bei der Befragung der Externen assoziierten die meisten Befragten beim Anblick der PartnerPlan-Matrix den Begriff „Gabelstapler" (ca. 40 %) vor „Transport" (ca. 13 %). Dahingegen wurden die Assoziationen „Service" und „Lagertechnik" nur von sehr wenigen der Befragten genannt (weniger als 3 %). Dass gerade der Begriff „Lagertechnik" auf den hinteren Rängen landet, liegt wohl am späten Zukauf dieser Sparte in den 1980er Jahren. Andere Gründe für diese Diskrepanz gilt es noch genauer zu analysieren. Allerdings lässt sich jetzt schon vermuten, dass der Gabelstapler als Icon in der Matrix zu häufig erscheint. Gewünschte Assoziationen wie „Service" sind wahrscheinlich noch nicht mit dem „idealen" Icon bzw. Bild versehen, welches im Gedächtnis des Betrachters eine eindeutige Verbindung herstellt. Hinzu kommt, dass die Marke STILL historisch betrachtet in der breiten Öffentlichkeit immer noch zu sehr als Gabelstaplerhersteller und weniger als Lösungsanbieter der Intralogistik wahrgenommen wird.

Fazit

Die Kommunikation und vor allem das richtige Verständnis des „PartnerPlans" und der damit gemachten Aussagen zum Angebotsportfolio von STILL müssen visuell optimiert und dann weiter durch gezielte Kampagnen und Instrumente in der Wahrnehmung verankert werden. Dazu dient ein ganzes Bündel an Maßnahmen, das von gezielten internen Trainings über nach außen gerichtete Medieninitiativen, wie klassischer Öffentlichkeitsarbeit, bis zu Videobotschaften reicht. Als Schlüsselkanäle werden Onlinetools definiert, und diese werden gezielt mit Angeboten von der Beratung bis hin zum Flottenmanagement gekoppelt. Eine klare und weltweit verständliche visuelle Kommunikation ist heute ein zentraler Erfolgsfaktor in der B2B-Kommunikation.

Über die Autoren

Dr. Thomas Gey ist Professor für Marketing & Strategische Unternehmensentwicklung an der privaten Hochschule der Wirtschaft NORDAKADEMIE (Hamburg und Elmshorn). Er lehrt auch an internationalen Universitäten in den USA und Südamerika. Zuvor war er Vorstandsassistent in einem Großkonzern und anschließend Partner einer international tätigen Beratungsgesellschaft. Seine Forschungsschwerpunkte liegen vor allem in den Themen Branding, Online-Marketing, Werte-Marketing, Markt- und Werbe- sowie Verhaltenspsychologie. Er führt regelmäßig Beratungsprojekte und Seminare zur Marken-, Leitbild-, Motivations- und Persönlichkeitsentwicklung durch.

Manuel Meurant 1963 in Genf geboren, absolvierte Ausbildungen in Frankreich und in den Vereinigten Staaten (MBA). Er begann seine Tätigkeiten für die STILL GmbH im Jahre 2013 als Marketingleiter. Zuvor hatte er Marketing- und Vertriebsverantwortungen für verschiedene führende internationale Unternehmen in den folgenden Branchen: Kunststoffindustrie, Kräne, Drucklufttechnik. Seine Verantwortlichkeiten bei STILL fokussieren sich auf die Bereiche Produktmanagement, Internationale Kommunikation, CRM und Preisstrategie.

Inszenierung statt Produktausstellung

11

Matthias Klug und Frederick Thoele

Ökonomie der Aufmerksamkeit

Berlin, Insel Eiswerder im Februar 2014: Das Hamburger Unternehmen STILL, führender Anbieter maßgefertigter innerbetrieblicher Logistiklösungen weltweit, bittet aus Anlass einer Produktpräsentation rund 150 Fachjournalisten aus 16 Ländern zu einem Pressegespräch. Doch was die geladenen Gäste vor Ort erleben, ist zunächst etwas gänzlich Unerwartetes: Auf einer eigens als authentisches Hochregallager gestalteten Bühne verfolgen die Gäste unter dem Motto „Präzision auf höchster Ebene" eine rasante Musicalshow, in deren Verlauf aus einem etwas verschlafenen und in die Jahre gekommenen Lager- und Transportunternehmen namens „Tapfer & Stahlstift" dank des ebenso intelligenten wie couragierten Engagements einer jungen Intralogistikexpertin ein florierendes Unternehmen wird. Subtil verknüpft die Handlung wichtige innovative Highlights der vom Gastgeber an diesem Tag vorgestellten neuen Schubmaststapler-Modellreihe FM-X mit typischen Alltagssituationen ihrer künftigen Anwender. Ganz nebenbei folgt die Handlung nahezu perfekt der klassischen Dramaturgie des Aristoteles: Ein Held erfährt durch verschiedene Abenteuer eine Art Läuterung oder „Katharsis" und steht am Ende der Handlung als eine Art besserer Mensch im immer noch fordernden Heldenleben – und das alles mithilfe von Produkten und Lösungen aus dem Hause STILL. Begleitet von eingängigen Rhythmen und Melodien, bei denen die anwesenden Gäste mehr als

M. Klug (✉)
Buchholz, Deutschland
E-Mail: matthias.klug@still.de

F. Thoele
FT Entertainment & Music Production, Hamburg, Deutschland
E-Mail: frederickthoelen@t-online.de

© Springer Fachmedien Wiesbaden GmbH 2017
T. Gey (Hrsg.), *Brand the Future,* DOI 10.1007/978-3-658-05765-7_11

einmal durch kollektives Klatschen, Mitwippen oder Zurufe zum Teil der Inszenierung werden, findet die Show direkt nebenan eine interaktive Fortsetzung. Nach einer Dialogrunde mit dem STILL-Entwicklungsteam haben die Gäste jetzt Gelegenheit, beim „Touch & Feel" auch persönlich das Gerät zu bedienen und spielerisch die wichtigsten Funktionsdetails auszuprobieren. Mancher Gast ist dabei so involviert, dass ein kurz danach eröffnetes Buffet zur Nebensache wird. Später rundet eine Exkursion zu einem weltweit tätigen Logistikunternehmen, bei dem die Prototypen der neuen Geräte bereits im Einsatz sind, das Infotainment ab. Show und Interaktion bilden aufeinander abgestimmte Erlebnisse. Dass solcherart inszenierte Eventformate immer beliebter werden, zeigt, dass wir in einer Erlebnisgesellschaft leben, die dem Prinzip einer „Ökonomie der Aufmerksamkeit"[1] folgt. In dieser werden individuelle Erfahrungen, aber auch Handlungen nach ihrer Erlebnisqualität strukturiert und stellen die Klassifizierung individueller Wahrnehmungen in den dynamischen Kontext immer neuer persönlicher Erfahrungen. Zugespitzt könnte man sagen: Menschen wollen nicht mehr erkennen, sondern sie wollen sich erleben. Aus diesem Erleben erschließen und erzeugen sie dann ihr neues Wissen im Sinne einer subjektiven und erlebnisbasierten Weltverarbeitung.[2]

Mithilfe solcherart verknüpfter Erlebniserinnerungen erschafft sich das Individuum seine subjektive Realität kontinuierlich neu, was die Annahme bestätigt, dass der Mensch nicht in der Lage ist, „wahre", objektive Wirklichkeit zu erfassen.[3] Was Menschen als ihre Wirklichkeit bewerten, ist ein in der subjektiven Wahrnehmung permanent entstehendes Konstrukt.[4] In die Erschaffung dieser subjektiven Wirklichkeit fließen auch Nutzenerfahrungen und Imagezuschreibungen ein, die ein Produkt oder eine Marke für das jeweilige Individuum hat. Marken und Produktwelten gewinnen auf diese Weise die Qualität eines Realitätsersatzes. Auf das eben geschilderte Infotainmenterlebnis bei STILL bezogen heißt das: Der Gast nutzt das ihm durch die Inszenierung angebotene Rahmenkonstrukt und baut darauf die durch seine eigenen Erfahrungen gewonnenen Meinungen auf. So verdichtet sich der subjektive Momenteindruck Stück für Stück zu einem neuen Gesamteindruck. In einer solcherart ereignisfixierten Gesellschaft ist auch die Wahl jener Grundwerte, die das Koordinatensystem des jeweiligen Handelns strukturieren, kontinuierlich im Fluss und basiert auf immer neuen Erlebniserfahrungen. Auf diese Weise entsteht nach und nach eine multioptionale Erlebnis-, Informations- und Konsumgesellschaft des „immer und überall", die durch die geschilderten Methoden ereignisorientierter Marken- und Produktkommunikation besonders leicht zu beeinflussen ist. In diesem Zusammenhang zeigen auch Akteure im B2B-Bereich mittlerweile ein sogenanntes erlebnisrationales Verhalten, indem sie von den Verantwortlichen der Marken und Unternehmenskommunikation geradezu einfordern, die von ihnen gewünschten

---

[1]Franck (1998, S. 16–19).
[2]vgl. Schulze (2006, S. 5).
[3]Vgl. Fried (2005, S. 164).
[4]vgl. Berger und Luckmann (2013, S. 18–23).

Informationen in einem erlebnisorientierten Rahmen zur Verfügung gestellt zu bekommen.[5]

Für die erfolgreiche Gestaltung von Marketingevents ist es deshalb notwendig, den Gästen bereits im Vorfeld glaubwürdig aufzuzeigen, welcher Nutzen sich bei einer Teilnahme an dem Ereignis für sie ergibt (Abb. 11.1). Das gegenüber der Zielgruppe im Vorfeld abgegebene Erlebnisversprechen muss beim Marketingevent dann auch umfassend eingelöst werden. Ergebnisse der Kundenzufriedenheitsforschung zeigen, dass eine negative Diskrepanz zwischen erwarteter und gebotener Erlebnisqualität nicht nur zur Unzufriedenheit der Zielgruppe mit dem konkreten Event, sondern zur Verschlechterung des Gesamtimages der gastgebenden Marke führt.[6] Daraus ziehen die Kommunikationsverantwortlichen von Unternehmen entsprechende Konsequenzen: Marken und Produkte, die keine Emotionen auslösen, sind schlicht wertlos, weil sie unterhalb der Wahrnehmungsschwelle der interessierten Öffentlichkeit liegen. Das wiederum macht gerade auch im B2B-Sektor eine emotionale Aufladung der Kommunikation notwendig, eine Aufgabe des gesamten Unternehmens. Schließlich geht es darum, alle Kundenkontaktpunkte konsequent aus der Sicht des emotionalen Kundenerlebnishorizontes zu betrachten und entsprechend zu optimieren.

Abb. 11.1 Erlebnisorientierte Messeshow auf der CeMAT 2014

---

[5]vgl. Knoblauch (2000, S. 49).
[6]vgl. Martensen et al. (2007, S. 283–290).

Das interaktive Erlebnis zählt

Marketing-Events, wie die eben geschilderten, setzen abstrakte Kernbotschaften in erlebbare Ereignisse um und ermöglichen den Gästen auf diese Weise eine Verbindung zwischen ihrer beruflichen Alltagswirklichkeit und den im Mittelpunkt der Präsentation stehenden Produkten oder Lösungen. Gelingt es, mit interaktiven Erlebnissen eine stabile Verknüpfung zwischen Marke oder Produkt und Alltagswelt des Gastes zu etablieren, fällt es den Eventteilnehmern leichter, die erlebte Marke und ihre Produktwelt auch außerhalb der begrenzten Eventsituation jederzeit wieder aufleben zu lassen. Das erklärt, warum Emotionen im Hinblick auf die eigentliche Erlebniswirkung wie auch bei der Erreichung bestimmter unternehmenseigener Kommunikationsziele seit geraumer Zeit als wichtige Einflussgröße für die Qualität einer Unternehmenskommunikation bewertet werden.[7] Dem liegt die Erkenntnis zugrunde, dass die Verarbeitung emotionaler Erlebnisse über möglichst viele Sinneskanäle die Kaufentscheidung gerade im Premium-Bereich nachhaltig unterstützt – etwa wenn in Produktshows eine differenzierte und in jedem Detail auf die jeweiligen Kernaussagen abgestimmte Erlebniswelt aus architektonischen und kulinarischen Rahmenelementen das eigentliche Produkt in einen nachvollziehbaren Kontext stellt.[8] Erlebnisse lassen sich vertiefen, wenn sich die einzelnen sinnesspezifischen Speicher gegenseitig aktivieren und verstärken.[9] Konkret bedeutet dies, dass die gelieferten Informationen, das Entertainment und die kulinarischen Bestandteile einer Produktpräsentation konsequent aufeinander abgestimmt sein müssen. Damit verbessert sich letztlich auch die Erinnerung an das Ereignis und damit an das im Mittelpunkt stehende Objekt – etwa ein neues Flurförderzeug in einem inszenierten Hochregallager.

Die bloße Information, ein neues Produkt werde auf den Markt kommen, kann so gesehen also keine erinnerungswürdige Bedeutung entfalten. Erst wenn zwischen dieser Information und der ganz persönlichen Nutzenbilanz des Informationsempfängers eine schlüssige und sinnlich vermittelte Verknüpfung entsteht, bekommt sie für diesen einen Aufmerksamkeits- und einen Handlungswert. Und erst mit dieser Einordnung in den persönlichen sozialen Kontext des Interessenten ist damit zu rechnen, dass aus dem Interessenten ein Kunde wird. Das heißt, es muss immer erst der Schritt von der objektiven („ah, neu ...") zur subjektiven („ah, *für mich* neu und passend ...") Relevanz erfolgen. Erst wenn sich auf diese Weise das subjektiv gewonnene Wissen des Einzelnen wiederum auf das kollektive Wissen der Gruppe bzw. Branche, zu der die Interessenten jeweils gehören (etwa Kontraktlogistiker, Reeder oder Spediteure) stützen kann, wird die präsentierte Innovation zur handlungsrelevanten Information. An diesem Punkt liefern auch kognitive Lerntheorien weiterführende Erkenntnisse. So können Menschen das gleichzeitige Auftreten zweier Objekte eher nachvollziehen, wenn zwischen diesen beiden

---

[7]Vgl. Weinberg und Nickel (2006, S. 61–75).
[8]Vgl. Mayer und Illmann (2000, S. 427).
[9]Vgl. Esch und Roth (2005, S. 230–231).

bereits gedankliche Verbindungen bestehen. Sie benötigen dann keine neuen Erklärungen, sondern fügen den schon vorhandenen Verknüpfungen zum Objekt einen neuen Kontext – also etwa den Kontext „Intralogistik im Hochregallager" – hinzu (Abb. 11.2).

So geht STILL mitunter so weit, dass ein Duftkünstler während der Infotainment-Session die Zuschauer mithilfe von Röstkaffeearomen in die Arbeitswelt von Kaffeeröstern versetzt, nur um die auf der Bühne erlebbaren Einsatzbereiche spezieller Geräte „olfaktorisch" zu vertiefen.

Vom Touch & Feel zum Flow-Erlebnis

Die Gäste von STILL-Marketingevents machen innerhalb eines auf die Kernbotschaften zugeschnittenen Rahmens ihre eigenen Erfahrungen mit dem Eventobjekt, zum Beispiel einer neuen Geräte- oder Softwarelösung. Das Erproben und Berühren eines neuen Fahrzeugs in einem „Touch & Feel-Forum" ist Teil jeder Präsentation des Hamburger Unternehmens, denn eigene Erlebnisse ergeben klarere und stabilere Einstellungen, womit sich wiederum die Chancen auf ein langfristiges Vertrauen in das Kommunikationsobjekt verbessern. Hinzu kommt, dass Menschen in bestimmten Involvementsituationen – zum Beispiel beim Erleben der interaktiven Erlebnisstationen im STILL-„Touch & Feel"-Forum – sehr konzentriert aktiv sind, ohne dies auf Dauer als anstrengend zu empfinden, und dass ihr Enthusiasmus sogar kontinuierlich zunimmt. Solche Phänomene werden

Abb. 11.2 Interaktive themenrelevante Einbindung der Kunden in eine Show

von Motivationspsychologen unter dem Begriff „Flow" zusammengefasst.[10] Typisch ist, dass entsprechende Personen auf Nachfrage angeben, sie erleben die Situation vom einen Augenblick zum anderen als fließend. Für Menschen im Flow-Erlebnis verschmelzen Handlung, Erlebnis und Bewusstsein oder anders gesagt: Das eigene Ich und das Erlebnis verschmelzen zu einer Einheit. Jeglicher störende Gedanke an außerhalb des Erlebniskreises Liegende wird dabei ausgeblendet. Das Individuum hat den Eindruck, die Situation völlig zu beherrschen, wobei ein verändertes Zeitgefühl auftritt: Im sprichwörtlichen Sinne können Stunden zu Minuten werden und umgekehrt. Für die interaktive Vermittlung von marketingrelevanten Inhalten bieten solche Erlebnisse damit einen geeigneten Rahmen, doch welche Voraussetzungen müssen dafür gegeben sein?

Obwohl ein Flow-Erlebnis im Prinzip bei allen Tätigkeiten des täglichen Lebens auftreten kann, gibt es Situationen und Aktivitäten, die für dessen Zustandekommen besonders geeignet sind. Dazu zählen spielerische Aktionen, bei denen die Akteure etwas entdecken bzw. das Gefühl haben, selbst etwas zu kreieren, was sie nutzbringend in ihre eigene Lebenswelt integrieren können.[11] In der B2B-Kommunikation muss dem Akteur demnach eine Situation angeboten werden, die eine eindeutige Handlungsstruktur erkennen lässt, ein darauf abgestimmtes Umfeld hat und Gelegenheit gibt, sich ganz auf die Interaktion mit dem Eventobjekt zu konzentrieren und dann ein sofort sichtbares Ergebnis oder eine Rückmeldung bietet. So erlebt der Akteur eine Übereinstimmung seiner persönlichen Fähigkeiten mit den Anforderungen der jeweiligen Aktivität am oder mit dem Eventobjekt.[12] Solche Erlebnismuster bestätigt auch die Motivationspsychologie, die sich mit der Erklärung zielgerichteten menschlichen Verhaltens beschäftigt. Im Rahmen der sogenannten „intrinsischen Motivation" handeln Menschen nicht aufgrund von außen vorgegebener Ziele, sondern hauptsächlich wegen der jeweiligen Tätigkeit selbst.[13] Wichtig ist dabei, dass die mit dem Erlebnis oder der Handlung verbundene positive Stimmung sich nicht nur aus den äußeren Umständen, sondern aus der Person selbst heraus ergibt, die sich als Urheber der Aktivität betrachtet.[14] Bieten Marketingerlebnisse also gute Rahmenbedingungen für Flow-Erlebnisse mit dem Eventobjekt, lässt sich dadurch eine erhöhte Aktivierung gegenüber den zu vermittelnden Kernbotschaften und folglich eine vertiefte kognitive Wahrnehmung und damit eine langfristige Erinnerung erzielen. So entsteht der Wunsch, das emotionale Erlebnis in Zukunft zu wiederholen und dafür wieder in Kontakt zur gastgebenden Marke zu treten.[15]

---

[10] Vgl. Csikszentmihalyi (2005, S. 104).
[11] a.a.O.
[12] Vgl. Drengner (2008, S. 114–115).
[13] Vgl. Rheinberg (2006, S. 152–153).
[14] Bauer et al. (2001, S. 18).
[15] Vgl. Drengner (2008, S. 140).

Vom individuellen zum kollektiven Flow-Erlebnis

Indem sich bei Marketingevents eine begrenzte Anzahl von Menschen an einem exklusiven Veranstaltungsort zusammenfindet, gewinnen diese Personen dadurch einen sozialen Nutzen, den sie sonst nicht hätten.[16] Nehmen die Eventbesucher ihre exklusive Stellung bewusst wahr, beurteilen sie diese als wichtig und haben Gelegenheit, diese gegenüber Nichtbesuchern zu artikulieren, so stiftet die Veranstaltung einen auch nach außen gerichteten Prestigenutzen. Das ist allerdings nur dann gewährleistet, wenn die ausgewählte Zielgruppe Rahmen und Inhalte als einzigartig wahrnimmt, also nicht schon bei zuvor erlebten Events von Mitbewerbern in ähnlicher Weise erlebt hat. Hinzu kommt der Kontaktnutzen, wenn während des Events soziale oder geschäftliche Kontakte geknüpft oder verstärkt werden. Ebenfalls in diesen Kontext gehört die Selbstbestätigungsfunktion, die eintritt, indem Personen solche Marken und Produkte bevorzugen, die ihr eigenes Selbstbild stützen bzw. mögliche Differenzen zwischen Selbstbild und angestrebtem Idealbild ausgleichen.[17] So erklärt sich auch, dass die Wahl meist auf gerade jene Produkte oder Marken fällt, deren Image am stärksten mit dem eigenen Selbstbild korrespondiert. Eine weitere Dimension des sozialen Nutzens von Marketinginszenierungen für abgeschlossene Teilnehmerkreise bilden die dort entstehenden gruppendynamischen Emotionen. Diese bilden ein relevantes Erklärungsmoment für die Attraktivität solcher Kommunikationsformate. Denn die Gäste bleiben dabei als Individuen mit ihren Emotionen nicht allein – vielmehr können sie sich beim gemeinsamen Erleben einer Show oder eines interaktiven Erlebnisses mit dem Eventobjekt wechselseitig wahrnehmen, beobachten, aufeinander reagieren und ihren Enthusiasmus quasi teilen. Typisch dafür ist das gegenseitige Zeigen der Ergebnisse von interaktiven Erlebnissen mit Eventobjekten, die meist von einer ganzen Gruppe von Interessenten umlagert sind. Das macht deutlich, dass beim Blick auf Marketinginszenierungen über den Aspekt individueller Emotionen der Teilnehmer hinaus gerade das gemeinsame Erleben und Ausleben von Emotionen unter dem Vorzeichen der gastgebenden Unternehmensmarke für die spezifischen Wirkungsmechanismen solcher Ereignisformate von hoher Bedeutung ist.

Doch wie wirken individuelle und kollektive Emotionen bei marketingbezogenen Produktinszenierungen, und wie können die für Dramaturgie, Regie und Casting Verantwortlichen die von ihnen beabsichtige Wirkung vor dem Horizont eines solchen Gemeinschaftserlebnisses effizient erzielen?

Zwar werden Emotionen als zentraler Faktor beim Eventprozess in den Mittelpunkt vieler Untersuchungen gestellt, doch werden dort mithilfe standardisierter Befragungen von Teilnehmern lediglich individuelle Empfindungen nachgewiesen und als Einflussfaktor betont. Hingegen bleiben die Rahmenfaktoren des sozialen Kontextes, den ein Event jenseits der individuellen psychologischen Betrachtung des individuellen Eventteilnehmers

---

[16]Vgl. Knoblauch (2000, S. 48).
[17]Vgl. Hogg et al. (2000).

bietet – also der Blick auf das Gemeinschaftserlebnis –, meist im Hintergrund. So werden Emotionen bei Marketingevents meist als ein Prozess beobachtet, der sich auf der Ebene des Individuums abspielt und der auf das individuelle Entscheidungshandeln zielt. Kollektive Emotionen und die zunehmende Eventisierung vieler Lebens- und Geschäftsfelder in der Erlebnisgesellschaft werden nur vereinzelt – etwa im Kontext des Sportmarketings – thematisiert.[18] Dabei entstehen Emotionen und Flow-Erlebnisse bei Marketinginszenierungen nicht nur durch das Erlebnis des einzelnen Gastes, sondern gerade auch durch soziale Prozesse und Interaktionen innerhalb der gesamten Teilnehmergruppe. Deshalb soll an dieser Stelle die Wirkung von Marketingevents auch und gerade um eine sozialpsychologische Perspektive erweitert werden. Eine so ausgerichtete Betrachtungsweise kann Praktikern und Verantwortlichen wichtige Hinweise darauf geben, wie soziale Prozesse und Strukturen innerhalb des Teilnehmerkreises eines Ereignisses die Entstehung und Wirkung von Flow-Erlebnissen beeinflussen. Unabhängig vom konkreten Format der Marketinginszenierung – etwa Musicalaufführung, Businesstheater oder Konzert – kann eine Betrachtung aus der Perspektive der soziologischen Systemtheorie einen Bezugsrahmen aufzeigen, in dem psychische und soziale Faktoren gleichermaßen bei der Beantwortung der Frage helfen, wie auf Basis kollektiver Erlebnisse Marketinginszenierungen und interaktive Produkterlebnisse noch effizienter werden können. Kollektiv erlebte Emotionen entstehen dann, wenn bei einer bestimmten Anzahl von Personen innerhalb einer gegebenen Gruppe – etwa im Kontext einer Eventsituation – ähnlich gelagerte emotionale Verhaltensweisen und Ausdrucksformen nach außen sichtbar werden. Ein einfaches Beispiel wäre das gemeinsame Beifallklatschen am Ende einer Performance oder das gemeinsame Entdecken von Produkteigenschaften bei interaktiven Erlebnisstationen. Wie und wann werden kollektive Emotionen auf sozialer Ebene als etwas „Drittes" relevant und damit zu einem alle Anwesenden verbindenden Element, das dem Gastgeber in der Wahrnehmung der Gäste eindeutig zugeordnet wird?

Zunächst ist zu fragen, wie solche Momente kollektiver Emotionalität nach außen sichtbar und damit auch messbar werden. In der wissenschaftlichen Diskussion wird gemeinhin zwischen unterschiedlichen Ausprägungen emotionaler Kommunikation bzw. Artikulation in sozialen Systemen unterschieden.[19] Dabei wird hauptsächlich ein nach außen gezeigtes emotionales Verhalten als Indikator gewertet – etwa das rhythmische Klatschen zu besonders eingängigen Musikstücken. Zwar werden Emotionen aufgrund von Sozialisationsprozessen häufig unterdrückt oder maskiert, aber sie bleiben ein wichtiger Indikator für die Beurteilung subjektiver Erlebnisebenen. Etwas an sich nicht Sichtbares – die innere Verfassheit von Menschen – wird in solchen Momenten sichtbar und für die anderen Gäste wahrnehmbar. Ab einer bestimmten Intensität ziehen dabei die emotionalen Gesten so viel Aufmerksamkeit auf sich, dass sie selbst zum Thema werden – bis hin zur völligen Identifikation mit dem Gesehenen und Erlebten, wie etwa bei Flow-Erlebnissen. Daraus lässt

---

[18]Vgl. Schlesinger (2008, S. 137–141).
[19]Vgl. Simon (2004).

sich ableiten, dass auch beim Prozess der Marketingkommunikation mithilfe kollektiver Emotionen diese und die eigentlich kommunizierten Sachinhalte – etwa die Produktvorteile des neuen Gerätes – für die Anwesenden zu ein und derselben Erfahrung verschmelzen. Das macht das kollektive emotionale Verhalten der Gäste für die Effizienz eines Events mindestens ebenso wichtig wie die dramaturgisch-künstlerische Qualität der gesamten Inszenierung.

Orientierungspunkte für den Erfolg

Wer bei Marketinginszenierungen geeignete Rahmenbedingungen für nachhaltige Interaktionen zwischen Kernbotschaften, Eventobjekten und Gästen herstellen will, muss die aktuellen Erwartungen seiner Zielgruppen in sozialen Systemen wie Events kennen und in die geplante Dramaturgie einfließen lassen. Dabei helfen Emotionsregeln bzw. „Feeling Rules"[20], die normalerweise nicht bewusst wahrgenommen werden und die eher im Unterbewusstsein der Teilnehmer abgespeichert sind. Es ist per Sozialisation gelernt, welche Emotionen situationsspezifisch in welchem Maße gefühlt und wie gezeigt werden. Beim verbalen und nonverbalen Ausdruck ihres emotionalen Eventerlebens bei konkret auf der Bühne oder an Involvement-Stationen erlebten Situationen greifen die Gäste unbewusst auf dieses spezifische Wissen zurück. Man könnte an dieser Stelle auch von „Brain Scripts"[21], also den Drehbüchern im Kopf der Interessenten und Kunden im Publikum, sprechen. Diese sind dafür verantwortlich, dass bei einer live erlebten Geschichte verständlich wird, was eigentlich gespielt wird und wie die Handlung in Bezug zur eigenen Lebenswirklichkeit steht.

Nur: Wie kommen die Drehbücher der „Brain Scripts" überhaupt in den Kopf? Zum Beispiel durch Mythen. Und wie funktionieren Mythen? Letztlich durch Vereinfachung, denn Mythen reduzieren ein komplexes Geschehen auf eine verständliche, oft dramatisierte Geschichte mit wenigen Akteuren und eindeutiger Aufteilung in Gut und Böse. Dadurch stiften sie Sinn. Man denke nur an die klassische Konstellation „David gegen Goliath", und vor dieser Folie an die eingangs geschilderten Rollenverteilungen zwischen etabliertem Unternehmer und jung-dynamischem Logistikexperten im Musical-Skript. Generell kann sich eine Mythoshandlung sowohl nahe an der historischen Realität halten als auch weitgehend erfunden sein. Im Mittelalter und der frühen Neuzeit etwa haben Herrscher und Gelehrte in vielen europäischen Ländern versucht, ihre Völker oder Kohorten mit zum Teil abenteuerlichen Stammbäumen auf die Trojaner zurückzuführen, um dies dann als „Mind Scripts" bei Freund und Feind zu verankern. Das war Geschichts- und Kommunikationspolitik mit den Mitteln der damaligen Zeit: die Publikation oder die Aufführung von Geschichten auf den höfischen Bühnen. Heute sind

---

[20]Hochschild (2006, S. 289).
[21]Mikunda (2011, S. 19–24).

Business-Bühnen in Eventlocations die Schauplätze der Unternehmenskommunikation, die aber im Kern den gleichen Argumentations- und Ereignismustern folgen und damit auf Prägungen im Bewusstsein der Gäste Bezug nehmen. Schließlich setzen Unternehmen im Wirkungs- und Argumentationskontext bestimmter Eigenschaften ihrer Produkte auch auf die Herleitung von legendären, gar fast mythischen Produktikonen. Etwa dann, wenn bei der Vorstellung seines konsequenten und konsistenten Designs das neue Gerät als „der 911er unter den Flurfahrzeugen" bezeichnet wird. Solche Herleitungen sind kein bloßes „me too", sondern sollen Langlebigkeit von Form und Funktion unterstreichen. Denn der Bezug des Designs zu zeitlosen Stilikonen gewährleistet einen hohen Wiedererkennungswert und macht den Auftritt authentisch. Und wer authentisch auftritt, der hat auch den Schlüssel zu den „Mind Scripts" der Interessenten und Kunden. Diese Mechanik gilt auch für werteorientierte Leitbotschaften wie „simply efficient", unter der STILL sechs integrale Nutzenfaktoren der Intralogistik zusammenfasst, die in allen Lösungen und Geräten manifest sind – andernfalls werden sie nicht Teil der Angebotspalette.

Die integrative Wirkung kollektiver Emotionen

Doch wo liegen die Ursachen dafür, dass eine gemeinsam erlebte emotionale Kommunikationsmaßnahme aus einer geschlossenen Gruppe von Teilnehmern eine Art Resonanzkörper psychischer Zustände aller Einzelnen macht, in deren Verlauf unterschiedliche Individuen Ähnliches empfinden und kollektive Emotionen entstehen? Gefühlsansteckung – so lautet eine fachspezifische Antwort der Sozialpsychologie auf diese Frage.[22] Damit ist eine Art automatischer Nachahmung von Mimik und Vokalisierung anderer Personen gemeint, mit dem Ziel, sich diesen emotional anzunähern. Diese Angleichungsprozesse führen dazu, dass sich bei einem Event und dort ganz konkret an interaktiven Stationen die individuellen Emotionen der Akteure binnen kurzer Zeit zu starken kollektiven Energieströmen vereinen. Dieses „Sich-zu-einer-Gruppe-Rechnen" jedes Einzelnen geht dann mit bestimmten Verhaltens- und Einstellungskonsequenzen einher, die zu einem gemeinsamen Denkstil und gleichen späteren Entscheidungen – etwa zugunsten der einladenden Unternehmensmarke – führen. Man wird quasi Mitglied einer größeren, starken Gemeinschaft im Zeichen der Marke oder der Wahl eines bestimmten Produktes. Eine solche emotionale Koalition mit der Marke ist dann auch nicht mehr an den individuellen Reflexionsprozess des einzelnen Teilnehmers gebunden – es reicht aus, wenn andere Teilnehmer nach außen sichtbar Stellung beziehen, indem sie ihre Emotionen zum Ausdruck bringen. Etwa dann, wenn flanierende Messebesucher die begeisterten Akteure an einer interaktiven Station wahrnehmen und sich deren demonstrativen Emotionen anschließen, ohne die zuvor kommunizierten Sachinhalte mitbekommen zu haben. Dabei ergreift der emotionale Impuls nicht alle Teilnehmer gleichzeitig, denn die

---

[22]Vgl. Le Bon (2009, S. 163).

zumeist heterogene Zusammensetzung des Event- oder Messepublikums führt zu unterschiedlichen emotionalen Schwellenwerten mit entsprechend unterschiedlicher Mobilisierungsbereitschaft.[23] Damit es zu einer breiten emotionalen Identifikation kommt, ist es deshalb notwendig, dass eine entsprechend günstige Verteilung der Schwellenwerte vorliegt – also bereits mit dem Markenerlebnis vertraute Teilnehmer mit „Novizen" gemeinsam eingeladen werden.

Wirkungspotenziale kollektiver Flow-Erlebnisse

Kommen die sozialen Wirkungen gemeinsam empfundener Emotionen auf die geschilderte Art und Weise zustande, dann liegt ihr Nutzen für den Gastgeber vorrangig in der Herstellung stabiler Systembedingungen zugunsten seiner Botschaften – gerade auch in der Zukunft. Die Gäste erkennen sich dann momentan, aber auch in künftigen ähnlich gelagerten B2B-Situationen, in einer Art affektiv-kognitiver Eigenwelt, die eine stabile Loyalitätsbeziehung zur Marke bildet. Das heißt, alles, was außerhalb der einmal gezogenen Systemgrenzen sonst noch vorkommt – etwa andere Marken oder Produkte – bleibt für den Kommunikationszusammenhang des Events nicht existent, weil nicht emotional fühlbar. Das gewährleistet, dass auch später – nach Verlassen des emotionalen Intensitätsfeldes der Inszenierung – eine klare, dem Gastgeber gegenüber loyale Gemeinschaft im Sinne einer „Brand Community" aufrechterhalten bleibt. Dieser Effekt wird besonders bei großen Messen relevant, wo die flanierenden Besucher innerhalb kurzer räumlicher und zeitlicher Abstände neue Botschaften wahrnehmen (Abb. 11.3).

Hinzu kommt: Kollektive Emotionen setzen vorübergehend bestehende soziale oder regionale Ordnungsmuster (Status, Titel, Herkunft der einzelnen Gäste) außer Kraft. Das Teilen einer gemeinsamen emotionalen Aufladung durch die Inszenierung nivelliert die Anwesenden und stiftet eine neue Gemeinschaft. Hieran zeigt sich: Einerseits sind soziale Nähe und Zugehörigkeit erforderlich, damit sich kollektive Emotionen bei einem Event zeigen können, andererseits zeigen sich die elementaren Glücksgefühle, die damit verbunden sind, bei jedem Teilnehmer ganz individuell. Der Einzelne gewinnt aus dem Gemeinschaftserlebnis eine Art emotionale Energie. Parallel dazu steigt die Begehrlichkeit, in Zukunft erneut Teil solcher Events zu sein, denn die Gewissheit, sich dort immer wieder emotional aufladen zu können, schafft Relevanz und Distinktion gegenüber jenen, die dies nicht können. So gelingt es der gastgebenden Unternehmensmarke, das an sich temporäre Eventerlebnis auch nach dem Verlassen der Event-Location in dauerhafte Loyalität zu verwandeln.

Die rein planerischen Vorgaben des Veranstalters, wie zeitlicher Ablauf, Cateringgestaltung oder Rahmenprogramme, können dem Event zwar eine innere Struktur geben, aber eigentlich entscheidend ist die kollektive Emotionalität der Gäste. Sie ist es, die

---

[23]Vgl. Schlesinger (2008, S. 140–144).

Abb. 11.3 Integration der Teilnehmer in die Dramaturgie beim STILL-Musical

darüber entscheidet, wann die Inszenierung ihren emotionalen Höhepunkt erreicht, welche Atmosphäre dabei entsteht und wie lange die Eventgemeinschaft erhalten bleibt, also die Fluktuation der Gäste eintritt.

Fazit für die Erlebniskommunikation von STILL

Vor dem Hintergrund dieser Erkenntnisse verwandelt das Unternehmen STILL mithilfe eingängiger dramaturgischer Kommunikationsinstrumente seine Botschaften in Erlebnisse mit Flow-Potenzialen und vermittelt, dass es über das reine Gerät oder die intelligenten Lösungen hinaus einen klaren – auch emotional wahrnehmbaren – Mehrwert gegenüber anderen Unternehmen bietet. Die Drehbücher und damit das Storytelling der für STILL konzipierten Marketinginszenierungen und die darauf abgestimmten Musikkompositionen folgen deshalb konsequent einem dramaturgischen Muster, das die Lebens- und Arbeitswelt des angesprochenen Gästekreises ebenso zitiert wie die für diesen Kreis typischen Entscheidungssituationen. „Budgetzwang versus Leistungspotenzial" oder „künftige Wachstumschancen versus momentanes wirtschaftliches Umfeld" – das sind nur zwei der typischen „Skylla-und-Charybdis"-Szenarien, die typischerweise den Handlungsstrang der STILL-Produktmusicals bilden. So entsteht eine schwer kopierbare Marken- und Produktkultur im Sinne einer emotional verankerten Vertrauensmarke, mit der sich die Nutzer langfristig identifizieren. STILL hat insoweit das isolierte Produkt aus dem Kernbereich der Marke gerückt und emotional wahrnehmbare Add-ons hinzugefügt, die direkt die Prozesse beim Kunden beeinflussen. Mit einem reinen Vertrieb von Flurförderzeugen hat diese mehrwertzentrierte Argumentationsstrategie nur noch wenig zu tun. Diese emotional verankerte Kommunikationskultur wird auch nach innen, also gegenüber Mitarbeitern und Management, gelebt – etwa indem die Mitarbeiter bei Generalproben der Produktshows als Zuschauer die unternehmenseigenen emotionalisierten Markenbotschaften erleben – und im besten Fall als begeisterte Markenbotschafter wiederum nach außen tragen. Oder frei nach Konfuzius: „Sage es mir und ich vergesse es, zeige es mir und ich erinnere mich, lass es mich ERLEBEN und ich behalte es."

Über die Autoren

Matthias Klug geboren 1962 im thüringischen Schlotheim, begann seine Tätigkeiten für die STILL GmbH im Jahr 1992. Bis 1997 betreute er federführend die Umstrukturierung einer Werksniederlassung sowie den Aufbau eines Vertriebsnetzwerks in den neuen Bundesländern. 1997 übernahm er die Abteilung Verkaufsförderung, Training und Events. Seit 2007 leitet Matthias Klug die internationale Unternehmenskommunikation der STILL GmbH und koordiniert die weltweiten Kommunikationsaktivitäten der gesamten STILL Gruppe.

Frederick Thoele Absolvent der Hochschule für Musik und Theater in Hamburg, ist Komponist, Arrangeur und Regisseur. Mit seiner Firma, der Frederick Thoele Entertainment & Music Production, beschäftigt er sich seit über 15 Jahren erfolgreich mit der Konzeption und Realisation multimedialer Inszenierungen von Firmen- und Produktpräsentationen, die mit ihrer besonderen Verbindung von Film, Musik, Gesang, Tanz und Schauspiel emotional berührende und inhaltlich spezifische Erlebnisse schaffen. Darüber hinaus komponiert und produziert er Film- und Werbemusiken. Zu seinen Auftraggebern gehören sowohl namhafte Kunden aus der Konsum- und Industriegüterindustrie als auch staatliche Unternehmen.

Kunden ins rechte Licht setzen

12

Sebastian Gartz und Olaf Schmidt-Stohn

Eine gängige Erfahrung

Welches jener Events, die Sie zuletzt besucht haben, hat Sie emotional berührt? Und vor allem: Erinnern Sie sich noch, wer der Gastgeber war? War es vielleicht eine Sportveranstaltung, eine Charity-Gala oder die Produktvorstellung auf der letzten Leitmesse Ihrer Branche? Und lassen Sie uns raten: Der Gastgeber fällt ihnen gerade nicht ein, oder anders gesagt: Aus den Augen, aus dem Sinn. So entsteht jedenfalls keine dauerhafte Loyalität. Ein Zitat aus einer Fachpublikation mag diese Bestandsaufnahme unterstreichen: „Die meisten Events, die heute veranstaltet werden, liefern ein Überangebot an optischen Reizen garniert mit akustischen Versatzstücken. Die Hände darf der Gast getrost in den Hosentaschen lassen, solange bis es etwas zu essen gibt – irgendein Szene-Food, das der Sättigung auf hohem Niveau dienen soll. Wenn Sie den Gast drei Tage später fragen, woran er sich erinnert, kommen Antworten wie: nette Party, gute Musik, hübsche Mädels, ordentliches Futter. Also: austauschbar, kopierbar, verwechselbar."[1]

---

[1]Multisense Institut (o. J.).

S. Gartz (✉)
SG Medientechnik, Lübeck, Deutschland
E-Mail: s.gartz@sg-medientechnik.de

O. Schmidt-Stohn
Lübeck, Deutschland
E-Mail: o.schmidtstohn@sg-medientechnik.de

© Springer Fachmedien Wiesbaden GmbH 2017
T. Gey (Hrsg.), *Brand the Future,* DOI 10.1007/978-3-658-05765-7_12

Die kognitive Dimension heutiger Medientechnik

Vor dem Hintergrund dieser Bestandsaufnahme lautet unsere These: Erst wenn Medientechniker und andere Eventdienstleister bei ihrer technischen Umsetzung von Marketingkonzepten die Mechanismen und Muster menschlicher Sinneswahrnehmung und deren kognitive Verarbeitung kennen und ihre Umsetzungspraxis passgenau darauf abstimmen, werden die in den Briefings ihrer Kunden formulierten strategischen Kommunikationsziele erreicht. Und erst dann werden die Gäste von B2B-Events loyaler Teil einer *Community of Choice* des gastgebenden Markenunternehmens. So gesehen liegt es in der Hand der Veranstaltungstechniker und der ihnen zur Verfügung stehenden medialen Instrumente, Markenprodukte nicht nur ins rechte Licht zu rücken, sondern Wahrnehmung durch sinnlich erlebbare Erfahrungen und Empfindungen überhaupt erst zu ermöglichen. Trotzdem liegt zwischen Konzept und Umsetzung sowohl planerisch wie auch zeitlich allzu oft ein *Gap,* das zu schließen erst in einem späten Umsetzungsstadium in Angriff genommen wird, in dem dann viele der zuvor getroffenen organisatorischen Entscheidungen nicht mehr revidiert werden können. Doch welche menschlichen Wahrnehmungsmechanismen sind an dieser Stelle überhaupt relevant, um die mediale Umsetzung von Marketingevents von Anfang an auf einen erfolgreichen Weg zu führen?

Organisationsprinzipien menschlicher Wahrnehmung

Die von Menschen kontinuierlich und gerade im Rahmen von Marketingevents aufgenommenen Reize unterliegen im Verlauf ihrer Wahrnehmung und mentalen Weiterverarbeitung bestimmten Gesetzmäßigkeiten und Prinzipien. Das hat zur Folge, dass sowohl die Wahrnehmung als auch ihre stete Adaption an sich ändernde Reizverhältnisse beim Menschen nicht durch bloße Abbildung des Wahrgenommenen, sondern erst durch im Gehirn ablaufende kognitive Verarbeitungs- und Konstruktionsprozesse zustande kommt.[2] Diese Mechanismen lassen sich durch technische Medien nur bedingt beeinflussen oder gar umgehen. Vielmehr müssen sich die Eventspezialisten bei ihrer technischen Aufbereitung von Informationen und Sinnesreizen an diesen Prinzipien orientieren, wollen sie effektiv sein. Solche Organisationsprinzipien lassen sich gerade dort nachweisen, wo der physikalische (also objektiv gegebene) und phänomenale (also subjektiv empfundene und wahrgenommene) Sachverhalt nicht übereinstimmen. Etwa dann, wenn das bühnenwirksam inszenierte und im Mittelpunkt eines Marketingevents stehende Eventobjekt – etwa ein innovatives Fahrzeug – in der Wahrnehmung der Gäste mit bestimmten Markenbotschaften verknüpft werden soll, die an dessen Äußerem aber nicht ohne Weiteres ablesbar sind. Etwa, weil die innovativen Merkmale unter dem Chassis versteckt oder in der nicht sichtbaren digitalen Steuerung liegen. Um diese Herausforderung kreist

---

[2]Frings und Müller (2014, S. 231).

meist die gesamte Eventdramaturgie, und letztlich dient diese nur dazu, die kognitive Verknüpfung von konkretem Eventobjekt und abstrakter Eventbotschaft zu ermöglichen, denn erst damit wäre das Kommunikationsziel des Marketingevents erreicht. Schließlich bildet die Wahrnehmung definierter und mit dem Eventobjekt verknüpfter Botschaften die Voraussetzung für eine über den Tag hinausreichende gedankliche Verankerung und damit für die dauerhafte Identifikation mit dem Produkt. Um demnach auch positionsrelevante Inhalte des Markenbildes wahrnehmbar werden zu lassen, muss nicht nur die Wirkung des in Szene gesetzten Wirkungsobjektes, sondern auch die unmittelbare kognitive Wirkungsweise des Ereignisses bei dessen Inszenierung umfasst sein. Sonst kommt es zu den im Eingangszitat erwähnten Defiziten: dass nämlich nur einzelne Sinneseindrücke des Events im Gedächtnis bleiben, aber nicht die gastgebende Marke als solche.

Erlebniskommunikation im Licht sozialer Grundbedürfnisse

Dass Marketingevents als Teil der Wirtschaftskommunikation keine Erfindung heutiger Marketingstrategen, sondern in Form ritueller Feste seit jeher ein fester Bestandteil der menschlichen Zivilisation sind, um den Gruppenzusammenhalt zu festigen, Orientierung zu geben und Sinn zu stiften, wird schon beim Blick auf früheste Höhlenmalereien oder Darstellungen in Tempeln früher Kulturen sichtbar. Bereits früheste Überlieferungen von Festen und religiösen Feiern belegen, dass im Rahmen von Theateraufführungen und Spektakeln bestimmte Mechanismen menschlicher Wahrnehmung gezielt für die Verankerung von Botschaften im Gedächtnis der Gäste eingesetzt wurden. Das Theater hat seinen Ursprung nicht umsonst in der Sphäre des Religiösen und Mystischen. Viele Elemente dieser zum Teil Jahrtausende zurückreichenden Rituale finden sich in den Events unserer Zeit wieder, was ein Hinweis darauf sein könnte, dass sie bis heute einen festen Platz in der menschlichen Psyche haben.[3] Mag sein, dass hier auch etwas von der großen Erlösungs- und Erleuchtungshoffnung mitschwingt, die der Mensch gerade Lichtphänomenen zuschreibt – der Mythos von Prometheus, der den Göttern das Licht raubte und den Menschen schenkte, weist in diese Richtung. In diesen Kontext gehört auch das uralte Ritual der Beobachtung eines Schamanen, auf den alle hinsehen und gebannt verfolgen, ob es ihm gelingt, das geheimnisvolle wie risikoreiche Ritual zu vollenden, um danach eine Art Katharsis, eine Erlösung also, zu empfinden.[4] Nur dass der Schamane heute durch Eventtechniker oder Moderatoren ersetzt wird. Wenn Lichtblitze auf die Netzhaut treffen, spürt man, wie schmerzhaft das Sehen sein kann. Und wenn es dunkel wird, gerät man unmerklich an die Grenzen der Wahrnehmung. Auf diese mythischen wie mentalen Ursprünge gilt es, sich auch heute zu besinnen – unabhängig vom Innovationsgrad technischer Möglichkeiten bei Projektion, Akustik und Catering. Denn

---

[3]Vgl. Domning et al. (2009, S. 12 f.).
[4]Warburg (2011, S. 46 und 87).

wie bei den Mysterienspielen und festlichen Ritualen früherer Epochen können die Inhalte einer Botschaft auch heute je nach der Umgebung und dramaturgischen Aufbereitung, in die sie bei ihrer Präsentation gestellt werden, völlig anders wahrgenommen werden, obwohl die jeweilige Kernbotschaft in ihrer Zeichenhaftigkeit gleich bleibt. Wo Markenprodukte und ihre immanenten Botschaften heute kaum noch funktional, sondern in erster Linie über die kommunikativen Welten, innerhalb derer sie präsentiert werden, unterscheidbar sind, gewinnt deren ereignisorientierte Präsentation eine integrative Funktion.

Das Primat des Visuellen bei Marketingevents

Der Volksmund bringt es auf den Punkt: „Aus den Augen, aus dem Sinn". Wie können also Eventobjekte und die damit einhergehenden Kernbotschaften so positioniert werden, dass die Stärke der Überzeugungskraft des menschlichen Augenscheins voll zum Tragen kommt?

Die Besonderheit des menschlichen Auges erkannte bereits Leonardo da Vinci, der feststellte, dass eine gedachte Zentrallinie vom Auge auf das Objekt ausgeht und alle optischen Eindrücke über eben diese Linie zur Netzhaut gelangen. Daraus folgerte er: Je weiter ein Objekt von dieser Zentrallinie abweicht, desto schlechter wird es gesehen. So wurde er zum Entdecker des Unterschieds zwischen fovealem und peripherem Sehen und wurde nicht umsonst auch Bühnenbildner und Dramaturg am Mailänder Hof. Hermann von Helmholtz entdeckte dann rund 200 Jahre später, dass das Sehen und Erkennen nur durch unbewusste Rückschlüsse zustande kommen kann, die erst durch bereits im Gedächtnis vorhandene Wahrnehmungserfahrungen aus der eigenen Lebenswelt möglich werden. Zu diesen erfahrungsbasierten Wahrnehmungsmustern gehört etwa, dass Licht gewöhnlich von oben kommt, denn von Anfang an lernen Menschen, dass die Sonne stets höher steht als der Betrachter. In freier Natur ist die hellste Lichtquelle stets die Sonne. Somit beruhen alle lichtabhängigen Wahrnehmungen auf der ursprünglichen Erfahrungswirkung der Sonne als Lichtquelle und deren Position im Raum. Zu diesen Erfahrungen gehört weiter, dass Gegenstände nicht von unten gesehen werden, da die allgemeine Blickrichtung horizontal erfolgt, sodass Gesichter in aufrechter Position erkannt werden, und dass es keine gleichen doppelten Schattenwürfe bei Beleuchtung mit einer Lichtquelle (Sonne!) gibt. Und überhaupt lässt sich sagen: Menschen suchen das Helle, das Licht, das Lagerfeuer in der Höhle, um das sich der Clan versammelt, um Informationen wahrzunehmen und soziale Nähe zu spüren. Selbst tradierte Sprachmetaphern haben hier ihre Quellen: „dunkle Gassen", „dunkle Gestalten", „dunkle Machenschaften" auf der einen Seite, und „leuchtende Vorbilder", „strahlende Gesichter" und „helle Köpfe" auf der anderen: Metaphern von Licht und Dunkelheit helfen seit Jahrhunderten dabei, Personen und Situationen in Gut und Böse zu trennen.

Auch alle großen Maler kannten und kennen die Wirkung dramatischer Lichtführung: Caravaggio, Rembrandt, Vermeer, Caspar David Friedrich. Sie alle wissen: Das gezielt fokussierte Licht schafft mehr als nur Stimmung. Mit Licht können Objekte geformt, verändert, in den Vorder- oder Hintergrund und letztlich in oder aus dem Bewusstsein gebracht werden. Diese Wahrnehmungserfahrungen spielen auch bei der Wirkung von Licht bei Bühnenevents eine wichtige Rolle, denn folgt eine Beleuchtung oder Darstellung nicht diesen allgemeinen Erfahrungen, wird das Bild als „unnatürlich" oder „falsch" wahrgenommen. Das wiederum läuft dem vom Gastgeber intendierten Effekt zuwider und kann unerwünschte negative Assoziationen zum ausgeleuchteten Eventobjekt verursachen. Wahrnehmung wird bei Erlebnisdramaturgien von Events demnach vor allem durch das zum Einsatz kommende Licht unterstützt. Die vorrangige Aufgabe des Lichtdesigns besteht demnach darin, mit möglichst wenigen visuellen Hürden die Seh- und Wahrnehmungsaufnahme in die gewünschten Blickachsen zu lenken. Wenn wir einen beleuchteten bzw. belichteten Raum betreten, nehmen wir ihn zunächst in seinen Begrenzungen wahr, denn visuelle Wahrnehmung ist stets in ein Raum-Zeit-Kontinuum eingebunden und Kant zufolge a priori also vor aller individuellen Erfahrung an die menschlichen Denkkategorien von Raum, Zeit und Kausalität gebunden. Daraus folgt auch, dass dem Menschen die Vorstellung eines völlig freien und unbegrenzten Raumes per se nicht möglich ist. Der unendliche Raum im Sinne eines unendlichen Weltraums bleibt kulturell mit der Assoziation des Unvorstellbaren verbunden. Vielmehr gilt, dass Menschen intuitiv nach räumlichen Rahmen und Begrenzungen suchen und sich dabei vor allem vom Licht leiten lassen. Die bei jeder Sicherheitseinweisung in einem Flugzeug aufflackernden Leuchtstreifen im Kabinenboden gehören in genau diesen kognitiven Kontext. Wir sehen also zunächst nur, was wir uns auch vorstellen können. Könnte die technische Präsentation von Inhalten sich dies zunutze machen und Objekte wie auch Räume so ausleuchten, dass uns bislang Unvorstellbares greifbar wird?

Wer sich mit den Mechanismen des Be- und Ausleuchtens beschäftigt, sollte zunächst das Auge und seine physiologisch bedingte Funktionsweise in den Blick nehmen. Denn auf der Netzhaut des menschlichen Auges sitzen mehrere Millionen Fotorezeptoren, die sogenannten Zapfen und Stäbchen, die dafür verantwortlich sind, dass wir Farben ab einer bestimmten Helligkeit überhaupt als solche wahrnehmen. Dabei sind die Stäbchen viel lichtempfindlicher, nehmen dafür aber keine Farben wahr und dienen nur der visuellen Wahrnehmung von Helligkeit. Hinzu kommt, dass das Licht einen hohen Einfluss auf die tagesperiodischen physiologischen Prozesse und Stimmungen des Menschen hat und sich diese wiederum auf die Wahrnehmung visueller Botschaften auswirken. Die Lichtqualität beeinflusst den Stoffwechsel und den Hormonhaushalt im Körper des Menschen. So kann Licht mit einer speziellen Farbqualität dabei helfen, frühzeitiger Ermüdung bei Events vorzubeugen. Dies liegt letztlich daran, dass Körperfunktionen und biochemische Prozesse bestimmte tagesperiodische Minima und Maxima aufweisen und von Hormonen und Enzymen gesteuert werden. So wird Melatonin am Abend produziert und verursacht Müdigkeit, wobei blaues Licht (etwa 480 nm) die Melatoninproduktion unterdrücken kann und die Aufmerksamkeit damit aufrechterhalten bleibt. Blaues Licht hat demnach einen anregenden Effekt auf den Körper des Menschen, wohingegen rotes Licht einen eher entspannenden Effekt erzielt. Lichtdesigner nutzen den biologischen Effekt von blauem Licht deshalb gezielt, um Tageslicht durch künstliches Licht zu ersetzen. So gelingt bei Events eine dynamische Variation der Farbtemperatur und Helligkeit, um dramaturgische Effekte im Dienste effektiver Erlebniskommunikation zu unterstützen.

Hinzu kommt das eingangs geschilderte menschliche Erfahrungswissen, dass Licht in der Natur stets von oben kommt. Mithilfe fokussierten Bühnenlichtes lassen sich dieser und andere optische Wahrnehmungsmechanismen für eine wirksame Erlebniskommunikation nutzen – so etwa mit dem Führungslicht. Denn die Sehgewohnheiten des Menschen sind von jeher mit der Lichtsituation einer nahezu punktförmigen Lichtquelle, wie der Sonne, dem Mond oder dem Polarstern vertraut.[5] Die klassische Ausleuchtung greift darauf zurück und setzt eine dominante Lichtquelle ein, die oft als einziges Licht in der Szene auch Schatten wirft. Oft wird die Szene in Richtung des Publikums oder von links bzw. rechts oberhalb ausgeleuchtet. Ein Führungslicht direkt von oberhalb der Szene verursacht tiefe Schatten in den Augenhöhlen. Ebenso wirkt ein Licht von unten ebenfalls ungewöhnlich und kann sehr drastische, unheimliche Szenen liefern. Dies gilt auch für ein Gegenlicht als Führungslicht. Das Führungslicht kann nicht nur die im Mittelpunkt der Szene stehenden Eventobjekte und moderierende Personen ausleuchten, es ist das bevorzugte Mittel, um den Blick des Betrachters auf das Wesentliche zu lenken, wobei die Lichtqualität dabei hart oder weich sein kann. Wie die Gehirnarchitektur unsere Wahrnehmung vor diesem Hintergrund bestimmt, zeigt das Phänomen der Scheinbewegung. So werden zwei abwechselnd aufblinkende, aber nebeneinander liegende Quadrate, als Bewegung eines einzigen Quadrates wahrgenommen. Unser Auge erkennt dabei keine Bewegung. Doch in unserem Gehirn werden dadurch Regionen aktiviert, die überhaupt keine optischen Impulse erhalten. Entsprechend ausgeleuchtet, kann das Eventobjekt mithilfe dieses Effekts optisch ins Zentrum der Aufmerksamkeit gerückt werden.[6]

Auch die menschliche Raumwahrnehmung folgt bestimmten Abläufen, um aus dem zunächst zweidimensional wahrgenommenen Bild auf der Netzhaut ein Abbild der dreidimensionalen Welt zu erstellen. Durch das stereoskope Sehen mit zwei Augen werden Rauminformationen aus den leichten Unterschieden zwischen den vom Augenpaar aufgenommenen Bildern konstruiert. Bewegt sich der Betrachter relativ zu Gegenständen im Raum, so bewegen sich die Abbilder auf der Netzhaut umso langsamer, je weiter der Gegenstand vom Betrachter entfernt ist. Bevor das Eventobjekt also erkannt und interpretiert werden kann, muss zunächst aus den Informationen extrahiert werden, wo es sich befindet und welche der erkannten Linien zu diesem Objekt gehören. Diese Gestaltprinzipien funktionieren nach dem Grundsatz, eine möglichst schlüssige Lösung zu finden; etwa dem Gesetz der Prägnanz, wonach eine Figur oder ein Objekt so wahrgenommen wird, dass sie einer möglichst einfachen Struktur entspricht, oder dem der Nähe, wonach Bildelemente als zusammengehörig empfunden werden, wenn diese nahe beieinander liegen. Hinzu kommt, dass symmetrische Strukturen dem gleichen Objekt

---

[5]Vgl. Frings und Müller (2014, S. 231).
[6]Vgl. Braun et al. (2006, S. 313).

12 Kunden ins rechte Licht setzen

zugeordnet werden und gleiche Bewegungen sowie gleichzeitiges Erscheinen oder Verschwinden von Objekten eine sinnstiftende Zusammengehörigkeit erzeugen. Diese Regeln gilt es, bei der lichttechnischen Inszenierung des Eventobjekts zu berücksichtigen. Zum Beispiel durch die Beleuchtung des Hintergrundes mittels Durchlicht durch den Hintergrundes mit einer sogenannten Hohlkehle und der Akzentuierung der Umrisslinien des Motivs durch Punktlicht. Bei alledem beschränkt sich die visuelle Wahrnehmung des Auges auf einen Spektralbereich zwischen etwa 400 und 700 nm. Licht mit einer Wellenlänge von 600 nm erscheint uns rot und mit einer Wellenlänge von 400 nm blau. Die Empfindlichkeit des Auges ist also bei unterschiedlichen Wellenlängen verschieden hoch, wobei die Empfindlichkeit bei grünem Licht am höchsten und bei rotem und blauem Licht am geringsten ist. Hinzu kommt: Objekte werden immer im Kontext mit ihrer Umgebung wahrgenommen, und diese Umgebung beeinflusst auch, wie groß und ob wir überhaupt ein Objekt wahrnehmen, was Abb. 12.1 zeigt.

Der in der Abbildung gezeigte rechte orangefarbene Ball erscheint größer als der linke, obwohl ihre Größe identisch ist. Der ein Objekt umgebende Kontext kann dabei nicht nur die Größenwahrnehmung, sondern auch die Bedeutung oder Funktion des Wahrgenommenen verändern. Diese Kontextabhängigkeit wird deutlich, wenn ein Objekt aus seinem gewohnten Umfeld herausgelöst und in eine atypische Umgebung versetzt wird. Künstler wie Victor Vasarely machten sich diesen und andere optische Täuschungseffekte zunutze und begründeten damit eine ganze Kunstgattung – die Op-Art. Nicht zuletzt aus dieser künstlerischen Tradition heraus konzipieren und gestalten heute Lichtdesigner Erlebniswelten für Marketingevents, die mit der Wahrnehmung der Gäste spielen, indem sie diese gezielt durch Lichtakzente und überraschende Umfelder steuern. Nur ein Beispiel von vielen denkbaren: Ein Schiff im Wasser ist etwas Alltägliches, ein Schiff auf einer Wiese hingegen würde sofort unsere Aufmerksamkeit auf sich ziehen.

Abb. 12.1 Optische Täuschung

Die meisten Menschen bevorzugen grundsätzlich die vertikale Bewegung von Gegenständen, wollen sie diese schnell und klar für sich einordnen. Aufgrund der Organisation des visuellen Systems in zwei miteinander über den Corpus callosum verbundenen Gehirnhälften muss die Sehinformation für waagrecht erscheinende Bewegungen über beide Hirnhälften integriert werden, während die senkrecht erscheinende Bewegung nur von der jeweils gegenüberliegenden Hemisphäre verarbeitet wird.[7] So erklärt sich, dass uns das Gehirn eine zum visuellen Eindruck passende Welt konstruiert, die nicht immer der real existierenden entspricht. Gerade deshalb gilt es, den visuellen Eindruck richtig zu inszenieren – etwa indem das im Zentrum stehende Eventobjekt in einer vertikalen Bewegung auf dem Präsentationsforum erscheint oder zumindest durch Lichtführung so inszeniert wird.

Intralogistik on Stage – STILL lässt den Sehsinn für die Marke arbeiten

Bei Marketinginszenierungen im B2B-Segment des Intralogistikers STILL wird die jeweils thematisierte Innovation – etwa eine neue Gerätegeneration oder Softwarelösung – vorzugsweise durch Licht- und Projektionseffekte so in Szene gesetzt, dass der Blick des Publikums auf die Kernbotschaften ausgerichtet wird. So lenkt aus Anlass einer Produktpräsentation am Hamburger Stammsitz des Unternehmens eine von mehreren Puppenspielern gesteuerte riesenhafte Marionette aus fluoreszierendem Material unter dem Leitgedanken „Touch the Future" die Aufmerksamkeit des Publikums auf das Profil des bislang leistungsstärksten Gabelstaplers des Unternehmens (Abb. 12.2). Die mit dieser Gerätegeneration verknüpften Kernbotschaften „optimale Umschlagleistung durch eine am gesamten Markt einzigartige Kombination aus Kraft, Präzision, Ergonomie, Kompaktheit und Sicherheit" werden schrittweise durch ein auf die Oberfläche der Riesenmarionette projiziertes Farbspektrum symbolisiert und den anwesenden Geschäftspartnern im Gewande eines multimedialen Szenarios präsentiert. Die gezielt im Hinblick auf Größe und Monumentalität ausgeleuchtete, mythisch anmutende Hightech-Figur bewegt sich während der Präsentation vor einem dunklen Bühnenhintergrund und berührt mit ihrem magischen Finger ein effektvoll vor den Augen der Gäste auftauchendes neues Flurförderzeug, während Popsongs mit eigens formulierten markenspezifischen Texten die Kernbotschaften synchron zur Lichtregie vermitteln. Die nahezu schamanenartig agierende Riesenfigur nimmt deutliche Anleihen bei archaischen Ritualen, lässt mit ihren Hightech-Signalen und Projektionen aber gleichzeitig eine Art technologische Überinstanz durchscheinen, die mit den vielfältigen Assoziationen der Zuschauer spielt. Im weiteren Verlauf des Szenarios werden Projektionen aus typischen Einsatzbereichen des neuen Fahrzeugs auf und in die Figur projiziert. So verschmilzt Schritt für Schritt der Praxishorizont der Gäste mit den spezifischen Produkt- und Markenbotschaften von STILL.

---

[7]Max Planck Gesellschaft (2011).

Abb. 12.2 Riesenmarionette „Dundu" bei einer Produktpräsentation von STILL

Die hier durch Lichtregie und Projektionen in Gang gesetzte Wahrnehmung gelingt deshalb so gut, weil die eingangs geschilderten Mechanismen der menschlichen Wahrnehmung auch im weiteren Verlauf der „STILL Erlebniswelt" berücksichtigt werden. So unterstützen Lichtinstallationen die Wegeführung der Gäste nach der Show zu den weiterführenden Themeninseln und Cateringforen. Dort wiederum bieten „Touch-and-Feel-Areas" den Gästen unterschiedliche Möglichkeiten, an punktuell ausgeleuchteten Erlebnisstationen die neu entwickelten Fahrzeuge anzufassen und deren Sitzkomfort in der Fahrerkabine zu testen. Auch die markentypische, fühlbar genoppte Außenhaut der Staplerlackierung, die einerseits kleinere Kratzer und Beschädigungen leichter übersteht und zum anderen eine fühlbare Wertigkeit vermittelt, bleibt durch gezielte Ausleuchtung mit Schatteneffekten in Erinnerung – nicht zuletzt auch bei der Fachpresse: „Die Kampagne zeigt, dass STILL es versteht sein Markenversprechen emotional erlebbar zu machen und seine Botschaft auf außergewöhnliche Art und Weise in den Köpfen der Fachwelt zu verankern."[8] Eine ebenso multisensuelle wie erlebnisorientierte Kommunikation sorgt dafür, dass bei diesem Marketingevent auch der Name des Gastgebers bei den Gästen noch lange in Erinnerung bleiben wird.

Der sensorische Hintergrund für diese Effekte: Die Bandbreite von Farbtemperaturen und ihre jeweilige Wirkung auf das menschliche Empfinden stehen am Anfang aller Überlegungen bei der Planung einer Lichtregie. So wirkt blaues bis grünes Licht kalt – im Gegensatz zu orangefarbenem bis rotem Licht, das gefühlte Wärme simuliert. Erleichtert wird die Arbeit des Lichtdesigners, wenn das Corporate Design – wie bei dem Unternehmen STILL – auf einem atmosphärisch warmen Orange aufbaut, das

---

[8]PresseBox (2012).

durch seine Farbtemperatur auf Bühnen und in Veranstaltungsforen unmittelbar eine angenehme und gastliche Stimmung entstehen lässt. Schwieriger wird es, wenn ein Unternehmen seinen Design-Farbcode auf ein kühl-maritimes Blau aufbaut, das bei der Ausleuchtung eines vorweihnachtlichen Kundenevents dann auch noch auf die in tradiertes Weihnachts-Rot gehaltene Eventausstattung fällt. Hier gilt es, mit anderen Mitteln – etwa durch leistungsstarke Scheinwerfer, die das Firmenlogo auf die Fassade projizieren – im Inneren der Eventlocation eine konträre Farbwelt zu inszenieren, was wiederum Auswirkungen auf die lichttechnische Raumgliederung und Gästeführung sowie damit auf die gesamte Ereignisdramaturgie hat.

Recyclingkompetenz in völlig neuem Licht – Gollan Unternehmensgruppe

Wo Nachhaltigkeit zum Dreh- und Angelpunkt einer Unternehmensphilosophie wird, müssen auch die zum Einsatz kommenden Strategien und Medien der Unternehmenskommunikation auf diesen Punkt hin ausgerichtet werden. Dass Abfall heute mehr denn je zu einem großen Teil aus Wertstoffen besteht und deren Wiedergewinnung teure Importe und damit Emissionen vermeiden hilft, ist mittlerweile Gemeinplatz. Wie ein in diesem Metier tätiges Unternehmen sein unternehmerisches und gesellschaftliches Engagement im Bewusstsein seiner Branchenkollegen und der breiten Öffentlichkeit verankern kann, ist hingegen eine komplexe Aufgabe. Die bereits vor 60 Jahren in Lübeck gegründete Gollan Unternehmensgruppe beabsichtigt, für Geschäftspartner und Unternehmenskunden ihr Kompetenzfeld „Recycling" als gesellschaftliches Thema auf eine ganz neue und auf die gesamte Region ausstrahlende Weise ins Licht zu setzten. Dazu soll ein eigens gekauftes historisches Werftgebäude an der Trave unter Eigenregie der Unternehmerfamilie Gollan zu einem vielfältigen Kulturforum entwickelt oder anders gesagt „recyclet" werden. Mit diesem „Corporate-Citizenship-Projekt" sollen die Unternehmensmarke wie auch allgemeine Nachhaltigkeitsthemen auf die vielfältige Kulturszene in und um Lübeck ausstrahlen. Architektonisches Herz der projektierten „Gollan Kulturwerft" ist eine sanierungsbedürftige Halle mit Baujahr 1870. Der Standort befindet sich mitten im ältesten Industriegebiet der Stadt und verfügt über einen Panoramablick über Lübecks Stadtsilhouette, so dass auch das international renommierte Schleswig-Holstein Musik Festival bereits Interesse an einer Nutzung bekundet hat. Projektziel ist es, ein in dieser Region einmaliges Veranstaltungsgelände für Kunst und Kultur oder mit den Worten des Initiators „ein echtes Leuchtturmprojekt" entstehen zu lassen. Dieses Stichwort des Unternehmenschefs galt es, im Rahmen eines Initialevents umzusetzen, bei dem Geschäftskunden sowie Vertreter aus Politik und Gesellschaft die künftige Nutzung im wahrsten Sinne des Wortes „einleuchtet". Vor diesem Hintergrund galt es, die künftige Nutzung der Kulturwerft mithilfe einer raumgreifenden Lichtinstallation für Geschäftspartner und künftige Nutzer in einer Weise zu visualisieren, dass die authentische Industriearchitektur der bis 18 m hohen Decken samt ihrer historischen Kräne zu

12 Kunden ins rechte Licht setzen

einer lebendigen wie aussagekräftigen Vision einer künftigen „Kulturwerft" wird. Dabei sollte das auf einem blau-grünen Farbspektrum beruhende Corporate Design des gastgebenden Unternehmens dezent, aber wahrnehmbar in der Lichtinszenierung aufgegriffen werden (Abb. 12.3).

Um die Vielfalt der Raumfolgen und künftigen Nutzungsprofile in der noch leeren Halle ausschließlich mit Lichteffekten und Projektionen zu visualisieren, wurde zunächst

Abb. 12.3 Künftige Gollan Kulturwerft im Rohzustand und mit Lichttechnik „verwandelt"

ein sehr dünner, für das Auge kaum wahrnehmbarer Nebel in den Hallen verteilt. Dieser fungierte im Rahmen des Events als eine Art 3D-Leinwand, auf die Laser-, Lichtstrahlen sowie bewegliche Lichtmotive (sogenannte „Gobos") die später entstehenden Raumfolgen und verschiedenen Nutzungsprofile vor die Augen der Gäste projizierten.

Abb. 12.4 Lichtinstallationen lassen die künftige Nutzung der Kulturwerft aufscheinen

Das Publikum flanierte im Verlauf der Veranstaltung durch imaginäre Foyers, Ateliers, Probenräume und sogar einen später entstehenden Garten unter Glas – also Räume und Szenarien, die allesamt erst im Entstehen begriffen sind, aber durch visuelle Effekte für begrenzte Zeit zum Leben erweckt wurden (Abb. 12.4).

Die künftigen Räume, die extrem groß sind, wie etwa die geplante Kulturwerft können durch „Wegleuchten" optisch verkleinert und parzelliert werden. So wirkt ein Raum, dessen eine Ecke stark beleuchtet wird und wo sich das eigentliche Geschehen abspielen soll, kleiner, wenn das übrige Raumszenario dunkel belassen wird. „Kultur und Wirtschaft schließen sich nicht aus, sondern befruchten einander", brachte es der gastgebende Unternehmer auf den Punkt, und man kann hinzufügen: Lichtregie und Vorstellungskraft befruchten einander auf ebenso wirkungsvolle Weise.

Herkunft und Zukunft transparent ausgeleuchtet – Dräger

Dräger ist ein international führendes Unternehmen der Medizin- und Sicherheitstechnik. Das 1889 in Lübeck gegründete Familienunternehmen besteht in fünfter Generation und hat sich zu einem globalen börsennotierten Konzern mit rund 14.000 Mitarbeitern entwickelt. „Technik für das Leben" ist die Leitidee des Unternehmens. Ob im Operationsbereich, auf der Intensivstation, bei der Feuerwehr oder im Rettungsdienst: Dräger-Produkte schützen, unterstützen und retten Leben.

„Technik für das Leben" ist deshalb auch in der Kommunikation Leitidee und Herausforderung zugleich. Der scheinbare Gegensatz zwischen Technik und Leben wird gezielt als Spannungsfeld thematisiert und inszeniert. Zum 125-jährigen Firmenjubiläum 2014 entschied Dräger sich bewusst, ein sichtbares Zeichen am Stammsitz in Lübeck zu setzen und damit auch ein symbolisches Bekenntnis zum Standard zu schaffen. So lag es nahe, unter dem Jubiläumsmotto „125 Jahre mit dem Herzen dabei", das städtebauliche Herzstück der Hansestadt an der Trave – das Holstentor – buchstäblich ins Licht zu rücken. Das aus rotem Backstein erbaute Denkmal sollte im für das Corporate Design des Unternehmens typischen Blauton erstrahlen, was insofern eine lichttechnische Herausforderung bedeutet, als dunkelroter Backstein die Farbe Blau kaum reflektiert. Eine besonders hohe Lichtleistung kombiniert mit speziellen Leuchtmitteln verwandelte das Denkmal in eine leuchtende Skulptur mit Bezug zum Unternehmen Dräger. Die Motive für die Lichtinstallation waren sorgsam ausgewählt: eine Kollektion von 15 Momenten, die den Betrachter auf eine Zeitreise durch 125 Jahre Unternehmens- und Technikgeschichte mitnehmen. So ist einer der Momente dem Jahr 1907 und damit der Erfindung des „Pulsmotors" gewidmet, dem ersten transportablen der Welt. Textbotschaften mit Bezügen zu den Meilensteinen der „Dräger-Momente" erstrahlten mithilfe spezieller Projektionslinsen auf verschiedenen Segmenten des Holstentors. Auf einer LED-Fläche daneben begleiteten Videoanimationen die Präsentation. Was auf die Gäste und Beobachter so harmonisch und einfach wirkte, wurde erst mithilfe innovativer Projektionstechnik möglich: Konnten bis vor Kurzem Rot-Töne mit herkömmlichen Entladungslampen und einem entsprechenden Farbfilter (subtraktives Farbmischsystem) nur schwer auf Oberflächen projiziert werden (klassisches Rot kommt in dem Linienspektrum einer Entladungslampe nur in sehr geringer Intensität im Vergleich zu den anderen Farben vor), erlauben heute spezielle Linsen und Scheinwerfer weit intensivere Farbeffekte. Durch die Weiterentwicklung der LED-Leuchtmittel (additives Farbmischsystem) gibt es vielfältige Möglichkeiten, auch mit wenig Energie kräftige Rot-Töne auf vielerlei Oberflächen zu erzeugen. So blieb das Holstentor während der Installation im Fokus der Wahrnehmung und die Zuschauer wurden nicht zu stark von der LED-Wand abgelenkt (Abb. 12.5).

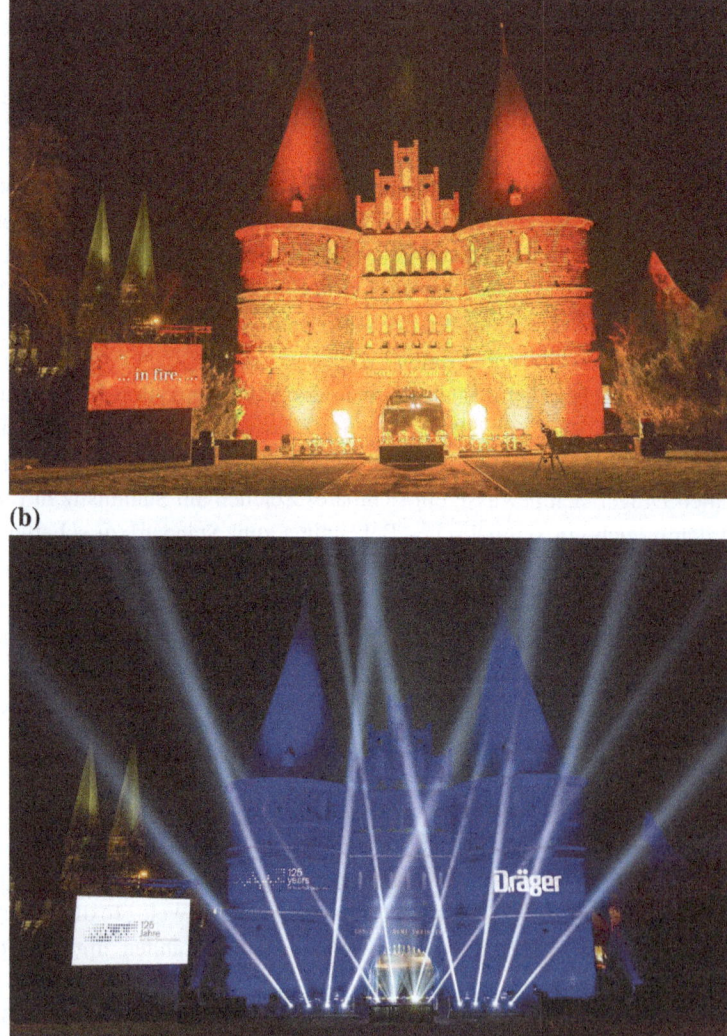

Abb. 12.5 Lichtinstallationen am Holstentor rücken Unternehmensgeschichte in helles Licht

Erklärtes Ziel einer sorgfältig auf das Corporate Design eines Unternehmens abgestimmten Lichtregie ist es nicht nur, Philosophie und Unverwechselbarkeit einer Unternehmensmarke in der Wahrnehmung der Geschäftspartner und weiterer Zielgruppen zu verankern, sondern auch, die gelebte Innovationskultur mithilfe avancierter Lichttechnik zu symbolisieren. Das setzt eine enge strategische wie praktische Zusammenarbeit der für die Unternehmenskommunikation Verantwortlichen mit den verantwortlichen Lichtdesignern und -technikern voraus. Auf diese Weise umgesetzt, bilden Lichtregie und Lichttechnik ein effizientes Kommunikationsinstrument zur Unterstützung der Markenkommunikation im B2B-Segment.

Fazit

Der Mensch wird in seiner Wahrnehmung wesentlich von seinem Augensinn geprägt. Der Einsatz von optischen Signalen, insbesondere die Nutzung moderner Lichttechnik, ermöglicht es, die selektive Wahrnehmung zu steuern und damit die Aufmerksamkeit auf interessante Sachverhalte zu lenken. Nicht zu vergessen, welche Stimmungen zielgruppenspezifisch durch entsprechende Lichtakzente ausgelöst werden können. Wie gezeigt, nutzen moderne Marken diese Möglichkeiten, um das Kundeninvolvement zu steigern und die Überzeugungskraft der Markenbotschaft zu verstärken. Gerade im B2B-Bereich bei erklärungsbedürftigen Produkten und intensivem Kundenkontakt lohnt sich gezielte Projektionstechnik zur Hervorhebung des USP. In Verbindung mit Eventveranstaltungen ist es kaum vorstellbar, dass Markenverantwortliche auf diese bewusst eingesetzte „Strahlkraft" verzichten können.

Über die Autoren

Sebastian Gartz ist geschäftsführender Gesellschafter der SG Medientechnik GmbH. Er machte sich 2007 – kurze Zeit nach Abschluss seiner Ausbildung zur Fachkraft für Veranstaltungstechnik – in Lübeck selbstständig. Das Unternehmen hat mit inzwischen über 20 fest angestellten und unzähligen freien Mitarbeitern regional und national viele namhafte Firmen als Kunden. Tätigkeitsschwerpunkt ist die Planung und Durchführung technischer Konzeptionen im Bereich der Live-Kommunikation.

Olaf Schmidt-Stohn Dipl.-Handelslehrer und Dipl.-Kaufmann, arbeitet seit 1989 hauptamtlich an der Hanse-Schule in Lübeck. Sein besonderes Interesse gilt seit jeher dem Marketing, welches seit 1996 fester Bestandteil seines Stundenplans für die Fachschule Wirtschaft der Hanse-Schule ist. Im Rahmen dieser Tätigkeit führt er u. a. regelmäßig Marketingprojekte mit lokalen Firmen durch. Außerdem engagiert er sich im Marketing Club Lübeck und ist nebenberuflich für die SG Medientechnik GmbH tätig.

Design als Markenanker

Reinhard Renner und Ulrich Schweig

13

Was ist Design?

„Design is not what it looks like and feels like – Design is how it works."[1] Wo bleibt, so mag man sich bei dieser Bemerkung fragen, die ästhetische Dimension, die Relevanz des „Schönen", die Design doch meist zugeschrieben wird? Und welcher Anwalt funktions- und anwenderorientierter Interessen mag diese Aussage formuliert haben? Die Antwort erstaunt, denn diese programmatische Aussage zum Thema „Design als Markenanker" stammt von einer Unternehmerpersönlichkeit, die nahezu alle strategischen Entscheidungen ihrer Marke einer ausgefeilten Designästhetik unterwarf: von keinem Geringeren als Steve Jobs.

Ein kurzer Blick auf aktuelle weltwirtschaftliche Zusammenhänge zeigt, dass Design nicht etwa nur im Premium-Bereich zum Pflichtprogramm gehört, sondern dass es eher Luxus ist, wenn Unternehmensmarken bei ihren Produkten und Dienstleistungen auf Design verzichten. Das gilt gerade für den B2B-Bereich. Denn global vernetzte Wertschöpfungsketten, digitalisierte Beschaffungswege, Standardisierungsdruck und abnehmende Produktlebenszyklen machen Produkte und Dienstleistungen schnell vergleichbar, sogar egalitär. Das schwächt die Loyalität zwischen Anbietern und Kunden. Insbesondere die Unternehmen in der Investitionsgüterindustrie zwingt diese Entwicklung dazu, neben

---

[1]Kahney (2006).

R. Renner (✉)
Teams Design GmbH, Esslingen, Deutschland
E-Mail: reinhard.renner@teamsdesign.com

U. Schweig
Teams Design Hamburg GmbH, Hamburg, Deutschland
E-Mail: ulrich.schweig@teamsdesign.com

den tradierten Erfolgsfaktoren wie Preis und Qualität verstärkt unverwechselbare Ansatzpunkte zur Differenzierung zu nutzen – zum Beispiel das Design.[2] Doch ist mit „Design" wirklich nur eine gestaltete Oberfläche gemeint, ohne die mit der Verwendung eines Designobjekts immer auch verbundenen Erlebnisse oder neudeutsch „User Experience"? Mit seiner Aussage: „Das Design soll das Produkt zum Sprechen bringen"[3], bringt Dieter Rams, der die unverwechselbar minimalistische Designsprache des Unternehmens Braun über Jahrzehnte prägte, auf den Punkt, dass hinter einer bestimmten Form immer auch eine individuelle Geschichte steckt, die zu erzählen es wert ist – etwa über die Marke, den zeitlichen Kontext oder die Historie des Produktes. Letztlich ist es diese einzigartige Geschichte, die ein Produkt aus der Masse hervorhebt und mit der sich potenzielle Käufer identifizieren.

Gerade deutsche Hersteller können sich vor diesem Hintergrund weder allein auf den guten Ruf ihrer Ingenieursleistungen verlassen noch mit den niedrigeren Herstellungskosten in Schwellenländern konkurrieren. Es geht in der Investitionsgüterindustrie weniger um ins Auge springende Originalität, sondern um Aspekte wie Ergonomie, Funktionsgerechtheit, Produktivität, Effizienz und Systemkompatibilität.[4] Schließlich entscheiden auch in den Buying Centern der Unternehmen letztlich menschliche Individuen und nicht Algorithmen. Hinzu kommt, dass die wirtschaftliche Bedeutung von Design gerade in jenen Branchen immer stärker zunimmt, in denen deutsche Unternehmen auf internationalen Märkten eine führende Position zu verteidigen haben. Das sind in erster Linie die Automobilindustrie, der Maschinenbau, die Medizintechnik, die Logistik und der Dienstleistungssektor, also die rasant wachsenden Wachstumsmärkte rund um online basierte Wertschöpfungsketten im B2B-Bereich. Wer etwa einen Blick in die Fertigungshallen der bei Hamburg beheimateten Körber-Gruppe wirft, die weltweit führend bei der Entwicklung und Produktion von Maschinen zur Zigarettenherstellung ist, erlebt einen Maschinenbauer, der nicht nur auf Nutzenfaktoren wie Ergonomie und Effizienz, sondern auf das Design der Maschinengehäuse hohen Wert legt – mit dem Ergebnis, dass diese eher wie Raumschiffe als Maschinen wirken und klingende Namen wie „Protos" und „Merlin" tragen, obwohl niemand diese Designschöpfungen zu Gesicht bekommt außer den technischen Mitarbeitern, die sie bedienen.

In diesem Atemzug ist auch die bei Befestigungssystemen und Bohrhämmern marktführende B2B-Marke HILTI zu erwähnen. Sie zeigt, dass ein bestimmtes „Lebensgefühl" auch „Arbeitsgefühl" sein kann. Den professionellen Anwendern bietet das avancierte Produktdesign der markant roten Geräte einen emotionalen wie praktischen Mehrwert. Das Ritual, den HILTI-roten Koffer zu öffnen, um dann mit höchster Präzision und Effizienz zu arbeiten, vermittelt dem Anwender einen bestimmten Status und ein Prestige. Bei technischen Innovationen ist das Unternehmen darauf bedacht, diese

---

[2]Sommerlatte (2009, S. 11).
[3]Rams (1994, S. 15).
[4]Saraiva (2005, S. 4–9).

auch im Design deutlich und in der Anwendung fühlbar umzusetzen. Design wird offenbar auch im B2B-Bereich zum Markenanker und damit auch zum Wettbewerbsfaktor. Wo liegen die Gründe für diese Entwicklung?

Wie beurteilen Unternehmen die Bedeutung von Design?

Bevor das Thema „Designwahrnehmung" aus Anwendersicht beleuchtet wird, gilt es zunächst zu untersuchen, wie die Hersteller selbst die Rolle von Design für ihren wirtschaftlichen Erfolg einschätzen. Schließlich sind sie es bzw. deren Buying Center und Procurement-Manager, die im B2B-Bereich federführend Entscheidungen treffen. Dazu sei auf eine repräsentative Studie verwiesen, die der Markenverband e. V., The German Brands Association, der Rat für Formgebung German Design Council und die Kommunikationsberatung Scholz & Friends initiiert und publiziert haben. Sie zeigt, dass Design nach Einschätzung der produzierenden Unternehmen gerade bei der Einführung neuer Produkte, bei der Gewinnung von Marktanteilen sowie bei der Preisgestaltung eine große Rolle spielt. Auf die Frage: „Hängt der Absatz Ihrer Produkte wesentlich vom Design ab?", antworten immerhin 48 % der Befragten Marketingmanager mit „trifft zu", und sogar 52 % dieser Befragten stimmen der Aussage zu, dass Design für die Erschließung neuer Märkte wichtig ist.[5] Besonders wenn es um Produktneueinführungen geht, schätzen Unternehmen die Relevanz der Gestaltungsqualität besonders hoch ein. Mehr als 90 % der befragten Unternehmen geben an, dass Design für den Markenwert ihres Unternehmens eine große Rolle spielt.[6] Die Studie belegt auch, dass die Mehrheit der Verantwortlichen auf Unternehmensseite Gestaltungsaspekte schon frühzeitig in den Entwicklungsprozess integriert: Für 89 % der Unternehmen spielt Design bereits bei Forschung und Produktentwicklung eine wichtige Rolle.[7] So kann die simple Änderung in der Materialwahl oder der Konstruktion eines Produkts Kosten sparen oder ausufern lassen, dessen Attraktivität steigern oder minimieren. Fast alle Befragten nutzen Design gezielt, um die Identität des Unternehmens gegenüber Kunden (94 %) und Wettbewerbern (98 %) herauszustellen.[8] Darüber hinaus bestätigen über die Hälfte der Probanden, dass unternehmerische Designorientierung einen positiven Effekt auf das Recruiting von Fach- und Führungskräften hat. Und selbst dort, wo das Design andere Erfolgsfaktoren, wie beispielsweise die Ergonomie oder die Servicefreundlichkeit einer Produktmarke, unterstützt, hat es als indirekter, aber nicht weniger wichtiger Einflussfaktor Auswirkungen auf den Erfolg einer B2B-Marke und ihrer Produkte.[9]

---

[5]Markenverband e. V. et al. (2010, S. 47 und 30).
[6]Markenverband e. V. et al. (2010, S. 40).
[7]Markenverband e. V. et al. (2010, S. 37).
[8]a.a.O.
[9]Little (1990, S. 24).

Was ist Design und wie fördert es die Markenwahrnehmung?

Historisch betrachtet war das Wort „designo" der Begriff für den Vorentwurf von Bildhauerarbeiten oder Gemälden und wurde erst durch Industrialisierung und Mechanisierung zum Begriff für angewandtes künstlerisches Arbeiten im technisch-industriellen Bereich. Heute wird „Design" begrifflich überwiegend als integrierte, funktionale, emotionale und ethische Gestaltung der menschlichen Umwelt gefasst.[10] Auch die praktischen Funktionen von Design werden in der Literatur sehr weit gefasst.[11] Zu den Komponenten des Designs gehören alle Arbeitsfelder, in denen etwas gestaltet, entworfen und konstruiert wird, wobei die Literatur eine Unterscheidung in Industrial (Gestaltung der Produkte eines Unternehmens), Communication (Gestaltung der nach innen und außen gerichteten Kommunikation eines Unternehmens) und Environmental Design (Gestaltung des Erscheinungsbildes eines Unternehmens vom Logo bis zur Berufskleidung) vornimmt.[12]

Neben der physischen Präsenz werden mit dem Produkt auch symbolische Bilder transportiert, die sich der Rezipient aus seinen soziokulturellen Erfahrungen heraus um das Designobjekt herum assoziiert.

Das umfasst auch multisensorische Erlebnisse wie Geruch, Haptik und Akustik des Designobjektes. Man denke nur daran, wie sorgfältig Autohersteller den Klang des Schließens der Autotür, den Geruch im Wageninneren und die Gestaltung von Lenkrädern und anderen berührungsrelevanten Fahrzeugteilen entwickeln. Produktdesign ist also die Gestaltung eines Objektes mit allen marketingrelevanten Instrumenten, die zum wahrnehmbaren Produkterlebnis mit dessen realen und symbolischen Komponenten führen.[13]

Vor dem Hintergrund derart komplexer emotionaler Wirkungsmechanismen ist erklärbar, warum etwa bei Fahrzeugen bereits die Veränderung von Frontscheinwerfern, Seitenspiegeln oder gar der Chassisform jeweils signifikant unterschiedliche Beurteilungen des Gesamtdesigns und jeweils andere Zuschreibungen von Charaktereigenschaften des Fahrzeugs zur Folge hat.[14] So kommt eine Studie zur emotionalen Bewertung von Fahrzeugen zu dem Ergebnis, dass einer Marke dann bestimmte Charaktereigenschaften zugeschrieben werden, wenn ein bestimmtes Erscheinungsbild gewährleistet ist.[15] Ein Drittel der Versuchspersonen assoziierte mit Fahrzeugen ein menschliches oder ein tierisches Gesicht, weil bestimmte Elemente wie Scheinwerfer oder Luftschlitze als Augen, Nase oder Kiemen assoziiert wurden. Maskuline, furchterregende oder arrogant

---

[10] Linxweiler (2004, S. 16).
[11] Vgl. Bürdek (1980, S. 15); Koppelmann (1994, S. 68).
[12] Linxweiler (2004, S. 16).
[13] Vgl. Witte (1996, S. 6).
[14] Chen et al. (2007, S. 639–642).
[15] Chen et al. (2007, S. 662–666).

aussehende Fahrzeuge wurden von Frauen und Männern gleichermaßen bevorzugt. In der Konsumentenforschung wurde für dieses Phänomen der Anthropomorphisierung der Begriff des „Animismus" eingeführt.[16]

Wie funktioniert Designwahrnehmung?

Woran liegt es, dass Menschen sowohl in ihrer Rolle als private Konsumenten wie auch in der als Geschäftskunden und verantwortliche Manager in Wirtschaftsunternehmen bei ihren Entscheidungen von Designwirkung beeinflusst werden?

Wenn durch ein bestimmtes Produktdesign Charaktereigenschaften wie etwa „wertig", „jung", „dynamisch" oder „edel" transportiert werden bzw. der Adressat überhaupt Interesse und Begehrlichkeit daran entwickeln soll, muss dieses Produktdesign ihre darauf basierende besondere Wertigkeit für den Interessenten und späteren Käufer erst einmal erlangen. Das gelingt nur, wenn dieser Interessent damit eine persönliche Bedeutsamkeit verbindet. Was jeweils als bedeutsam erachtet wird, hängt vom Selbstkonzept des Käufers ab. Mit dem Selbstkonzept ist die organisierte Gesamtheit aller Wahrnehmungen und Gefühle eines Individuums gegenüber sich selbst gemeint.[17] Wahrnehmungsinhalte werden demnach zum einen durch die aktuelle Projektion der Wahrnehmung auf ein Designobjekt und zum anderen durch damit verknüpfte Gedächtnisinhalte im Bewusstsein zu einer Einheit.

Zugleich gilt, dass gerade ästhetische Aspekte des Wahrnehmungsangebotes weitgehend unbewusst bleiben, aber emotional erlebt werden. Selbst wenn also ein visuell geschulter Betrachter aufgrund des bewussten Wahrnehmens der Gestaltstruktur eines Designobjektes dieses lediglich auf den Informationsgehalt reduzieren möchte, bleibt ein Rest, der emotional erfahren wird und sich der rationalen Kontrolle entzieht. Die menschliche Erkenntnis über die gegenständliche Umwelt und damit deren Design wird demzufolge weniger durch den Intellekt, sondern weit mehr durch das Gefühl beeinflusst. Das gilt auch bei auf den ersten Blick rationalen Entscheidungsprozessen wie etwa jenen, die ein Individuum als Einkäufer im Auftrag eines Unternehmens nach von diesem streng rational formulierten Einkaufskriterien durchläuft.[18] Oder anders gesagt: „A good Design attracts Consumers to a Product, communicates to them and adds Values to the Product by increasing the Quality of the Usage Experiences associated with it."[19]

---

[16]Ammann und Wipplinger (2001, S. 25).
[17]Conrady (1990, S. 62), vgl. auch Mummendey (1995, S. 55).
[18]Vgl. Bausback (2007, S. 13–17 und 52–55); Berekoven et al. (2004, S. 304).
[19]Bloch (1995, S. 16).

Was macht ein Designobjekt ästhetisch ansprechend?

Wer die Wirkung von Design beurteilen will, muss die Gesamtheit aller Eindrücke, die zwischen einem Designobjekt und dem Anwender bzw. Konsumenten entstehen, in den Blick nehmen. Diese umfasst sowohl die ästhetische Erfahrung, die angenehm auf die Sinne wirkt, als auch die Bedeutung, die wir dem Produkt in dessen Verwendungssphäre zuschreiben einschließlich der Gefühle, die bei dessen praktischer Nutzung bzw. Anwendung ausgelöst werden. Diese Wirkungsmechanismen sind mit denen vergleichbar, die unter sogenannten Priming- und Kontexteffekten in der Werbe- und Konsumpsychologie thematisiert werden.[20] Auf dieser theoretischen Grundlage führen ästhetisch ansprechende Produkte letztlich mit hoher Wahrscheinlichkeit auch zu einer positiven Markenbewertung.[21] Doch was genau macht einen Gegenstand ästhetisch ansprechend? Die menschliche Wahrnehmung kann als effizient arbeitendes System verstanden werden. Deshalb wird ein einfaches Designelement besonders dann als angenehm empfunden, wenn es mit seiner einfach zu verstehenden Struktur, Haptik oder Optik viele für den Anwender nützliche Informationen vermittelt.[22] Um mit der großen Menge an Informationen zurecht zu kommen, die im Alltag wahrzunehmen und zu verarbeiten sind, versucht das sensorische System des Menschen, Einheitlichkeit in der Vielfalt herauszufiltern, um sich erst dann zu orientieren. Dieser Effekt wird in der Wahrnehmungspsychologie mit dem Begriff „Grouping" beschrieben.[23] Auch die Gestaltpsychologie kennt dieses Phänomen und umschreibt es mit „Gesetzen" – so etwa das Gesetz der Symmetrie, der Kontinuität oder der Abgeschlossenheit.[24] Da den Menschen das Vertraute stets „näher" ist, kann sich an diesem Punkt ein Spannungsfeld bilden. Ist ein Gegenstand zwar fortschrittlich, aber gerade noch akzeptierbar im Sinne der Verständlichkeit, wird diese Grenzwahrnehmung vom Individuum als besonders gewinnbringend eingestuft. Hingegen werden allzu vertraute Designs schnell als langweilig und uninteressant empfunden. Oder anders formuliert: „Delight comes somewhere between Boredom and Confusion."[25] Dieses Prinzip gilt es nun multisensorisch zu verstehen. Vor diesem Hintergrund bevorzugen Menschen Objekte, die korrespondierende Informationen zu unseren unterschiedlichen Sinnesorganen schicken. Was sich beispielsweise nach Leder anfühlt, sollte auch so riechen. Ist dies nicht der Fall, kommt es zu sinnlichen und kognitiven Irritationen, und das Objekt wird skeptisch beurteilt.

---

[20]Felser (2001, S. 196–203).
[21]Kreuzbauer und Malter (2005, S. 170–172); Benz (1997, S. 138–141).
[22]Heckert (2006, S. 16).
[23]Palmer (2003, S. 254–258).
[24]Metzger (2007, S. 35).
[25]Bloch (1995, S. 21).

13 Design als Markenanker

Ob ein Produkt als besonders haltbar, handlich, wertvoll oder gar prestigeträchtig empfunden wird, hat Einfluss auf die Einordnung in eine dem Käufer oder Verwender vertraute Kategorie. Diese Einordnung wiederum hat etwas mit der Kongruenz des Produktes zu bereits Bekanntem tun. Ein Beispiel: Fällt ein Produkt aufgrund seiner Designähnlichkeit in eine bestimmte Designkategorie, wie etwa der Audi TT, der von der Grundform her einem Porsche Boxster ähnelt, so wird der Audi aufgrund dieser Kongruenz auch als hochwertiger Sportwagen eingeordnet. Vor diesem Hintergrund muss im Designprozess vor der Festlegung der Grundform immer auch überlegt werden, in welche Designkategorie die geplante Form fallen würde bzw. wie die Zielgruppe in ihrer jeweiligen Arbeits- und Lebenswelt diese einordnen würde.[26]

Kontinuität spielt in diesem Zusammenhang eine wichtige Rolle. Man denke nur an das weltbekannte „Allerweltsdesign" des BIC-Einwegfeuerzeuges, das 1972 von Louis Lucien Lepoix entworfen und seitdem unverändert bis heute erfolgreich ist. Auch die designgetriebene Marke Apple setzt, seit Jonathan Ive die Designverantwortung für das Unternehmen übernahm, auf Kontinuität und damit auf Wiedererkennung und Signalisierung des Vertrauten. Jedoch kann ein Zuviel an Einheitlichkeit Langeweile erzeugen und damit negative Verhaltensreaktionen auslösen.[27] Das erklärt auch, warum gezielte Designsprünge bei gut eingeführten Designprodukten oft zu einer höheren Akzeptanz und einer starken Aufladung der Identifikation führen.[28] Ein extrem verändertes Design kann aber auch zur Verärgerung der traditionellen Zielgruppe eines Designs führen, ohne gleichzeitig eine neue zu gewinnen. Ein in der breiten Öffentlichkeit diskutiertes Beispiel aus jüngerer Vergangenheit für solch eine Fehlentwicklung war das 2001 vorgestellte neue 7er Modell von BMW. Der damalige BMW-Chefdesigner Chris Bangle hatte das Fahrzeug mit einer extravagant geratenen Heckpartie versehen und erntete dafür harsche Kritik. Das Urteil der Fachpresse („pummelig", „Bürzel") fiel mindestens ebenso verheerend aus wie das der traditionellen Käuferschichten, und die Absatzzahlen brachen ein. In der Folge wurden Begriffe wie „Bangleheck", „Bangle Butt" und „Bangledesign" zu geflügelten Worten und zum Synonym für missglückte Produktdesignsprünge.[29]

Unabhängig von solch extremen Designsprüngen wird ein Mindestmaß an erkennbaren Innovationsdetails, also Abweichungen vom Vorgängerdesign über einen längeren Benutzerzeitraum hinweg immer als angenehmer betrachtet. Für dieses Phänomen hat sich der aus der Marktpsychologie[30] heraus entwickelte Begriff des „MAYA-Prinzips" („**m**ost **a**dvanced **y**et **a**cceptable")[31] eingebürgert. Das MAYA-Prinzip, das die Chancen

---

[26]Harsányi et al. (2011, S. 5).
[27]Carbon und Leder (2005, S. 589–591).
[28]Eckardt (2011, S. 93–123).
[29]Eckardt (2011, S. 6).
[30]Felser (2001, S. 83).
[31]Heckert et a. (2003, S. 111–113).

einer ausgewogenen Balance von vertrauten und neuen Designmerkmalen beschreibt, ist gerade im Industriegüterdesign und damit im B2B-Bereich mit seinen eher langen Produktlebenszyklen relevant.[32] Weil die vom Individuum bevorzugten Designs auf Basis von Priming- und Kontexteffekten mit der zum Produkt gehörenden Marke verknüpft und abgespeichert werden, hat die Designwahrnehmung einen signifikanten Einfluss auf die Sympathiebeurteilung von Marken.[33] Dabei gilt das Prinzip: Bei starken Marken werden wahrgenommene Designschwächen eher kompensiert, sodass trotz skeptischer Bewertungen von Designdetails das Gesamturteil über die Marke des betreffenden Produktes immer noch positiv ausfällt. Hingegen werden bei schwachen Marken Qualitäts- und Sympathiebeurteilungen hauptsächlich aufgrund des Designs getroffen.[34] Ein schwaches Design schadet deshalb ohnehin schon schwachen Marken zusätzlich. Hinzu kommt, dass Sympathiebeurteilungen des Designs schneller bzw. zeitlich vor den Qualitätsbeurteilungen praktischer Aspekte erfolgen.[35] Der Grund für diesen Wahrnehmungs- und Beurteilungsunterschied liegt darin, dass bei rein praktischen Qualitätsbeurteilungen eines Designobjektes Markenstärke und Design gleichermaßen berücksichtigt werden, was mehr Informationsverarbeitung bedeutet. Denn Qualitätsurteile werden sowohl aufgrund kognitiv wie auch affektiv wahrgenommener Informationen gefällt. Demnach ist es für schwache Marken mit Designs, die keinen erkennbaren Mehrwert bzw. keine erkennbare Attraktivität ausstrahlen, schwer oder nahezu unmöglich, mit starken Marken mitzuhalten, selbst wenn diese schwächere Designs aufweisen. Im Umkehrschluss lässt sich daraus folgern, dass über den Faktor Produktdesign viel Einfluss auf die Markenstärke genommen werden kann.[36]

Im Folgenden werden zwei Erfolgsbeispiele aus der Designpraxis von TEAMS DESIGN erläutert.

Der IXO von Bosch – Design schafft ein neues Werkzeugsegment

Die im Jahr 1886 gegründete Robert Bosch GmbH ist ein breit gefächertes Unternehmen, dessen Angebotspalette von Gebrauchsgütern wie Elektrowerkzeugen und Haushaltsgeräten über Sicherheitstechnik und Automobilteile bis zur automatisierten Verpackungstechnik reicht. Es hat seinen Sitz in Gerlingen bei Stuttgart und beschäftigt weltweit rund 120.000 Menschen in 50 Ländern.

Die Globalisierung von Märkten und Produktionsstandorten hat in den zurückliegenden Jahren auch im Elektrogerätebereich dazu geführt, dass Anbieter aus Billiglohnländern auf den deutschen und europäischen Markt drängen und durch aggressive

---

[32]Harsányi et al. (2011, S. 3–4).
[33]Felser (2011, S. 196–203).
[34]Vgl. Page und Herr (2002, S. 133–134).
[35]Vgl. Page und Herr (2002, S. 135).
[36]Vgl. Page und Herr (2002, S. 136–140).

Preisstrategien einen dramatischen Preisverfall auslösen. Als die chinesische Konkurrenz in der Sparte Elektrowerkzeuge Ende der 1990er Jahre für Bosch zu übermächtig zu werden drohte, betrieb das schwäbische Unternehmen intensive Marktforschung. Dabei entdeckte Bosch die Zielgruppe der sporadischen Heimwerker, die zum großen Teil weiblich ist. Es handelt sich um Freizeitallrounder, die sich leicht zu bedienende und universell einsetzbare Geräte mit Spaßfaktor wünschen. Diese Zielgruppe wünscht sich – so die Forschungsergebnisse – ergonomische Elektrowerkzeuge ohne viele Extras. Sie sollen vor allem klein, leicht und kompakt sein. Bosch fand zudem heraus, dass weibliche Konsumenten zwar andere Bedürfnisse haben als männliche, spezielle Frauenprodukte jedoch ablehnen. Also galt es, für das Produktsegment kompakter Elektrogeräte für Bastler einen Akkuschrauber mit diversen Zusatzfunktionen und einem völlig neuen Look samt markenkongruenter Umverpackung zu kreieren. In puncto Designwirkung sind Elektrogeräte im Heimwerkersegment für die Zielgruppen mehr als nur nützliche Werkzeuge. Im besten Fall geben solche Geräte verbunden mit der eigenen Geschicklichkeit das Gefühl, „wie ein Profi" gearbeitet zu haben (Abb. 13.1). Andererseits definierte das Briefing, dass der IXO auch neue Käuferschichten ansprechen und in Zukunft mit einem Verkaufspreis von rund 50 EUR im Baumarkt zum Mitnahmeartikel avancieren soll. Vom verantwortlichen Industrial Designer wurde vor diesem Hintergrund die Fähigkeit erwartet, ein neues, ergonomisches Design zu entwickeln. Als Ideenproduzent galt es in diesem Fall, bekannte Anwendungsbereiche aus einer anderen Perspektive zu betrachten und die Sicherheit des Bekannten und Bewährten zu verlassen. Mithilfe dieser Herangehensweise kamen Innovationen, wie die LED-beleuchtete Schraubstelle, eine neuartige Anzeige für die Drehrichtung und ein Tankstellen-Piktogramm, das signalisiert, wenn der Akku an die Ladestation muss. Der Philosophie des oben beschriebenen Animismus folgend, wurde ein knuffiges Gerätegehäuse mit rutschsicherer, ergonomisch durchdachter Haptik entwickelt, das mit dem Niedlichkeitseffekt (Kindchenschema) spielt und dem an sich aggressiven Produktimage „Akkuschrauber" ein freundliches und

Abb. 13.1 Die IXO Family. (Quelle: STILL GmbH)

einladendes „Look and Feel" verleiht. So entstanden Designbezüge zu eher „gemütlichen" Küchengeräten bzw. Wohlfühlartikeln für das heimische Ambiente. Eine eigens als stabile Aufbewahrungs- und Umverpackung gestaltete Metallbox macht nicht nur den Kauf, sondern auch das Ritual des Öffnens und Entnehmens des Werkzeugs auch für handwerklich nicht versierte Anwender zum anspruchsvollen „Hands on Approach"-Erlebnis. Mit dem IXO schuf Bosch ein eigenes Gerätesegment im Bereich der Bastlerwerkzeuge, dessen Wesenskern ein anwenderbezogenes emotionales Design bildet. Der IXO ist nach Angaben des Unternehmens Bosch aus dem Jahr 2014 das meistverkaufte Elektrowerkzeug der Welt.[37]

CubeXX von STILL – Ein Konzeptfahrzeug revolutioniert die Intralogistik

Wer den Begriff „Intralogistik" googelt, erhält die enorme Zahl von über 400.000 Treffern. Etwa 100.000 Hersteller und Dienstleistungsunternehmen besetzen dieses Kompetenzfeld weltweit – eine scheinbar unendliche Vielfalt, die kaum erkennbare Orientierung bietet. Alle darunter aufgeführten Flurförderzeughersteller und Dienstleister bieten Lösungen für die kontinuierlich wachsenden globalen Waren- und Informationsströme, doch manche Unternehmen tun dies auf besonders markante Weise: Sie prägen das äußere Erscheinungsbild ihrer Produkte, den Look und das Verhalten ihrer Mitarbeiter – ob im Werk, im Kundendienst oder im Vertrieb – und drücken dem Layout ihrer Kommunikationsmedien einen kohärenten eigenen Stempel auf. Dazu zählt auch das heute zur KION Group gehörende Unternehmen STILL. Die Verantwortlichen verfolgen sowohl im Kundendialog als auch in der Angebotsvielfalt ein ganzheitliches Designkonzept, welches die Markennutzen reflektieren soll. Es ist gerade dieses nachhaltige, stimmige Zusammenspiel der physischen Gestaltung der Produkte und Lösungen, der Kommunikationsmedien und des unternehmerischen Erscheinungsbildes, das zu einem kohärenten Gesamteindruck führt. Das Unternehmen fährt als ein führender Anbieter zukunftsgerechter Intralogistik eine Wachstumsstrategie. Doch auch für STILL gilt: Bei zunehmender Komplexität der Produktions- und Wertschöpfungsketten und gleichzeitiger Abnahme persönlicher Beziehungen und hohem Preisdruck wird eine Traditionsmarke nur noch dort zum Ankerpunkt, wo ihr Nutzwert als Teil des Markenkerns wahrnehmbar ist. Wo die Beschaffung zentralisiert ist, zählt Vertrauen nur, wenn Marke und Kennzahlen ein stimmiges Gesamtbild ergeben. Dazu kann das Design der Fahrzeuge und Lösungsmodelle signifikant beitragen. Dabei hat STILL früh erkannt, dass es nicht ausreicht, Design als möglichst originelle Formgebung zu leben, die aktuelle Trends widerspiegelt. Benötigt wird vielmehr eine Designkultur, die sich organisch aus dem Spirit der Unternehmensmarke STILL selbst heraus entwickelt. Was in der Automobilindustrie längst zum Standard gehört, hat STILL für die Intralogistik adaptiert:

---

[37]Robert Bosch GmbH (o. J.).

13 Design als Markenanker

Concept Cars, die Marke und Markennutzen in besonders fokussierter Weise in sich vereinen, bilden den Dreh- und Angelpunkt der gelebten Designphilosophie von STILL. Dabei geht es auch darum, Nutzen und Lösungsansätze aus anderen Entwicklungsgebieten, wie etwa der Lasertechnik, der Akkuforschung oder der Nanotechnologie, mit einzubeziehen. So setzte bereits der im Jahr 2000 vorgestellte Gabelstapler RXX nicht nur wegen seines futuristischen, eiförmigen Chassisdesigns (Abb. 13.2) für die gesamte Branche neue Standards für vernetzte Denkansätze zur Lösung künftiger Herausforderungen innerbetrieblicher Logistikprozesse.

Der RXX kam zu einer Zeit, als es kaum durchschlagende Konzepte für die Zukunft der Gabelstapler gab. Gestaltung spielte in einem Klima, in dem es nur um Kosten und Zahlen ging, eine untergeordnete Rolle. Im Hinblick auf Design waren es hauptsächlich Versuche, Gabelstaplern einen automobilen Charakter überzustülpen, was jedoch nur bis zu einem bestimmten Grad gelingt. Elf Jahre später geht STILL mit dem Innovationsträger cubeXX sogar noch einen entscheidenden Schritt weiter: Das Multifunktionsgerät ist kein Redesign oder eine Weiterentwicklung des RXX, sondern folgt der Vision eines intelligenten Würfels, der schwebend und lautlos durch die Logistikzentren und Fertigungsstätten der Zukunft gleitet und von einem Netzwerk gesteuert unterschiedliche Aufgaben erfüllt, die heute noch von mehreren Spezialgeräten ausgeführt werden (Abb. 13.3).

Der cubeXX wurde von einem interdisziplinären Team bestehend aus Ingenieuren, Produktdesignern, Wissenschaftlern und Kreativen entwickelt. Ergebnis ihrer Arbeit ist ein Fahrzeug, das die Zukunftsvision eines voll vernetzten, ergonomischen und energieeffizienten Multifunktionsgerätes in einer softwaregesteuerten Lagerwelt der Zukunft

Abb. 13.2 Erstes Designskribble des RXX. (Quelle: STILL GmbH)

Abb. 13.3 Konzeptfahrzeuge cubeXX und RXX. (Quelle: STILL GmbH)

Abb. 13.4 Wandelbarkeit des cubeXX. (Quelle: STILL GmbH)

Wirklichkeit werden lässt. Dazu zählt insbesondere die Entwicklung traditioneller geografisch fest verankerter Logistikzentren hin zu mobilen Drehkreuzen bzw. „Hubs", die sich als umzugsfähige Umschlagszentren schnell an veränderte Anforderungen anpassen lassen und wenn nötig auch an einem neuen Standort innerhalb weniger Wochen lauffähig sind. So bildet der cubeXX im Sinne eines „six in one"-Prinzips eine Synthese von sechs in Logistikzentren und Lagern üblicherweise getrennt agierenden Gerätetypen: Gegengewichtsstapler, Horizontalkommissionierer, Hochhubwagen, Doppelstockfahrzeug, Niederhubwagen und Routenzug (Abb. 13.4).

Per Touchscreen lässt sich das Fahrzeug in den jeweils gewünschten Zustand verwandeln – ein Novum in der Intralogistik. Zudem lässt sich das Flurförderzeug sowohl automatisiert als auch von Menschenhand bedienen. Design und Einsatznutzen gingen auch bei der Weiterentwicklung zum einsatzfähigen Prototypen Hand in Hand. So ist der aus dem Hightech-Werkstoff Carbon gefertigte Teleskopmast ein Novum in der Branche. Er hat zwei wesentliche Vorteile: Zum einen ist durch sein geringes Gewicht weniger Masse im Heckgewicht nötig, und zum anderen hält er Dauerbelastungen besser stand, da er sich nicht verformt. Dieses Details zeigen, dass in den Design- und Entwicklungsprozess auch Impulse aus den Bereichen Nachhaltigkeit, Globalisierung, Urbanisierung sowie Ressourcen- und Effizienzmanagement Eingang fanden.

Es gibt bislang im B2B-Bereich erst wenige Unternehmen, die mithilfe einer engen Verzahnung von Design- und Produktentwicklung die Wahrnehmung ihrer Marke am Markt steigern. Der cubeXX von STILL wurde mit genauem Blick auf heutige und künftige Kundengruppen entwickelt. Er bildet deshalb den individuellen Nutzwert der Anwender ab und vereint emotionale und psychologische Aspekte einer zielgruppengerechten Ansprache. Die breite Bedeutung des Produktdesigns als „Key Visual" für die Gesamtwahrnehmung der Marke STILL und ihre 5 + 2 Markennutzen „systemorientiert", „maßgefertigt", „anwenderfreundlich", „einsatzbereit", „zukunftsgerecht" sowie „engagiert" und „partnerschaftlich" wird damit für den Anwender leicht erkennbar und verbindet wirtschaftliche wie technische Aspekte. Mit dieser Symbiose von Design und Technologie erreicht STILL auf einem hart umkämpften Markt Unverwechselbarkeit, Präsenz und Imagestärke, die nicht nur auf Kundenseite ein positives Echo finden.

So zeigt die Auszeichnung des cubeXX mit dem französischen Designpreis „Étoile Observeur du Design 2014" und der Prämiierung der mit dem Roll-out einhergehenden Medienkampagne mit dem „Deutschen Preis für Wirtschaftskommunikation", dass Designqualität als zentrales Instrument der Markenführung – gerade für B2B-Unternehmen – eine Erfolg versprechende Investition in die unternehmerische Zukunft ist. Darüber hinaus konnte in einer empirischen Studie 2012 festgestellt werden, dass der cubeXX die verfolgte Positionierung der intelligenten Steuerung von Intralogistik und die avisierten 5 + 2 Markennutzen signifikant unterstützt.[38]

Fazit

Das Designmanagement muss nicht nur die Unverwechselbarkeit der Produkte und Dienstleistungen eines Unternehmens zum Ziel haben, sondern sie muss auch die Unternehmenskommunikation sowie die Innovationskultur der Unternehmensmarke mit einbeziehen. Das setzt die Zusammenarbeit interner und externer Partner voraus. Intern sind die Kompetenzfelder Entwicklung, Konstruktion, Fertigung, Marketing,

---

[38] Vgl. Meyke (2012, S. 65 ff.).

Vertrieb und Logistik betroffen. Extern sollten Designpartner, Pilotkunden, Lead-User und Vertriebspartner berücksichtigt werden. So verstanden ist Designmanagement ein umfassender Prozess der Produkt- und Dienstleistungsentwicklung, vor allem aber ein erstklassiges Kommunikationsinstrument zur Verdeutlichung und Verstärkung der Markenpositionierung.

Über die Autoren

Reinhard Renner ist Mitgesellschafter bei Teams Design in Esslingen und ein international gefragter Juror, Dozent und strategischer Berater. Teams Design ist strategisch in vielen Bereichen des Designs tätig, hat über 1000 internationale Designpreise erhalten und hat in den Niederlassungen in Chicago, Hamburg, Belgrad und Shanghai über 100 Mitarbeitende (Designer, Ingenieure, weitere Spezialisten).

Ulrich Schweig ist Designer und Geschäftsführer von TEAMS Design Hamburg. Teams Design ist strategisch in vielen Bereichen des Designs tätig, hat über 1000 internationale Designpreise erhalten und hat in den Niederlassungen in Chicago, Hamburg, Belgrad und Shanghai über 100 Mitarbeitende (Designer, Ingenieure, weitere Spezialisten).

Teil IV

Kontakte zukunftsorientiert gestalten

Kunden effektiv faszinieren

14

Sönke Caro und Oliver Nolte

Vom Dialogmarketing zum individuellen Angebot

Kundenanforderungen werden immer individueller und fordern zunehmend eine persönliche Ansprache. Das gilt vor allem bei Angeboten, die sich nicht durch einen niedrigen Preis auszeichnen. Deshalb ist der Dialog mit dem Kunden und Interessenten unter Nutzung individueller und zielgruppenorientierter Informationen über ihn selbst stark in den Mittelpunkt gerückt. Dialogmarketing umfasst zum einen alle Marketingaktivitäten, die einen Kunden oder Interessenten gezielt und direkt ansprechen, und zum anderen alle Aktivitäten, die mit mehrstufiger Kommunikation den direkten Kontakt herstellen wollen. Diese Aktivitäten sind stets darauf ausgerichtet, eine messbare Reaktion (Response) in Form einer Anfrage oder eines Auftrages zu erwirken.[1] Dialogmarketing kann demnach sowohl vom Kunden oder Interessenten als auch vom Unternehmen initiiert werden. Es ist nicht auf einstufige Maßnahmen, also eine Aktion sowie die darauffolgende Reaktion, beschränkt. Vielmehr entsteht ein geplanter mehrstufiger Dialog. Dieser wird im Verlauf immer intensiver und konkreter. Der Interessent gewinnt zunehmend Vertrauen zum Unternehmen. Im Gegenzug lernt der Anbieter sein Gegenüber immer differenzierter

---

[1] Vgl. Holland 2002, S. 9.; Dallmer 1991, S. 5.; Kotler und Bliemel 1995, S. 1090.

S. Caro (✉)
STILL GmbH, Hamburg, Deutschland
E-Mail: soenke.coro@gmx.de

O. Nolte
Lead on Gmbh, Potsdam, Deutschland
E-Mail: oliver.nolte@leadon.de

kennen. Die so gewonnenen Informationen können beim nächsten Kontakt verwendet werden. Der Anbieter hat dabei kein vordefiniertes Programm für alle Kontaktpartner, sondern er hört zu, reagiert individuell und kann im Endeffekt sehr kundenorientierte Angebote unterbreiten.

Hauptziel des Dialogmarketings ist es, über die Interaktion Informationen über den Kunden oder Interessenten zu erhalten, sodass sein Potenzial und seine Kaufwahrscheinlichkeit eingeschätzt werden können. Weiterhin sollen neue Kunden gewonnen werden und vorhandene an das Unternehmen und die Marke gebunden werden. Die Einsatzfelder des Dialogmarketings sind sehr vielfältig und reichen von Einladungen zu Events über Verkaufsförderungsaktionen bis hin zur effizienten Besuchsvorbereitung durch den Vertrieb.

Closed-Loop-Ansatz

Als „Closed Loop" wird der geschlossene Regelkreislauf aus analytischem und operativem Customer-Relationship-Management (CRM) bezeichnet. Wichtige Bestandteile auf der analytischen Ebene sind das Data Warehouse und Data Mining. Das **Data Warehouse** bezieht sich auf das systematische Aufzeichnen von Kundenkontakten und -reaktionen. Das **Data Mining** bezeichnet die Anwendung statistischer Methoden auf den Datenbestand mit dem Ziel, erfolgsträchtige Muster zu erkennen. Beim operativen CRM geht es insbesondere darum, den Dialog zwischen Kunden, Unternehmen und die dazu erforderlichen Geschäftsprozesse zu unterstützen. Es gilt, relevante Kundeninformationen zu gewinnen und zu pflegen.

Durch die Verknüpfung von Analyse und operativer Umsetzung ist eine gezielte Kundenadressierung über den bevorzugten Medienkanal möglich. Der Kunde erhält nur Informationspakete, die inhaltlich auf sein Interesse abgestimmt sind. Dies beinhaltet einen flexiblen und aufeinander abgestimmten Rücklauf. Der Closed Loop impliziert einen sich selbst kontinuierlich verbessernden Prozess, der eine zunehmend effizientere Kundenansprache ermöglicht und damit die Erfolgsquoten deutlich erhöht. Entscheidend dabei ist die notwendige Vernetzung zwischen den Beteiligten. Management, Vertrieb, Service, Innendienst und die beteiligten externen Unternehmen müssen die notwendigen Daten bekommen und dem System wieder bereitstellen.

Aufgabenstellung bei STILL

Der zunehmende Kostenanstieg von Massenmedien und deren hohen Streuverluste gerade im B2B-Bereich haben auch STILL dazu veranlasst, über effizientere Maßnahmen der Akquisition und Besuchsvorbereitung nachzudenken. Ziel ist es, einen Dialog mit potenziellen Kunden im Vorwege aufzubauen und den Außendienstmitarbeiter so zu steuern, dass er Kunden mit einem möglichst hohen Kaufinteresse aufsucht (Leadgenerierung). Darüber hinaus kann durch Dialogmarketingmaßnahmen auch die Akquisition zwischen zwei Besuchen unterstützt werden, um die nächste Begegnung optimal vorzubereiten. Dazu hat STILL ein Kampagnenmanagement zur Leadgenerierung entwickelt. Die Neukundengewinnung und das optimale Ausschöpfen der Nachfrage von Bestandskunden stehen dabei im Vordergrund. Die Anlässe können sowohl für Interessenten als auch Kunden ganz unterschiedlicher Art sein. So kann der Launch eines neuen Elektrogabelstaplers mittels einer Roadshow im Vordergrund stehen oder aber die Gewinnung von Interessenten für eine wichtige Messe. Damit wäre der Startpunkt festgelegt, um den Prozess der Leadgenerierung in Gang zu setzen.

Generierung von Neuadressen

Die Effizienz von Leadgenerierungskampagnen im Neukundenbereich hängt wesentlich von den verfügbaren Adressdaten ab. Doch es gibt auf dem freien Markt keine Adressen zu kaufen, die entsprechend detaillierte Angaben zum Fuhrpark von Flurförderzeugen enthalten. Deshalb wird mittels Data Mining die Auswahl stapler-affiner Adressen erzeugt, um die zielgenaue Generierung von Leads unterstützen zu können. Hier setzt Dialogmarketing an: Streuverluste in der Ansprache müssen vermieden, die Leadquote erhöht und die Kosten pro Lead gesenkt werden. Basis ist das sogenannte Profiling. STILL prognostiziert die Nutzungswahrscheinlichkeit von Gabelstaplern der einzelnen Unternehmen und kann Erkenntnisse gewinnen, wie viele Flurförderzeuge nach Produktgruppen bei den einzelnen Unternehmen statistisch vorhanden sein müssten.

Es werden Profile der erfolgreichen Bestandskunden aus der eigenen Datenbank abgeleitet. Die ermittelten Kriterien werden nun an die angereicherten Adresslisten angelegt, um die Interessenten mit hoher Affinität herauszufinden. Je besser die vorher ermittelten Selektionskriterien, desto attraktiver ist das abgeleitete Adresspotenzial (Abb. 14.1).

Die potenziellen Zielgruppen sind branchenspezifisch unterschiedlich und lassen sich durch zusätzliche Selektionskriterien konkretisieren, beispielsweise durch Umsatzklasse, Beschäftigtenzahl und Region. Im Fall von STILL werden jährlich mehrere zehntausend Adressen identifiziert, die nach den verschiedenen Produktkategorien Elektrogabelstapler, verbrennungsmotorische Gabelstapler und Lagertechnik charakterisiert werden können. Die so ermittelten Kundenprofile sind weitaus differenzierter als die herkömmliche Brancheneinteilung.

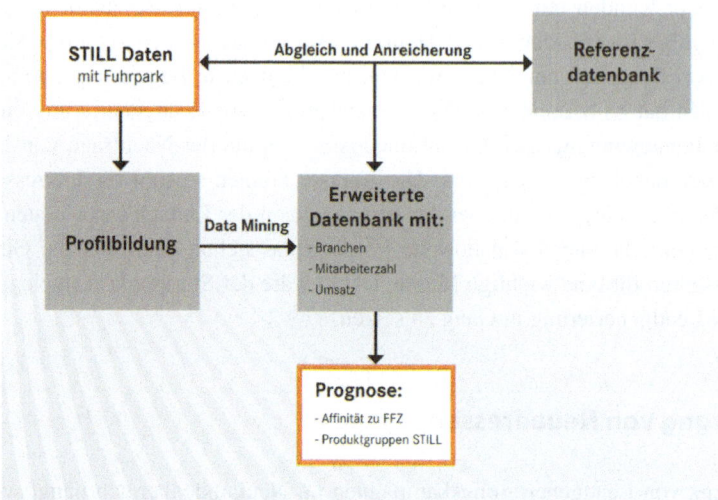

Abb. 14.1 Selektionsschritte zur Gewinnung von Neuadressen mit hohem Absatzpotenzial

Der Customer Value zur zielgenauen Ansprache

Neben der Leadgenerierung im Bereich der Neuinteressenten ist der zweite entscheidende Faktor bei der Optimierung des Vertriebsergebnisses die bessere Ausschöpfung der Bestandsadressen. Kunden mit hohem Potenzial sollten intensiver durch den Vertrieb betreut werden. Damit wird die Vertriebseffizienz gesteigert. Die Segmentierung der Bestandsadressen hat den Vorteil, dass Adressen kundenwertorientiert angesprochen werden. Hohe Potenziale werden somit priorisiert kontaktiert, was zu einem höheren Return on Investment führt. Dazu werden zunächst die Bestandsadressen nach Umsatzpotenzial bewertet, wertmäßig für STILL segmentiert und das Potenzial nach Produktgruppen bestimmt. Zur Bewertung der Kundenadressen werden folgende Daten herangezogen:

- Umsatzhistorie der letzten Jahre nach Produktgruppen
- Fuhrparkdaten
- Branche
- Mitarbeiteranzahl
- Unternehmensgröße
- Kaufverhalten
- Leadquoten

Alle STILL-Kunden werden analysiert und für jeden Produktbereich und jede Sparte entsprechende Scoringmodelle entwickelt. Die Bestandsadressen werden hinsichtlich Potenzial und Umsatzerwartung mit insgesamt 26 Prognoseformeln für die einzelnen Produktbereiche bewertet. Die Vorteile: Einerseits kann jeder Kunde ganzheitlich über alle Umsätze hinweg betrachtet, andererseits auch seine Affinität zu einzelnen Produktgruppen ermittelt werden. Der Vertrieb wird optimal unterstützt und er kann seine Kontaktfrequenzen entsprechend der Kundenattraktivität aufteilen. Topkunden werden durch den Vertrieb direkt bearbeitet, mittlere Potenziale mit den Marketinginstrumenten Mailing, Telefonmarketing und Newsletter. Geringe Potenziale werden hingegen nur noch mit Mailings und Newsletter angesprochen, sehr geringe gar nicht mehr. Dies führt zu einer zielgenaueren Steuerung von Vertrieb und Marketing und damit geringeren Streuverlusten. Der ermittelte Kundenwert ermöglicht zudem ein kurzfristiges Pushen bestimmter Produktgruppen durch Dialogmarketingmaßnahmen oder den Vertriebsmitarbeiter selbst.

Ganzheitliches Leadmanagement mit einem externen Dienstleister

Viele Unternehmen sehen die Leadgenerierung als isolierten Baustein und beauftragen dafür einen externen Dienstleister. Sie stellen lediglich Name und Adresse für die Akquisition zur Verfügung. Mit dem Beginn der Kommunikation zwischen Zielkunden und Verkäufer endet dann auch schon die Zusammenarbeit mit der Agentur. Damit sind zwar Einsparungen beim Einkaufspreis der Erstkontakte möglich, aber Auswirkungen auf den Verkaufserfolg kaum verantwortlich nachvollziehbar. Bei STILL wird das Leadmanagementsystem von der Adressqualifizierung über die Ermittlung von Leads bis hin zur gezielten Unterstützung des Vertriebs übertragen. Zur Erhöhung der Akzeptanz dieses Systems werden die Vertriebsmitarbeiter von STILL zum Besuch bei der Agentur eingeladen. Umgekehrt nehmen Mitarbeiter der Agentur an STILL-Kundenveranstaltungen und Werksbesichtigungen teil. Darüber hinaus werden mit den Agenturmitarbeitern durch Produkttrainer von STILL vier- bis fünfmal pro Jahr Produktschulungen durchgeführt. Zusätzlich finden auf den Messen regelmäßige Treffen zwischen Mitarbeitern der Agentur und dem Unternehmen statt.

Dieser ganzheitliche Ansatz spiegelt sich auch in der Bezahlung der Agentur wider. So wird der Agenturmitarbeiter nicht mit einer Provision für das Erzielen eines Leads entlohnt. Damit wird vermieden, dass ein überredeter Kunde nach dem Gespräch vom vereinbarten Kontakt Abstand nimmt („Leadreue") und seine Leadakzeptanz später sinkt. STILL arbeitet deshalb nur mit Agenturen zusammen, die ein Festgehalt ohne Erfolgsanteile zahlen. Das Entgelt basiert auf einer Pauschale je Entscheiderkontakt, um eine gleichbleibende Kontaktqualität zu gewährleisten.

Bausteine einer erfolgreichen Leadgenerierung

Basis ist die Einführung unterschiedlicher Leadarten, anhand derer die Verkäufer die Potenzialattraktivität von Kunden besser unterscheiden können. Die Leads sind im vorliegenden Fall wie folgt definiert (s. auch Abb. 14.2):

- *Late Lead:* Späteres Potenzial > 12 Monate
- *Info Lead:* Potenzial mit dem Wunsch, vorher Infomaterial zu erhalten
- *Event Lead:* Zusagen zur Veranstaltung
- *Call back Lead:* Potenzialkontakt mit Rückrufwunsch
- *Sales Lead:* Konkrete Angebotsanfrage

Zu unterscheiden ist, ob die Kontaktinitiative vom Lieferanten (Outbound) oder Kunden (Inbound) ausgeht. Bei STILL wird beim *Outbound* der verantwortliche Zielinteressent zunächst telefonisch durch die Agentur angesprochen, über die Bedarfe der nächsten Zeit nachzudenken. Die sich daraus ergebenen Bedürfnisse und Potenziale werden aufgenommen und dem Vertrieb mit dem dazugehörigen Leadstatus zur weiteren Bearbeitung übergeben. Dazu gibt es Webtools, mit denen auf alle notwendigen Daten zielgruppenorientiert zugegriffen werden kann. Durch die Einführung eines durchgängig konzipierten Online-Leadmanagement-Systems im Jahre 2005 wurde auch die Reaktionszeit zur Weiterverarbeitung im Vergleich zu konventionelleren Methoden, bei denen die Leads per E-Mail oder Fax versendet werden, enorm verbessert. Die Leadverlustquote konnte von 15 bis 20 % auf 0 % gesenkt werden. Bei bestimmten Geschäftsvorfällen wie Servicedurchführungen, Neugeräteaufträgen oder bekannt gewordenen Auftragsverlusten wird zusätzlich eine Kundenzufriedenheitsanalyse durchgeführt.

Im Falle des Inbounds hat der Kunde vielfältige Möglichkeiten, mit STILL Kontakt aufzunehmen. Dazu zählen das Internet, Telefon, E-Mail oder auch klassisch noch das Fax. Für eine effiziente und schnelle Bearbeitung werden grundsätzlich alle

Abb. 14.2 Lead-Zielscheibe

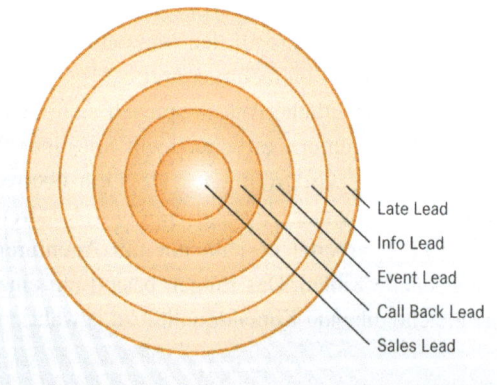

Inboundaktivitäten bei der Agentur zentral erfasst und über den etablierten Kanal des Leadmanagement-Systems dem verantwortlichen Verkäufer zugeführt.

Erfolgskontrolle

Die gesamten Teilprozesse des Dialogmarketings sind bei STILL systematisch aufeinander abgestimmt. Für die Erfolgsmessung müssen sowohl die Teilschritte als auch der Gesamtprozess betrachtet werden. Die Kennzahlen zur Beurteilung und Berechnung der Teilprozesse sind – wie in Abb. 14.3 dargestellt – die Leadquoten der jeweiligen Dialogmarketingmaßnahmen und die Abschlussquoten der Vertriebsmitarbeiter. Im Bereich der Leadquoten sind wesentliche Einflussfaktoren die Adressauswahl und die Qualität und Art der Ansprache. Eine hohe Leadqualität und die Abschlussstärke des jeweiligen Vertriebsmitarbeiters sind die Eingangsgrößen für die Wandlungswahrscheinlichkeit vom Lead zum Auftrag.

Die bisherigen Ergebnisse zeigen, dass diejenigen Vertriebsmitarbeiter eine hohe Wandlungsquote vom Lead zum Verkaufsabschluss erreichen, welche die systematische Leadgenerierung durch das Dialogmarketing für sich regelmäßig als Katalysator für eine bestmögliche Vorbereitung des nächsten Kontaktes nutzen.

Für den Gesamtprozess sind die Wandlungen vom Lead zum Kaufabschluss entscheidend. Als Erfolgsmaßstab hat sich bei STILL der Return on Investment auf Basis des Deckungsbeitrags II etabliert. Dazu werden die Deckungsbeiträge der generierten Verkäufe zu den Kosten der Kampagne in Relation gesetzt. Maßgeblich für die Ermittlung dieser Kennziffer ist der Kaufentscheidungszyklus. Bei STILL liegt dieser bei durchschnittlich drei bis neun Monaten nach der Leadübermittlung. Als Bemessungsgrundlage wurde deshalb ein Zeitraum von zwölf Monaten vom Zeitpunkt der Leadübergabe festgelegt. Kauft ein Kunde in dieser Zeit ein Neugerät, wird dieser Umsatz dem Lead

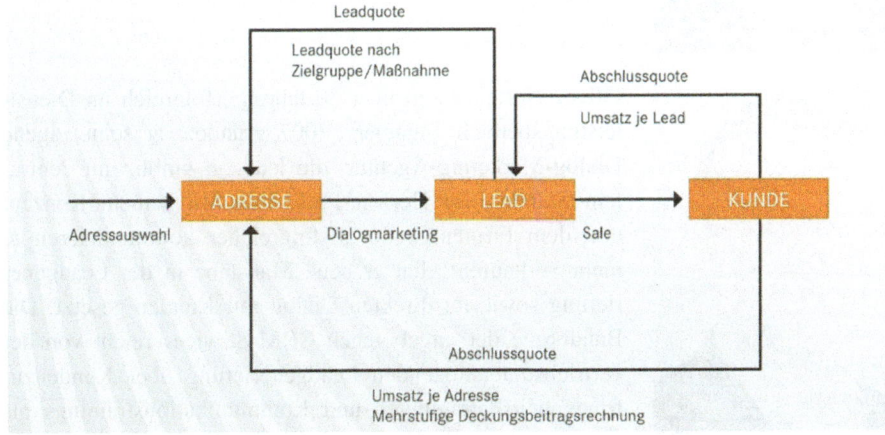

Abb. 14.3 Kennzahlen der Prozesse im Direktmarketing

zugeschrieben. Im Zehnjahresmittel wurde auf Basis des DB II ein durchschnittlicher Ertrag von 6,40 EUR für jeden investierten Euro im Dialogmarketing erzielt.

Fazit

Alle Dialogmarketingmaßnahmen im In- und Outbound sind bei der STILL GmbH verantwortlich in eine Hand gelegt und darauf ausgerichtet, Leads zu generieren. Es geht darum, die Außendienstmitarbeiter systematisch mit Bedarfsfällen und dazugehörigen relevanten Informationen zu versorgen. Durch den ganzheitlichen Ansatz mit entsprechender Erfolgskontrolle, die konsequente Umsetzung und kontinuierliche Verbesserung der Teilprozesse in der Zielgruppenbestimmung sowie ausgefeilte Dialogmarketingmaßnahmen ist es STILL gelungen, in diesem Bereich eine führende Rolle einzunehmen. So organisiert trägt Dialogmarketing maßgeblich zur erfolgreichen Vertriebsunterstützung und -steuerung im Unternehmen bei.

Über die Autoren

Sönke Caro ist in der STILL-Gruppe tätig in der internationalen Unternehmenskommunikation und verantwortlich für die Bereiche Dialogmarketing und Verkaufsincentivierung. Der diplomierte Wirtschaftsingenieur verfügt über eine langjährige Erfahrung im Marketing und in der Verkaufsförderung. Neben der Standardisierung und Optimierung von Prozessen sowie der Einführung von Marketingtools hat er im Unternehmen Erfolgsbetrachtungen von Marketingmaßnahmen etabliert.

Oliver Nolte ist seit über 30 Jahren erfolgreich im Dienstleistungsbereich engagiert. 2007 gründete er seine eigene Dialog-Marketing-Agentur, die lead on gmbh, mit zentralem Standort im Herzen Potsdams. Mit seinem Konzept und dem Firmen-Credo „Erfolgreicher kommunizieren & mehr verkaufen!" hat er neue Maßstäbe in der Leadgenerierung sowie im direkten Dialog mit Kunden gesetzt. Die Bandbreite der angebotenen CRM-Services reicht von der vertriebsunterstützenden Leadgenerierung über Kundenzufriedenheitsbefragungen und Kommunikationstrainings bis hin zu maßgeschneiderten Software-Lösungen für den Vertrieb. Mittlerweile werden durch lead on komplexe Dialog-Marketing-Kampagnen in bis zu 17 Sprachen koordiniert und durchgeführt.

Verkäuferentwicklung als Erfolgshebel

15

Joachim Karbe und Matthias Klug

Vertriebsmitarbeiter als Markenbotschafter im B2B

100 ms! Das ist das Zeitfenster, in dem wir Bücher nach ihrem Cover, Menschen nach ihrem Aussehen und Unternehmen am Auftritt ihrer Außendienstmitarbeiter beurteilen.[1] Man kann zwar versuchen, die dafür verantwortlichen Instinkte rational zu kontrollieren – aber sich trotzdem meist nicht davor schützen. Dafür ist die Macht des ersten Eindrucks einfach zu stark. Wo Menschen etwas repräsentieren, das nur durch ihre persönlichen Erklärungen oder das von ihnen aufgebaute Vertrauen verständlich wird, ist bei deren Auswahl und Ausbildung viel Sorgfalt erforderlich. Das gilt besonders für Verkäufer von komplexen oder erklärungsbedürftigen Produkten und Dienstleistungen, die sich an Einkäufer von Unternehmenskunden wenden. Denn auch jenseits anonymisierter Buying Center steht am Beginn einer Geschäftsbeziehung immer noch der ganz persönliche erste Eindruck. Dieser erste Eindruck verändert sich in der Regel nicht bedeutend. Hat ein Beobachter mehr Zeit zur Einschätzung, verändert sich lediglich die Sicherheit, mit der er sein Urteil fällt.[2] Ist einem jemand auf Anhieb sympathisch, hat er auf andere höchstwahrscheinlich die gleiche Wirkung, denn unser Gehirn ist mit einer Art speziellem

---

[1] Todorov und Willis (2006).
[2] Todorov und Willis (2006).

J. Karbe (✉)
3 LINES GmbH, Essen, Deutschland
E-Mail: joachim.karbe@3lines.de

M. Klug
Buchholz, Deutschland
E-Mail: matthias.klug@still.de

© Springer Fachmedien Wiesbaden GmbH 2017
T. Gey (Hrsg.), *Brand the Future*, DOI 10.1007/978-3-658-05765-7_15

Werkzeugkoffer für das Erfassen von Vertrauenswürdigkeit ausgestattet.[3] Aus evolutionärer Sicht ist das sinnvoll: Freund von Feind schnell und sicher unterscheiden zu können, kann schließlich in brenzligen Situationen über Leben und Tod entscheiden.

Eine Rolle spielt in diesem Kontext auch der sogenannte „Halo-Effekt", eine aus der Sozialpsychologie bekannte kognitive Verzerrung, die darin besteht, von bekannten Eigenschaften einer Person auf deren noch unbekannte Eigenschaften zu schließen. Wenn zum Beispiel Person A Sympathie für Person B empfindet und generell Menschen sympathisch findet, die großzügig sind, wird Person A annehmen, dass Person B großzügig ist, ohne dafür irgendeinen Hinweis zu haben.[4] Hinzu kommt, dass Vertriebsmitarbeiter mit direktem Kundenkontakt als erste von veränderten Kundenbedürfnissen Kenntnis erlangen und sich aufgrund ihrer Verantwortlichkeit unmittelbar veranlasst fühlen, darauf zu reagieren. An dieser Schnitt- und Schlüsselstelle müssen sie die Kundenbedürfnisse mit den Unternehmensinteressen in Einklang bringen und dabei konform mit dem Markenprofil ihres Auftraggebers agieren. Ob die Auflösung eines solchen Zielkonflikts gelingt, hängt davon ab, ob diese Menschen persönlich und im Hinblick auf ihre Kompetenzen dazu in der Lage sind. Daraus wiederum folgt, dass Defizite in der Vertriebskompetenz gerade im B2B zu einer Schwächung der Markenwahrnehmung führen können.

Aufgrund dieser Zusammenhänge dürfen Verkäufer nicht als Kostenfaktor, sondern als eine Art Investmentportfolio der Unternehmensmarke wahrgenommen werden, dessen Bestandteile mit jeweils anderen Methoden gemanagt werden müssen. Menschen haben unterschiedliche Fähigkeiten und innere Antriebe. Hatte man bis in die 80er Jahre des vergangenen Jahrhunderts hinein bei der Personalentwicklung im Außendienst noch bestimmte Persönlichkeitsmerkmale oder Charakterzüge wie Extraversion, Optimismus, Kontaktfreude, Empathie und Ego-Drive in den Vordergrund gestellt, so herrscht heute die Überzeugung vor, dass von solch unbewussten Motiven oder Gefühlen bei den Verkäufern nicht konsequent Rückschlüsse auf deren späteres Verhalten beim Kunden gezogen werden können.[5] Eine andere Methode hat sich ebenfalls nicht bewährt: die sogenannten Patentrezepte oder Erfolgsgeschichten erfahrener Praktiker aus verschiedenen mehr oder weniger fundierten Ratgeberbüchern. Zum einen beruhen derartige Erfolgsrezepte auf individuellen Erfahrungen aus der Vergangenheit, deren Wahrheitsgehalt nicht überprüft werden kann. Ferner ist aus der Hirnforschung bekannt, dass nach etwa einem Jahr die Hälfte der gespeicherten Informationen entweder vergessen und verblasst oder unbewusst verfälscht wird. Der Grund: Sowohl beim Erleben als auch beim Abspeichern und Erinnern an vergangene Ereignisse sind unterschiedliche situationsbezogene Emotionen beteiligt, die den Inhalt der Erinnerung beeinflussen.[6] Wegen dieser vielschichtigen Ausgangslage ist es ratsam, bei der Entwicklung von Vertriebskompetenzen

---

[3]Marzi et al. (2012, S. 12–24).
[4]Vgl. Kahneman (2015, S. 108–112).
[5]Vgl. dazu Hadwich (2013, S. 2–6).
[6]LeDoux (2003, S. 268–271 und 312).

nicht mehr ausschließlich von Persönlichkeitsmerkmalen oder Motiven auszugehen, sondern von fachlichen Kompetenzen, die durch möglichst präzise Verhaltensbeschreibungen in die Vertriebspraxis eingeführt werden. Dabei ist das Wesentliche solcher Kompetenzen, dass sie eine Kombination aus messbaren und beobachtbaren Verhaltensweisen, Kenntnissen und Resultaten definieren. Eine Kompetenz wird zudem ausschließlich verantwortungsspezifisch definiert und stringent aus dem Leitbild bzw. den lang- und kurzfristigen strategischen Unternehmenszielen abgeleitet.[7] Beispiele für verhaltensbezogene Ziele eines Vertriebskonzeptes sind etwa eine bedarfsorientierte Leistungspräsentation, individuelle Kundeninteressen in den Vordergrund zu stellen, systematische Bedarfsermittlung sowie konstruktives Konfliktverhalten. Die zum Ausdruck gebrachte Wertschätzung des Kunden, der Fokus auf die Befriedigung von konkreten Kundenbedürfnissen, aber auch eine abschlussorientierte Verhaltensweise runden das Portfolio ab. Erst die Kombination und Balance aller Verhaltensweisen und Fähigkeiten kann zu überdurchschnittlichen Vertriebserfolgen führen.[8]

In jüngster Zeit rückt gerade die Abschlussorientierung und dabei konkret die Volition, also die Fähigkeit, Motive und Absichten in messbare Ergebnisse umzusetzen, ins Blickfeld.[9] Nicht umsonst sagt der Volksmund: „Der Wille versetzt Berge" – die Kraft eines Wollens, das sich auf die Steuerung des gesamten Handlungsablaufs bis zum Vertragsabschluss bezieht, ist vor allem für selbstständig tätige Vertriebsmitarbeiter von entscheidender Bedeutung, denn sie gestalten den gesamten Prozess aus eigenem Antrieb und oft gegen zahlreiche interne wie externe Widerstände.[10] Die Integration dieser volitionalen Fähigkeiten in den Vertriebsalltag kann durch Verhaltensbeschreibungen in den jeweiligen Teilkompetenzen erfolgen. Hinzu kommt, dass die Kunden gerade im B2B-Bereich zunehmend ein Eingehen auf ihre individuellen Wünsche und speziellen Bedürfnisse einfordern.[11]

Aufgrund höherer Kosten der Neukundengewinnung im Vergleich zum Erhalten einer Stammkundschaft rücken Themen wie Kundenzufriedenheit und Entwicklung des Außendienstes in den Mittelpunkt.[12] Stabile und vertrauensbasierte Geschäftsbeziehungen in diesem Sinne sind eine Folge von Markttransaktionen zwischen einem Anbieter und einem Nachfrager, die nicht zufällig, sondern aufgrund einer inneren Verbindung existieren.[13] Dem individuellen Verhalten des Außendienstmitarbeiters kommt eine besondere Rolle zu, wenn es um die Herstellung eines solch stabilen Vertrauens zwischen ihm

---

[7]Hale (2004, S. 18–26).
[8]Studie von Homburg und Müller (2009), Teil 2.
[9]Pelz (2010, S. 12–14).
[10]D'Intino (2007, S. 16); Bruch und Ghoshal (2006, S. 31).
[11]Vgl. Bruhn (2001, S. 2).
[12]Vgl. Peter (2001, S. 47).
[13]Saab (2007, S. 8).

und den Unternehmenskunden geht.[14] Wichtig ist, dass der Kontakt ausreichend häufig zustande kommt, damit sich beim Kunden ein Erfahrungsvertrauen bilden kann.[15] Ziel ist also der beidseitige Nutzen. Die Zufriedenheit übt allerdings nicht den stärksten Einfluss auf die Loyalität des Kunden aus, sondern das Vertrauen, denn gerade bei technisch komplexen Produkten kann der Kunde neben der Marke nur auf die Aussagen des Außendienstmitarbeiters vertrauen. Dies trifft besonders im B2B-Bereich zu.[16] Untersuchungen zeigen, dass im industriellen Handel bereits eine Senkung der Außendienstabwanderungsrate um 5 % zu Gewinnsteigerungen von 45 % führen kann.[17] Hinzu kommen stichhaltige Hinweise auf eine signifikante Korrelation zwischen der Zufriedenheit eines Kunden in einem frühen Stadium der Geschäftsbeziehung auf den Umsatz bei einem Folgeauftrag.[18] Entspricht zum Beispiel die Beratungsqualität nicht den Erwartungen der Kunden, wird es schwer sein, dieses Defizit über andere kommunikative Maßnahmen zu kompensieren, um dadurch die gewünschte Markenbildung zu erzielen.[19] Die für Zusammenstellung, Weiterentwicklung und Training ihrer Vertriebsmannschaften Verantwortlichen stehen also vor einer Reihe von Herausforderungen und im Unternehmen aufzulösenden Zielkonflikten, die im Folgenden näher erläutert werden.

Erste Herausforderung: Bedarfsprofil und Maßnahmenkatalog

Jede vertriebsverantwortliche Führungskraft innerhalb eines Unternehmens wird für sich in Anspruch nehmen, die persönliche wie fachliche Kompetenz ihrer Vertriebsmannschaft auf das höchstmögliche Niveau zu bringen bzw. dort zu halten. Folglich werden in der Regel alle Beteiligten intensiv und kontinuierlich auf die Unternehmensprodukte geschult, die Nutzung aller den Vertrieb unterstützenden Maßnahmen wird vermittelt sowie die wesentlichen Verhaltenskompetenzen trainiert. So werden kontinuierlich mehr oder weniger flächendeckende Trainingsprozesse mit teilweise sehr hohem finanziellen und zeitlichen Aufwand durchgeführt. Um den dafür nötigen externen Schulungs- und Trainingsaufwand zu begrenzen oder zu minimieren, bilden Unternehmen zusätzlich einzelne Mitarbeiter der Vertriebsorganisation zu Trainern aus. Bei dezentralen und/oder größeren Organisationen werden Trainingskataloge erstellt, aus denen die Mitarbeiter der Vertriebsorganisation eigenverantwortlich oder in Zusammenarbeit mit ihren Führungskräften individuelle Trainingsmaßnahmen auswählen können. Dieser Bedarfsanalyse liegen häufig betrieblich relevante Kennzahlen wie zum Beispiel Umsatz, Absatz, Margen,

---

[14]Vgl. Käslin (2004, S. 58–61).
[15]Vgl. Hadwich (2013, S. 3).
[16]Vgl. Beutin (2005, S. 542).
[17]Reichfeld und Sasser (1990, S. 110).
[18]Gustafsson und Johnson (2002, S. 249–258).
[19]Saab (2007, S. 84 und 121).

Neukundenquoten, Angebotswandlungsraten etc. zugrunde. Bestenfalls erfolgt im weiteren Verlauf die Bedarfsanalyse in einem Austauschgespräch zwischen den Beteiligten. Dies wiederum setzt voraus, dass die dafür verantwortliche Führungskraft die notwendigen Kennzahlen kennt und richtig zu interpretieren weiß. Ist dies nicht der Fall oder ist die Führungskraft operativ so stark eingebunden, dass sie nicht die Möglichkeit sieht, sich ein differenziertes, persönliches Bild von dem einzelnen Mitarbeiter zu machen, führt dies zu den ersten Unschärfen bei der Auswahl der richtigen Trainingsmaßnahmen und in der Folge zu Zielkonflikten zwischen Außendienstmitarbeiter und Führungskraft.

Oft bleibt nach Einschätzung der Führungskraft bei leistungsstarken Mitarbeitern die Auswahl von Entwicklungsmaßnahmen dem Mitarbeiter selbst überlassen – bei weniger herausragenden Verkäufern dagegen werden solche Maßnahmen angeordnet bzw. „vorgeschlagen". Beide Vorgehensweisen bergen erhebliche Effizienzrisiken, denn was Menschen aus ihrer persönlichen Sicht heraus motiviert und nach welchen Werten sie ihre persönliche Persönlichkeitsentwicklung ausrichten, folgt bestimmten Mustern – und diese können von den übergeordneten unternehmerischen Zielen oder der Einschätzung der Führungskraft durchaus abweichen.

Was motiviert Menschen, sich weiterzuentwickeln und neue Ziele zu erreichen? Das immer noch weit verbreitete Modell der Maslow'schen Bedürfnispyramide zeichnet ein ganzheitliches sozialpsychologisches Konstrukt, das menschliche Bedürfnisse und Motivationen als hierarchische Struktur erklärt, in der erst bestimmte Grundbedürfnisse befriedigt werden müssen, bevor Menschen sich höheren Zielen zuwenden.[20] Grundsätzlich folgt dieses Modell dem schon im 19. Jahrhundert bekannten Gossen'schen Gesetz, wonach „[d]ie Größe eines und desselben Genusses zunimmt, wenn wir mit Bereitung des Genusses ununterbrochen fortfahren, dann fortwährend abnimmt bis zuletzt Sättigung eintritt"[21]. In der Management- und Entscheidungslehre bleibt demnach für eine zielorientierte Verhaltenssteuerung der Mitarbeiter die genaue Kenntnis und realistische Einschätzung der individuellen Zielvorstellungen der Vertriebsmitarbeiter von zentraler Bedeutung. Für die Qualität der internen Mitarbeiterführung ist es wichtig zu wissen, auf welchen Bedürfnisstufen die einzelnen Mitglieder der Vertriebsmannschaft aktuell agieren. Hinzu kommt, dass bei dauerhafter Nichtbefriedigung eines höherrangigen Bedürfnisses Frustration entsteht und Menschen dadurch auf untere Motivklassen zurückfallen und sich diese verfestigen (sog.: Frustrations-Regressions-Prinzip).[22] Bei leistungsstarken Mitarbeitern, denen Führungskräfte die Wahl ihrer Entwicklungsmaßnahmen selbst überlassen, besteht eine hohe Wahrscheinlichkeit, dass diese Wahl dem selber analysierten Status quo ihres Stärkenprofils entspricht. Das Verstärken von Stärken gilt im Allgemeinen immer noch als wertvoll. Da der Mitarbeiter für seine Leistungen Respekt und

---

[20]Maslow (1987, S. 150).
[21]Gossen (1854, S. 4).
[22]Schreyögg (2010, S. 197 f.).

Anerkennung erfährt, besteht für ihn kein Anlass, sich anders zu entscheiden.[23] Die nicht erkannte mögliche Differenz zwischen Selbstbild und Fremdbild wird einer realistischen Einschätzung und somit einer zukunftsorientierten Persönlichkeitsentwicklung, welche die Markenbildung nachhaltig unterstützt, allerdings im Wege stehen.

Erfahrene Führungskräfte wissen dies und schlussfolgern, dass auch bei erfolgreichen Mitarbeitern die Vorgabe einer Entwicklungsmaßnahme der richtige und möglicherweise einzig sinnvolle Weg ist. Das Fehlerrisiko einer solchen Vorgabe kann allerdings zum einen in der vorausgehenden Analyse liegen, sofern diese aufgrund der operativen Überbeanspruchung der Führungskraft überhaupt seriös durchgeführt werden konnte und dem damit einhergehenden Informationsdefizit oder aus der schlichtweg eingeschränkten Qualität eines Fremdbildes – sei ihm der betreffende Außendienstmitarbeiter auch noch so lange vertraut.

Hinzu kommt, dass Führungskräfte mit weniger Konfliktbereitschaft auch den weniger erfolgreichen Vertriebsmitarbeitern die Wahl der Entwicklungsmaßnahme selbst überlassen – mit dem bereits beschriebenen Risiko einer falschen Selbsteinschätzung und damit fehlgeleiteten Investition. Ist eine Führungskraft aufgefordert, die Entwicklungsmaßnahmen für Mitarbeiter proaktiv zu planen, wird sie mit hoher Wahrscheinlichkeit die Lösung in Kombination mit dem geringsten Verlustrisiko bevorzugen (etwa dass der Außendienstmitarbeiter aus Frustration über die angeordnete Maßnahme innerlich oder äußerlich kündigt). In der objektiv identischen Entscheidungssituation zwischen Verlustrisiko (mögliche Demotivation) und Chancen (erfolgreiche Entwicklung) werden die Verlustrisiken in aller Regel die Entscheidung dominieren. Hier kommt das Prinzip der Verlustscheu („Loss Aversion") voll zum Tragen, das menschliches Verhalten sehr viel genauer vorhersagt als das weit verbreitete Stereotyp der Risikoscheu.[24]

Zudem werden Entscheidungen der Führungskraft oftmals durch einen systemimmanenten Interessenkonflikt beeinflusst. Entwicklungsmaßnahmen entfalten ihre ergebnisrelevante Wirkung auf der Zeitachse eher mittel- bis langfristig, wohingegen die individuelle Zielerreichung einer Führungskraft eher von kurzfristigen Ergebnissen abhängt. So werden Entwicklungsmaßnahmen bei rückläufigen Umsätzen oder geringeren Gewinnerwartungen gern gestrichen, da dem langfristigen Erfolg kurzfristig die Priorität aberkannt wird. Die damit verbundenen und später auftretenden Konsequenzen werden häufig ausgeblendet („Loss Aversion") oder erst gar nicht erkannt. Teilweise werden Führungskräfte zu diesen Entscheidungen sogar gezwungen, da sie nicht in der Lage sind, den wirtschaftlichen Erfolg geplanter Entwicklungsmaßnahmen nachzuweisen. Das zeigt einmal mehr, dass nicht die einzelnen Faktoren der unternehmensinternen Prozesse, sondern die Interaktion von mehreren Faktoren die Komplexität steigert.[25] Davon ausgehend, dass man ein komplexes System nur unter Kontrolle bringen kann, wenn man mit mindestens so viel Varietät (also Komplexität) darauf reagiert,[26] sollte die

---

[23]Kahneman (2015, S. 320 f.).
[24]Belsky und Gilovich (1999, S. 51–54) und Kahneman (2015, S. 108–112).
[25]vgl. Gomez und Probst (1999, S. 90–93 und 180–182).
[26]Grössler et al. (2006, S. 254–281).

Komplexität der Entwicklung einer Vertriebsorganisation im Hintergrund gemanagt werden, statt die damit einhergehenden Entscheidungen und Herausforderungen einfach an die Verkaufsfront weiterzugeben.[27] All dies lässt die berechtigte Annahme zu, dass viele Entwicklungsmaßnahmen auf Basis wenig profunder Analysen entschieden werden und zu spät oder zumindest nur eingeschränkt den erforderlichen Beitrag zur Stärkung der Marke seitens des Außendienstes im B2B-Bereich leisten.

Zweite Herausforderung: Maßnahmenkatalog und Leistungsfähigkeit

Oft ist zu beobachten, dass Unternehmen erst dann mit Investitionen in Entwicklungsmaßnahmen reagieren, wenn die bisherigen Bemühungen der Vertriebsorganisation erkennbar nicht mehr zum geplanten unternehmerischen Erfolg führen. Bei einem solcherart reaktiven Vorgehen steht die Vertriebsorganisation vor gleich zwei neuen Herausforderungen:

Zum einen muss sie sich trotz erkannter Defizite der täglichen Herausforderung stellen, den Unternehmenskunden das bisher erarbeitete Markenbild zu vermitteln und die aktuelle Marktposition zu verteidigen. Zum anderen sind parallel dazu Ressourcen zum Ausgleich der Kompetenzdefizite der Außendienstmitarbeiter zu mobilisieren. Häufig kann die gefährdete Marktposition nur durch einen größeren Ressourceneinsatz aufseiten der Mitarbeiter und deren Führungskräfte geleistet werden. Hierbei wird oft nach dem Grundsatz verfahren: Wenn die Klasse nicht mehr stimmt, muss es die Masse leisten. Dabei steigt bei den Beteiligten die emotionale und körperliche Belastung in überproportionalem Maße, und die kurzfristigen wirtschaftlichen Ziele geraten noch mehr in den Fokus. Vor diesem Hintergrund ist die Bereitschaft, in nachhaltige Entwicklungsmaßnahmen zu investieren, entsprechend gering. Hinzu kommt, dass bei gleichzeitig steigenden Marktanforderungen und sich damit vor dem Hintergrund erneut verändernden Kundenbedürfnissen eine doppelte Herausforderung einstellt, wenn sich die Vertriebsorganisation gerade dann einem Veränderungsprozess stellen soll.

So entsteht ein Zielkonflikt zwischen äußeren und innerbetrieblichen Vorgaben und damit ein kaum zu bewältigender Prozess zur Befriedigung unterschiedlicher Interessen von Vertriebsorganisation und Gesamtunternehmen.[28] Diese Gemengelage kann aber auch gerade als das zentrale, vorwärtstreibende Element von unternehmensinternen Prozessen gesehen werden.[29] Letztlich stehen beide Ziele im Wettbewerb um die gleiche knappe Ressource: die Arbeitskraft der qualifizierten Außendienstmannschaft.[30]

---

[27]Schuh und Schwenk (2001, S. 11).
[28]Vgl. Renn et al. (2007, S. 169).
[29]Bonacker und Imbusch (2010, S. 77).
[30]Kugler und Olbert-Bock (2011, S. 18).

Es ist gerade in einer solchen Phase nicht ungewöhnlich, dass seitens der Vertriebsführung parallel dazu weitere Kommunikationsmaßnahmen zur Markenpflege initiiert werden, um damit die in ihren Augen vorhandenen Defizite auf der operativen Vertriebsseite zu kompensieren. Die so bei den relevanten Zielgruppen (etwa den strategischen Einkäufern der Stammkunden) generierte Aufmerksamkeit schenkt dem operativen Vertrieb zunächst etwas mehr Zeit für den eigenen Veränderungsprozess. Dies kann aber je nach Maßnahme auch das bereits vorhandene Defizit zwischen der intensivierten Erwartungshaltung auf Kundenseite und den tatsächlichen Fähigkeiten der Vertriebsmannschaft weiter vergrößern.

Ein Unternehmen, das in der beschriebenen Weise an mehreren Stellen der Vertriebsorganisation gleichzeitig Veränderungsprozesse in Gang setzt, wird schnell das eigene personelle Leistungslimit erreichen. Es muss dann die Frage erlaubt sein, wie lange ein solches Unternehmen bzw. dessen Vertriebsmitarbeiter diesem Druck standhalten werden.

Dritte Herausforderung: Leistungsfähigkeit und Abwanderungstendenzen

Nicht jeder Vertriebsmitarbeiter wird den bisher beschriebenen Herausforderungen in puncto persönlicher Leistungsfähigkeit gewachsen sein. Die Folge kann ein erhöhter Krankheitsstand, häufiges Abfallen der Leistungskurve oder im schlimmsten Fall eine Kündigung sein. Aktuelle Zahlen aus der Unternehmenspraxis bestätigen dieses Gefahrenpotenzial. So erstellt das Markt- und Meinungsforschungsinstitut Gallup seit 2001 jährlich einen „Engagement Index" für Deutschland, mit dem die Mitarbeiterzufriedenheit gemessen wird. In computergestützten Telefoninterviews werden zwölf Fragen zu Arbeitsplatz und Arbeitsumfeld gestellt, um mithilfe der Antworten den Grad der emotionalen Bindung und der Arbeitszufriedenheit von Mitarbeitern – auch in Vertriebsorganisationen – zu ermitteln. Die Antworten zeigen deutlich, dass die Frage nach dem Grad der Bindung der Mitarbeiter an ihr Unternehmen mit der Qualität der Führung steigt oder fällt. Den alten Spruch, Mitarbeiter kommen wegen des Jobs und gehen wegen des Chefs, bestätigen die Ergebnisse der Gallup-Studie 2014 einmal mehr:[31] Der Anteil der Dienst-nach-Vorschrift-Mitarbeiter lag 2014 bei 70 % (2013: 67 %), und die Engagierten machen nur 15 % aus (2013: 16 %). Als Hauptverursacher dieses Trends wird das jeweilige Management erkennbar. Viele Beschäftigte haben das Gefühl, dass ihre zentralen Bedürfnisse und Erwartungen von ihren direkten Vorgesetzten teilweise oder völlig ignoriert werden. Eine professionelle Personalentwicklung wird in vielen mittelständischen Unternehmen aber eher als eine kostenintensive Zusatzaufgabe gesehen, die alltägliche Arbeitsabläufe eher behindert. Das regelmäßige Trainieren anspruchsvoller Kommunikationssituationen wie Mitarbeitergespräche oder Meetings zur Lösung von Problemen und Teamkonflikten ist demnach in Deutschland die Ausnahme. Kommunikationstrainer

---

[31]Nink (2014, S. 20, 32 und 56).

beklagen das Problem, dass sie in oft nur ein- bis zweitägigen Schulungen Probleme erkennen und Lösungsansätze andeuten können. Somit werden kurze Trainings zur Personalentwicklung oftmals nur in einem Abstand von mehreren Jahren durchgeführt und von den Mitarbeitern eher als eine Auszeit wahrgenommen. Gallup schätzt die Kosten dieser massiven Mitarbeiter-Unzufriedenheit durch Fehltage, Fluktuation und schlechte Produktivität auf rund 85 Mrd. EUR pro Jahr.

In der Vergangenheit war es noch leichter möglich, aus diesen Gründen frei gewordene Stellen durch Rekrutierung neuer Mitarbeiter zu besetzen. Man rekrutierte einfach besser ausgebildete und jüngere, körperlich leistungsfähigere Mitarbeiter. Einige Unternehmen tauschten ganze Vertriebsmannschaften aus, weil die „Qualität nicht mehr stimmt". Gerade im B2B-Bereich birgt dieses Vorgehen allerdings große Risiken. Die Bedeutung einer langfristigen Vertrauenspartnerschaft zwischen Außendienstmitarbeiter bzw. Berater und Unternehmenskunde ist bei komplexen Investitionsgütern und erklärungsbedürftigen Dienstleistungen sehr hoch. Die Bindung an eine bestimmte Marke wird nahezu ausschließlich durch den Berater im Außendienst hergestellt.[32] Hinzu kommt, dass es einfacher ist, einen einmal gewonnenen, aber zeitweise entfremdeten Kunden wieder an die Unternehmensmarke zu binden, als einen neuen Kunden „kalt" zu akquirieren. Kundenbindung entsteht neben der Produktbindung vor allem durch persönliche Beziehungspflege, und deren Basis geht beim Austausch von Mitarbeitern verloren.[33] So rücken an diesem Punkt gerade die soziale Kompetenz und die Fähigkeit zur Empathie bei Vertriebsmitarbeitern in den Fokus. Unternehmenskunden erwarten zunehmend ein Eingehen auf ihre individuellen Wünsche und speziellen Bedürfnisse und damit eine Perspektivenübernahme als Verhaltensprinzip. Nimmt der Außendienstmitarbeiter die Perspektive des Kunden ein, wird er nicht nur dessen Probleme gezielt erkennen, sondern auch dessen Erwartungen antizipieren, um eine langfristige Beziehung herzustellen.[34] Dieses kundenzentrierte Verhalten gelingt gerade langjährigen, engagierten Vertriebsmitarbeitern in hohem Maße. Besteht aus diesen Gründen eine persönliche Bindung, und wechselt der Mitarbeiter aus Unzufriedenheit mit dem Management zu einem Mitbewerber, geben Unternehmenskunden bei der Frage nach einer Entscheidung zwischen Marke und persönlicher Bindung nicht selten der persönlichen Bindung an den Vertriebsmitarbeiter den Vorrang. Diese Tendenz wird dadurch verstärkt, dass Produkte sich faktisch immer ähnlicher werden und Kunden durch einen Markenwechsel bei gleichbleibendem Ansprechpartner aus ihrer Sicht wenige oder keine Nachteile zu befürchten haben. Hier ist besonders qualifiziertes Personal nötig, das neben profundem Fachwissen über entsprechende Vertriebskompetenzen im Sinne von Soft Skills verfügt. Deshalb sind der persönliche Verkauf, die Beratung und kontinuierliche Betreuung der Kunden im Sinne des Aufbaus einer langfristig loyalen Geschäftsbeziehung der

---

[32]Pepels (2013, S. 51–84).
[33]Vgl. Peter (2001, S. 47).
[34]Bruhn (2001, S. 53); Hadwich (2013, S. 3).

wichtigste Erfolgsfaktor bei der Vermarktung von Investitionsgütern. So beginnt der Verkaufsprozess hier bereits bei der Identifizierung attraktiver Kunden bzw. Interessenten und damit zeitlich wesentlich früher als im B2C-Bereich. Eine Zeit lang haben Unternehmen durch breit gefächerte Kommunikation versucht, diesem entstehenden Effekt durch die persönliche Bindung zwischen Vertriebsmitarbeiter und Kunden entgegenzuwirken und zum Beispiel durch klar strukturierte Vertriebskonzepte die Anzahl der Ansprechpartner erhöht, um dadurch die Bindung an die Marke auf eine breitere personelle Basis zu stellen. Zur Unterstützung der Markenbildung und -bindung können diese Maßnahmen einen Beitrag leisten, werden jedoch gerade im B2B-Bereich die Wirkkraft des direkten Kundenkontaktes nicht abschwächen können.

Dieser Auffassung liegen zwei Überlegungen zugrunde, die beide ihre Argumentationsbasis auf der Seite der Unternehmenskunden haben: Der Versuch, den menschlichen Faktor durch eine Reduzierung auf rein sachliche Aspekte zu minimieren, hat zwar in der Praxis dazu geführt, kurzfristige positive Ergebnisse zu erzielen, langfristig allerdings entstanden erhebliche negative Effekte. So wurden sogenannte Total-Cost-of-Ownership-Aspekte, die eine intensive Beschäftigung über die gesamte Produktlebenszeit auf Kundenseite voraussetzen, bei einer Streuung des Wissens auf mehrere Außendienstmitarbeiter kaum mehr zielgerichtet berücksichtigt. Das dazu erforderliche Wissensmanagement gelingt offenbar nur Einzelverantwortlichen.[35] Dieser Sachverhalt bestätigt auch die These, dass die Zufriedenheit allein nicht den stärksten Einfluss auf die Loyalität des Kunden ausübt, sondern das Vertrauen in deren Erfahrung, denn gerade bei technisch komplexen Produkten kann der Unternehmenskunde neben der Marke nur auf die Aussagen des Außendienstmitarbeiters vertrauen.[36] Dem individuellen Gesamtverhalten des Außendienstmitarbeiters kommt demnach eine herausgehobene Rolle zu, wenn es um die Herstellung eines stabilen Vertrauens zwischen Repräsentanten von Unternehmen geht.[37]

Vierte Herausforderung: Personalbedarf und demografischer Wandel

Auf Basis dieser Überlegungen wächst bei Unternehmen die Erkenntnis, dass der kurzfristige Austausch von Mitarbeitern keine nachhaltige Lösung sein kann. Denn sowohl die Komplexität der Produkte wie auch der korrespondierenden Kundenberatungsprozesse hat erheblich zugenommen. Wissen und Erfahrung sind deshalb wesentliche Faktoren für eine Beratungsqualität, die dem Markenversprechen gerecht zu werden vermag. Neu hinzukommende Mitarbeiter benötigen im B2B gerade bei komplexen Produkten eine deutlich längere und aufwendigere Einarbeitungsphase und stellen damit eine erhebliche Erstinvestition dar.

---

[35]Vgl. Grund (1998, S. 14–20).
[36]Godefroid (1995, S. 27).
[37]Vgl. Käslin (2004, S. 58–61).

Hinzu kommt, dass sich durch den demografischen Wandel die Anzahl der auf dem Arbeitsmarkt zur Verfügung stehenden qualifizierten jungen Mitarbeiter eklatant reduziert. Der „Nachschub" an neuen Mitarbeitern gestaltet sich – um im Praxisjargon zu bleiben – als „äußerst aufwendig" und wird ergänzt um „ausgesprochen schwierig" bis „fast unmöglich".

Ein weiterer Faktor ist in diesem Zusammenhang der gesellschaftliche Wertewandel, der bei den in den 1980er Jahren geborenen „Generation Y" zu beobachten ist. Deren Mitglieder wachsen in einer vernetzten, informationsintensiven und transparenteren Welt auf. Die Globalisierung von Geschmack und Präferenzen führt bei ihnen zu einer Vielfalt der Wahlmöglichkeiten und abnehmender Loyalität – auch dem Arbeitgeber gegenüber. Das Interesse an der eigenen Identität steigt und damit auch das Bedürfnis, deren Profil mit dem der täglichen Arbeit in Einklang zu bringen.[38] Die damit einhergehende Werteverschiebung von tradierten Primärtugenden wie Leistung, Disziplin, Eigenverantwortung und Ehrgeiz hin zu Konsumverhalten, Spaß, Freizeit und Selbstverwirklichung trägt mit dazu bei, dass Unternehmen, deren Leitbild und operative Prozesse eher traditionellen Werten verpflichtet sind, zunehmend Schwierigkeiten haben, jungen Mitarbeitern ihre tradierte Arbeitskultur attraktiv zu machen. Gefordert sind demnach ein neues Denken und darauf aufbauend neue Instrumente der Mitarbeiterentwicklung im Vertrieb – oder wie Albert Einstein in anderem Zusammenhang formulierte: „Die Probleme, die es in der Welt gibt, sind nicht mit der gleichen Denkweise zu lösen, die sie erzeugt hat."

Verkäuferentwicklungsprofil als Lösungsansatz

Da es in der Regel selten gelingt, alle in einem Zeitfenster zu erreichenden Vertriebsziele parallel zu verwirklichen, wird es notwendig sein, mithilfe neuer Instrumente die geschilderten Zielkonflikte zu entschärfen, kontrollierbar zu machen und final aufzulösen.[39] Vor allem sollte es an dieser Stelle darum gehen, Win-win-Optionen zu identifizieren, mit deren Hilfe eine Einzelmaßnahme dem Erreichen gleich mehrerer Ziele dient. In der Betriebswirtschaftslehre wurden zur Lösung solcher Zielkonflikte unterschiedliche Instrumente entwickelt. So leisten Balanced Scorecards eine wirkungsvolle Entscheidungshilfe, indem sie die Zielkonflikte transparent und bearbeitbar machen.[40] An Grundzügen des Modells der Balanced Scorecard wie auch des DuPont-Kennzahlensystems orientiert sich auch die Methodik des Verkäuferentwicklungsprofils, indem es den Prozess zeitlich entzerrt und anhand definierter Kriterien gleich zu Beginn die Eignung von Mitarbeitern für die Verkäufertätigkeit überprüft (Abb. 15.1).[41] Dies wird verbunden mit

---

[38]Parment (2009, S. 51).
[39]Lamla (2001, S. 219).
[40]Gehrlein (2004, S. 277).
[41]Vgl. Hönigsberger et al. (2009, S. 18).

Abb. 15.1 Grundidee eines differenzierten Verkäuferentwicklungsprofils

einer konsensualen Neuordnung der Zielhierarchien, bei der es den Akteuren in der Unternehmensführung gelingt, zu einer Übereinkunft über die vorrangigen Ziele zu kommen und zu deren Erreichen einen höheren Anteil der zur Verfügung stehenden Ressourcen bereit zu stellen.

Einen ähnlichen Ansatz wie die Methodik der zeitlichen Entzerrung und Neupriorisierung verfolgt ein aus der Entscheidungslehre stammendes Verfahren zum Umgang mit Zielkonflikten, das auf der Auswahl der optimalen Alternative für alle Konfliktparteien basiert. Bei dieser sogenannten „lexikografischen Ordnung" wird nach Bildung einer Zielhierarchie zunächst das höchstrangige verfolgt bzw. umgesetzt, während alle anderen Ziele vorerst ganz zurückgestellt werden. Erst in einem zweiten bzw. weiteren Schritten wenden sich die Verantwortlichen dem zweitwichtigsten zu und so weiter, bis alle Ziele berücksichtigt sind.[42] Vor diesem theoretischen Hintergrund bietet ein Verkäuferentwicklungsprofil eine praxisorientierte Lösung, die zwar nicht die beschriebene Gesamtproblematik aufzulösen vermag, aber viele der beschriebenen Zielkonflikte beherrschbarer macht.

---

[42]Fleßa (2010, S. 121).

Einführung eines Verkäuferentwicklungsprofils bei der STILL GmbH

Das B2B-Unternehmen STILL GmbH – fokussiert auf das intelligente Zusammenspiel von Gabelstaplern, Lagertechnik, Software und Dienstleistungen – trägt mit seiner Verkaufsmannschaft sowohl im Direktvertrieb als auch gemeinsam mit einem weltweit agierenden Händlernetz zum Erfolg der börsennotierten KION Group bei.

Für die Implementierung des Verkäuferentwicklungsprofils wurde in einem ersten Schritt ein mit der Marken- und Marktpositionierung von STILL in Einklang stehendes Verantwortlichkeitsprofil erarbeitet. Zunächst wurden alle Verantwortlichkeiten im fachlichen sowie im verhaltensorientierten Bereich definiert. Danach wurden jeder dieser Verantwortlichkeiten diejenigen Fähigkeiten zugeordnet, die zur Wahrnehmung dieser Verantwortlichkeit benötigt werden. Für jede dieser Fähigkeiten wurde der strategisch erforderliche Ausprägungsgrad anhand einer verbindlichen Skalierung definiert.

Mithilfe von Arbeitsheften und Workshops wurden die Stichhaltigkeit des Verkäuferentwicklungsprofils und die Form der Gesprächsführung für Führungskräfte und Mitarbeiter mit dem Ziel der Ermittlung eines Istprofils festgestellt. Im Anschluss daran wurde die Bedienung der bis dahin bereits erstellten online-basierten STILL-Akademie-Plattform zur Dokumentation und Auswertung der Ergebnisse vermittelt und eine erste Befragung zur Ermittlung eines aktuellen Istprofils durchgeführt.

Das System war von Anfang an mehrsprachig gestaltet (Bedienungstext in fünf Sprachen, Verkäuferentwicklungsprofil in 13 Sprachen). So konnte weltweit die Differenz zwischen dem Soll-Profil und dem Istprofil jedes einzelnen Verkäufers in Abhängigkeit von seiner Markt- und Markenpositionierung analysiert und die konkrete individuelle Entwicklung eines jeden Verkaufsmitarbeiters landesspezifisch geplant werden. Im weiteren Verlauf wurden alle bestehenden Weiterentwicklungsprogramme an das Verkäuferentwicklungsprofil angepasst bzw. didaktisch neu gestaltet. Für jedes dieser Entwicklungsprogramme wurde spezifiziert, bei welchem Istprofil es gezielt welche Verbesserung bewirkt (Abb. 15.2). Für bisher nicht erkannte Differenzen zwischen Istprofil und Sollprofil wurden neue oder individuellere Entwicklungsprogramme konzipiert, welche nach

Abb. 15.2 Grundsätzliche Kriterien für ein Verkäuferentwicklungsprofil bei STILL

ihrer Durchführung über eine Lernzielkontrolle evaluiert werden. Seit Einführung dieses Instrumentes finden alle zwei Jahre schriftlich vorbereitete Entwicklungsgespräche statt.

Ein willkommener Nebeneffekt ist, dass Weiterbildung in der Wahrnehmung der Verkaufsmitarbeiter ihren repressiven Charakter verliert. Vielmehr entwickelt sich das Image von Weiterbildung zu einer zukunftsgerichteten und für die Sicherheit und den Erfolg des Einzelnen wie auch des Unternehmens unverzichtbaren Maßnahme. Durch diesen Imagewechsel gelingt es besser, eine intrinsische Lernmotivation aufrechtzuerhalten. So schafft das Unternehmen eine wesentliche Voraussetzung für den Lern- und den daraus resultierenden Umsetzungserfolg, und es gelingt besser, die zukünftig erforderliche Beratungskompetenz sicherzustellen. Gleichzeitig sichert diese verbesserte Beratungskompetenz die Wirksamkeit anderer, parallel stattfindender Kommunikationsmaßnahmen auf die Unternehmensmarke.

Verkäuferentwicklungsprofil und Employer Branding

Im Rahmen der Ausführungen zur vierten Herausforderung wurde die Relevanz der Unternehmensattraktivität für die Rekrutierung neuer Mitarbeiter thematisiert. Ein effektives Employer Branding ist Voraussetzung dafür, dass Menschen der Generation Y mit entsprechendem Potenzial die Unternehmensmarke als zu ihrem persönlichen Profil passend wahrnehmen. Gerade in Gesprächen mit Repräsentanten dieser Zielgruppe zeigte sich, dass die Möglichkeit zur langfristigen persönlichen Weiterentwicklung eine wichtige Voraussetzung für das Interesse am Engagement in einem Unternehmen bildet. Ein anderes wichtiges Kriterium ist die Art und Weise, wie der künftige Erfolg jedes neuen Mitarbeiters methodisch, qualitativ und quantitativ geplant wird. Dabei hat sich gerade das Vorhandensein eines Verkäuferentwicklungsprofils als sehr hilfreich erwiesen, da es potenziellen Mitarbeitern ein hohes Maß an Verlässlichkeit im Umgang mit dem Thema „Mitarbeiterentwicklung" signalisiert.

Gerade an dieser Stelle rückt die Tatsache in den Fokus, dass die geplanten Entwicklungsmaßnahmen nicht nur oder nur bedingt von der alleinigen Entscheidung der künftigen Führungskräfte gesteuert werden, sondern auch fast ausschließlich Basis des strategischen Interesses des Unternehmens formuliert und durchgeführt werden. Für eine Förderung ist deshalb nicht eine möglichst konfliktfreie Beziehung zur Führungskraft ausschlaggebend, sondern ausschließlich die gezeigte Leistung. So können mögliche Bedenken hinsichtlich einer Benachteiligung durch eine „unfaire" Bewertung der Führungskraft bereits im Rekrutierungsprozess ausgeräumt werden. Ein weniger gutes Istprofil wird in der Wahrnehmung des Einzelnen mit einem Plus an Aufmerksamkeit verknüpft und damit zu einem Plus an Entwicklungsmaßnahmen, das als erhöhte Wertschätzung interpretiert wird.

Ein auf die persönliche Weiterentwicklung hin ausgerichtetes Employer Branding wird von Young Professionals mithilfe elektronischen Medien und in Online-Communities kommuniziert und kann die Markenbildung zusätzlich positiv aufladen. Denn die von Kommunikationsabteilungen völlig ungefilterten Kommentare von Mitarbeitern oder Bewerbern über die Unternehmensmarken, für die sie täglich arbeiten, vermitteln Kunden, Journalisten und Bewerbern schnell ein authentisches Bild. An dieser Stelle die

Voraussetzungen für eine ebenso realistische wie positiv konnotierte Einschätzung der Unternehmensmarke durch die interessierte Öffentlichkeit zu schaffen, ist demnach eine wichtige Aufgabe aller Prozessbeteiligten. Der Mehrwert des Verkäuferentwicklungsprofils liegt vor diesem Hintergrund nicht zuletzt in Synergien zwischen internem und externem Employer Branding der Unternehmensmarke.[43]

Fazit

Personalentwicklung und Motivation in der Vertriebsorganisation leisten im B2B-Bereich einen wichtigen Beitrag zur Positionierung und Pflege einer Unternehmensmarke. Die Annahme, dass Einsparungen auf der Ebene der Personalentwicklung im Vertrieb zugunsten anderer Maßnahmen der strategischen Markenpflege zielführend sind, kann widerlegt werden. Vielmehr zeigt sich, dass in die Zukunft gerichtete Investitionen und Instrumente zur Evaluierung in diesem Bereich nachhaltig auf die positive Wahrnehmung einer Unternehmensmarke einzahlen. Die beste Lösung ist wie so oft, das eine zu tun, ohne das andere zu lassen und beides im Sinne der strategischen Markenbildung intelligent zu verknüpfen. Letztlich werden die Folgen des demografische Wandels und der mit dem Eintritt der Generation Y in den Arbeitsmarkt einhergehende Wertewandel zum entscheidenden Prüfstein für eine ebenso intelligente wie zukunftsgerichtete Mitarbeiterentwicklung im Vertrieb, oder, um es mit Winston Churchill zu formulieren: „The Empires of the Future will be the Empires of the Mind."[44]

Über die Autoren

Joachim Karbe ist Gründer und geschäftsführender Gesellschafter der 3 LINES und der 3 LINES Academy GmbH. Davor war er Geschäftsführer bei Krauthammer International, einem globalen Anbieter für Management- und Verkaufstrainings. Seit mehr als 25 Jahren ist er Consultant, Trainer und Coach im Bereich der strategischen Personalentwicklung. Er schafft die Verbindung von Strategie, Kultur und Struktur mit Hilfe des von ihm entwickelten 3 LINES Modell und ist mit seinen Erfahrungen und Fähigkeiten speziell beim inhaber-/familiengeführten Mittelstand und bei großen Vertriebs- und Servicegesellschaften ein gesuchter Ansprechpartner.

---

[43]Zu den einzelnen Schritten des Verkäuferentwicklungsprofils sei auf das nachfolgende Kap. 16 verwiesen.

[44]Parment (2009, S. 51).

 **Matthias Klug** geboren 1962 im thüringischen Schlotheim, begann seine Tätigkeiten für die STILL GmbH im Jahr 1992. Bis 1997 betreute er federführend die Umstrukturierung einer Werksniederlassung sowie den Aufbau eines Vertriebsnetzwerks in den neuen Bundesländern. 1997 übernahm er die Abteilung Verkaufsförderung, Training und Events. Seit 2007 leitet Matthias Klug die internationale Unternehmenskommunikation der STILL GmbH und koordiniert die weltweiten Kommunikationsaktivitäten der gesamten STILL Gruppe.

Mitarbeiterpotenzial nach Maß

Thomas Gey und Matthias Klug

16

Erfolgreiche Unternehmen haben es immer schwerer, sich über Produktinnovationen im Markt dauerhaft zu profilieren. Zunehmende Outsourcing-Bestrebungen, Plattformstrategien und schnelle Imitationen durch eine globalisierte Konkurrenz mit kapitalintensiver Produktion führen zur vermehrten Austauschbarkeit von Produkten unter den Wettbewerbern. Diese Entwicklung erschwert auch eine Markenprofilierung, die sich auf funktionale Vorteile konzentriert. Emotionale Bestandteile werden für einen erfolgreichen Markenaufbau immer wichtiger. Das gilt gerade auch für den B2B-Bereich, der unter Kostendruck zunehmend auf eine Gleichteilestrategie bei Produktbestandteilen setzt. Vor diesem Hintergrund gewinnen Vertriebsmitarbeiter als Erfolgsfaktoren an Bedeutung. Zum einen müssen sie wenige unterscheidbare Vorteile gegenüber der Konkurrenz adäquat in die Akquisitionsverhandlungen einbringen. Zum anderen werden sie selbst als Markenbotschafter im B2B-Sektor immer wichtiger, da sie durch den häufigen direkten Kontakt mit den Kunden einen unmittelbaren und vor allem auch emotionalen Einfluss auf die Verhandlungspartner ausüben können. Dies gilt umso mehr, als die typischerweise erklärungsbedürftigen B2B-Produkte dazu führen, dass der Kunde ihnen häufiger und längere Aufmerksamkeit schenkt als in anderen Wirtschaftssektoren. In diesen Situationen kann nicht nur der Verkaufserfolg maßgeblich beeinflusst, sondern auch das Bild der Marke beim Kunden nachhaltig aufgebaut werden. Der Key-Account-Manager oder Außendienstmitarbeiter wird damit zum Markenbotschafter. Diese Bedeutung wird in der Fachliteratur unter dem Begriff „Behavioural Branding" diskutiert.

T. Gey (✉)
NORDAKADEMIE, Elmshorn, Deutschland
E-Mail: t.gey@nordakademie.de

M. Klug
Buchholz, Deutschland
E-Mail: matthias.klug@still.de

Aufgrund dieser Entwicklung hat eine gezielte Vertriebsmitarbeiterentwicklung, die an wesentliche Erfolgskriterien gekoppelt ist, heute eine entscheidende Bedeutung in Unternehmen erlangt. Im Folgenden wird am Fallbeispiel STILL dargestellt, wie eine solche moderne Entwicklungsunterstützung konzipiert und umgesetzt werden kann.

Herausforderungen für den Vertrieb

Häufig durchlaufen Vertriebsmitarbeiter generelle Schulungsprogramme, die im günstigen Falle aufeinander aufbauen. Dies ist jedoch nicht unbedingt effizient. Mitarbeiter haben unterschiedliche Stärken und Schwächen und häufig einen unterschiedlichen Entwicklungsstand. Je größer die Vertriebsmannschaft, desto größer ist deshalb die Gefahr, mit einheitlichen Programmen nicht effizient zu handeln. Außerdem ist es in Zeiten knapper Budgets wichtig zu wissen, welche Hebelwirkung man mit welcher Maßnahme bei welchem Vertriebsmitarbeiter erzielt.

STILL beschäftigt über 800 Außendienstmitarbeiter, deren Fertigkeiten auf die Zielsetzungen des Unternehmens abgestimmt sein müssen. Neben der fachlichen Qualifikation gehören die sogenannten „Soft Skills" zu den Erfolgsfaktoren eines Verkäufers.

Deshalb hat STILL sich die Aufgabe gestellt, ein Personalentwicklungssystem zu konzipieren, welches an den Zielen des Unternehmens orientiert und gleichzeitig mitarbeiterindividuell gehandhabt werden kann. Daraus resultiert die wesentliche Frage, welche Qualitäten eines Verkäufers notwendig sind, um die strategischen Ziele des Unternehmens zu erreichen.

Erstellung eines Verkäuferentwicklungsprofils

Um die notwendigen Maßnahmen zur Personalentwicklung im Vertrieb abzuleiten, bedarf es der Festlegung von Prioritäten, die sich aus den strategischen Zielen des Unternehmens ableiten. Diese müssen dann so operationalisiert werden, dass sie von den Verkäufern konkret beeinflussbar sind und somit als Bewertungsgrundlage dienen können.

Im Einzelnen bedeutet das:

- Feststellung der strategischen Ziele des Unternehmens.
  Diese sind vor allem auch geprägt durch die Markenpositionierung „intelligente Steuerung der Intralogistik".
- Ableitung der Verantwortlichkeiten für den Vertrieb.
  Diese beziehen sich über den Verkauf hinaus auch auf das weitere Umfeld des einzelnen Mitarbeiters.
- Festlegung konkreter Beeinflussungsdeterminanten.
  Die Ziele werden im Rahmen der Verantwortlichkeiten so weit operationalisiert, dass sie vom Verkäufer unmittelbar beeinflussbar sind.

STILL hat insgesamt neun Verantwortungsbereiche für seine Vertriebsmitarbeiter identifiziert. Diese sind:

- Erreichen der vereinbarten ökonomischen Ziele
- Reibungslose Kommunikation zum Markt und Unternehmen
- Zufriedenheit der Kunden
- Positive Einstellung zur Strategie
- Weiterentwicklung des Wissens für die strategischen Zielsetzungen
- Vorteilhafte Darstellung des Unternehmens nach innen und außen
- Unterstützung durch Verbesserungsvorschläge
- Erhaltung der geistigen und körperlichen Leistungsfähigkeit
- Einhalten von gesetzlichen Bestimmungen und internen Regelungen

Die konkreten Beeinflussungsdeterminanten werden in Fachkompetenzen und Soft Skills unterschieden. Letztere bezeichnet STILL als sogenannte „Eigenschaften" (Abb. 16.1). Zu diesen zählen zum Beispiel Verhandlungsstärke, Kontaktfähigkeit und Zielstrebigkeit. Bei den Fachkompetenzen werden Kenntnisse über Produkte, Services, Präsentationsunterlagen und Ähnliches abgeprüft. Insgesamt sind es derzeit 141 Kriterien. Diese werden durch Geschäfts- und Vertriebsleitung aus den strategischen Zielen abgeleitet. Sowohl die Auswahl der Kriterien als auch der gewünschte Ausprägungsgrad (= Soll-Profil) werden von der Leitungsebene schriftlich begründet. Alle drei Jahre wird das Sollprofil überarbeitet und den aktuellen Zielsetzungen angepasst.

Mitarbeiterdialog und Best-Practice-Vergleich als Basis für individuelle Schulungen

Wie die Überarbeitung der Kriterien erfolgt auch die Verkäuferbewertung regelmäßig alle drei Jahre, um die individuell notwendigen Schulungsmaßnahmen zu identifizieren. Dazu werden sowohl die Verkäufer als auch deren Vorgesetzte per E-mail aufgefordert. Der Verkäufer schätzt sich zunächst selbst anhand der Bewertungskriterien ein, indem er einen ausgedruckten Fragebogen beantwortet (Selbstbild). Anhand des gleichen Fragebogens wird die Verkäuferbewertung auch durch den Vorgesetzten vorgenommen (Fremdbild). Anschließend erfolgt ein gemeinsames Gespräch zwischen beiden. Grundsätzlich beginnt der Verkäufer mit seiner Einschätzung und muss sie – möglichst mit Beispielen – begründen. Um das Gespräch professionell und effektiv führen zu können, gibt es für den Vorgesetzten ein „Managerhandbuch" und für den Mitarbeiter ein „Verkäuferhandbuch". Sie enthalten Hinweise für eine gute Vorbereitung des Dialogs und Richtlinien zur Einigung, wenn bei bestimmten Bewertungspunkten keine sofortige Übereinkunft erzielt werden konnte. Die abgestimmte Bewertung (= Ist-Profil) wird gemeinsam online anhand einer sechsstufigen Skala eingegeben (siehe Abb. 16.1 und 16.2). Dazu hat STILL zusammen mit dem Unternehmen 3 LINES AG eine Software

Legende	
0	Nicht beantwortbar oder trifft nicht zu.
1	keine oder minimale Kenntnisse / Fähigkeiten
2	gute Kenntnisse / Fähigkeiten die in der Praxis fast immer umgesetzt werden
3	gute Kenntnisse / Fähigkeiten, die in der alltäglichen Praxis immer umgesetzt werden (beherrscht das Tagesgeschäft)
4	sehr gute Kenntnisse / Fähigkeiten, die in der alltäglichen Praxis immer umgesetzt werden
5	sehr gute Kenntnisse / Fähigkeiten, die auch in komplexen, nicht alltäglichen Praxissituationen umgesetzt werden
6	gefragter Spezialist mit immer aktuellem Praxisbezug

Fachkompetenz

8	Allgemeine Verkäuferkenntnisse	0	1	2	3	4	5	6
8.1	Grundlegendes Wissen über Material- und Informationsfluss in der Intralogistik	☐	☐	☐	☐	☐	☐	☐
8.2	Grundlegendes Wissen über Batterietechnologien und Ladekonzepte	☐	☐	☐	☐	☐	☐	☐
8.3	Betriebswirtschaftliche Zusammenhänge / TCO	☐	☐	☐	☐	☐	☐	☐
8.4	Markenpositionierung (Unternehmensleitbild, CI / Corporate Identity, Marketingprozess)	☐	☐	☐	☐	☐	☐	☐
8.5	Kennen der Kundenzufriedenheitsbefragung (Customer Satisfaction Index)	☐	☐	☐	☐	☐	☐	☐
8.6	Prämiensystem	☐	☐	☐	☐	☐	☐	☐

9	Software	0	1	2	3	4	5	6
9.1	SAP Mobile Sales Application / MXA	☐	☐	☐	☐	☐	☐	☐
9.2	Microsoft Word	☐	☐	☐	☐	☐	☐	☐
9.3	Microsoft Excel	☐	☐	☐	☐	☐	☐	☐
9.4	Microsoft PowerPoint	☐	☐	☐	☐	☐	☐	☐
9.5	STILL-Service & Salesinfo (www.still-salesinfo.com)	☐	☐	☐	☐	☐	☐	☐
9.6	STILL iPad-Applikationen	☐	☐	☐	☐	☐	☐	☐
9.7	STILL Lead-Management-System	☐	☐	☐	☐	☐	☐	☐
9.8	Rechenprogramme (wie zum Beispiel Kraftstoffrechner, Leasingrechner)	☐	☐	☐	☐	☐	☐	☐
9.9	VNAP-Tool	☐	☐	☐	☐	☐	☐	☐

Abb. 16.1 Beispiel für die Erfassung der „Eigenschaften"

Legende

0	Nicht beantwortbar oder trifft nicht zu.
1	Nicht oder minimal ausgeprägte Eigenschaft
2	Bemerkbare Eigenschaft, wenig gelebt/gezeigt
3	Vorhandene, oft gelebte/gezeigte Eigenschaft
4	Ausgeprägte und fast immer gelebte/gezeigte Eigenschaft
5	Deutlich ausgeprägte und immer gelebte/gezeigte Eigenschaft
6	Starkes Persönlichkeitsmerkmal, immer vorbildlich

2	... für die Zufriedenheit aller Kunden	0	1	2	3	4	5	6
2.1	Kompetente Beratung (wird durch Kunden geschätzt)	☐	☐	☐	☐	☐	☐	☐
2.2	Analytisches Denken - Analysiert die Kundenanforderungen/-bedarfe	☐	☐	☐	☐	☐	☐	☐
2.3	Zuverlässigkeit (vereinbart immer konkrete Folgetermine/Termine/Aktivitäten und hält diese ein)	☐	☐	☐	☐	☐	☐	☐
2.4	Entscheidungsfähigkeit	☐	☐	☐	☐	☐	☐	☐

3	... für die reibungslose Kommunikation in alle Unternehmensbereiche	0	1	2	3	4	5	6
3.1	Freundlichkeit gegenüber allen Mitarbeitern	☐	☐	☐	☐	☐	☐	☐
3.2	Kritikfähigkeit (Empfangen und Geben)	☐	☐	☐	☐	☐	☐	☐
3.3	Teamorientiert (Ist bereit, persönliche Interessen hinter die Interessen des Teams zu stellen. Redet mit den Teammitgliedern, nicht über sie. Unterhält gute Kontakte zu anderen Teams/Abteilungen.)	☐	☐	☐	☐	☐	☐	☐
3.4	Interesse an unternehmensrelevanten Prozessen	☐	☐	☐	☐	☐	☐	☐

4	... für die Aufrechterhaltung und Weiterentwicklung meines Wissens im Sinne der STILL-Strategie	0	1	2	3	4	5	6
4.1	Eigeninitiative	☐	☐	☐	☐	☐	☐	☐
4.2	Setzt die richtigen Prioritäten	☐	☐	☐	☐	☐	☐	☐

Abb. 16.2 Beispiel für die Erfassung der Fachkenntnisse

entwickelt, welche die Abläufe der Personalentwicklung systematisiert. Das System ist datenbankbasiert, internet- und lernfähig.

Die Differenz zwischen Ist- und Soll-Profil ist nun der für die nächsten drei Jahre zu trainierende Bedarf eines jeden einzelnen Vertriebsmitarbeiters. Dieser möglicherweise recht umfangreiche individuelle Trainingsplan wird in seinen Facetten noch einmal gewichtet, um mit den erfolgsträchtigsten Schulungseinheiten zu beginnen. Dazu wurde der sogenannte Best-Practice-Ansatz gewählt. Grundgedanke der gewählten Vorgehensweise ist: Die besten Verkäufer verfügen über eine vorbildliche Ausprägung bestimmter Eigenschaften.

Für die Wahl der besten Verkäufer hat man sich an dem Pareto-Prinzip orientiert, häufig auch als 80/20-Regel bezeichnet. Nach diesem Prinzip wurden bei STILL die Top-Verkäufer selektiert. Es stellte sich auch hier heraus, dass die besten 20 % sich deutlich im Erfolg von den anderen unterscheiden. Der Erfolg wird dabei nicht nur an den erzielten Umsatz gemessen. Weitere Kriterien sind u. a. die Anzahl verkaufter Neugeräte im Vergleich zum Marktpotenzial, der gegebene Durchschnittsrabatt und die Anzahl gewonnener Neukunden. Interessant war nun die Frage, in welchen Eigenschaften und Fachkenntnissen sich die 20 % besten Verkäufer signifikant von den übrigen 80 % unterschieden. Für diese Analyse wurde ein T-Test herangezogen.[1] Im Ergebnis zeigt sich, dass zu den hochsignifikanten Bewertungskriterien für die besten Verkäufer aktuell zum Beispiel die Persönlichkeitsmerkmale Verhandlungsstärke, Kontaktfähigkeit und Entscheidungsfähigkeit zählen. Bei den Fachkenntnissen sind beispielsweise produktspezifische Einsatzfelder, branchentypische Anwendungen und die Kenntnis des Prämiensystems entscheidend für die erfolgreichen Verkäufer. Auf Basis dieser Resultate können die maßgeblichen Schulungsinhalte abgeleitet werden. Dies unterstützt die Software und schlägt passende Maßnahmen für den jeweiligen Verkäufer vor. Die orangefarbene Markierung gibt den Schwellenwert an, bis zu dem eine Trainingsteilnahme empfohlen wird (Abb. 16.3).

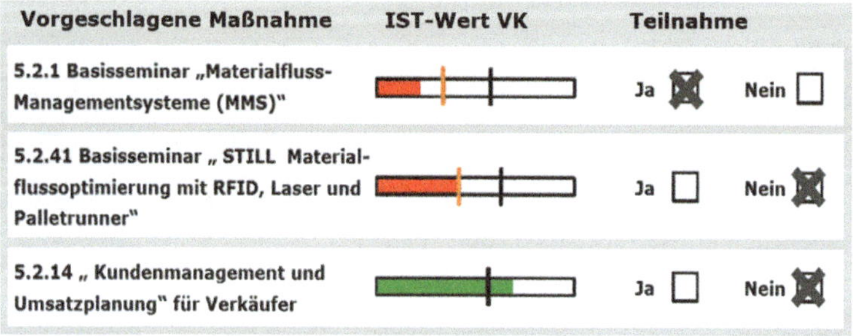

Abb. 16.3 Individuell abgeleiteter Mitarbeiterschulungsplan unter Berücksichtigung von Budgetrahmen

---

[1] Es handelt sich um einen Hypothesentest, mit dem Annahmen über den Erwartungswert von Grundgesamtheiten mit unbekannter Standardabweichung überprüft werden können.

Die erforderlichen Maßnahmen werden für jeden Verkäufer individuell in der Rangfolge der Prioritäten aufgelistet. Diese unterscheiden sich von Verkäufer zu Verkäufer, je nach seinen Aufgabenschwerpunkten. Die vertikale Markierung stellt den Soll-Wert für den Mitarbeiter dar. An diesem Punkt sind die erforderlichen Kenntnisse ausreichend. Wie in der (Abb. 16.3) erkennbar, können bei den Vorschlägen auch Budgetgrenzen im System berücksichtigt werden (Pfeil-Markierung). Vielleicht wäre manchmal eine Trainingsmaßnahme durchaus angezeigt, kann aber aus Budgetgründen nicht im erforderlichen Umfang genehmigt werden. Damit wird nicht nur individuell, sondern auch unter Kostengesichtspunkten engpassorientiert vorgegangen.

Benefits des entwickelten Systems

Dieses konzipierte Verkäuferentwicklungssystem wird vielen Ansprüchen gerecht:

- Bedarfs- und zielgerichtete Weiterbildung für den Verkäufer mit hoher Nachvollziehbarkeit
- Persönlicher Aus- und Weiterbildungsplan für die nächsten drei Jahre
- Förderung des Dialogs zwischen Verkäufer und Führungskraft
- Effizientes und innovatives Werkzeug für die Vertriebsleitung zur Entwicklung seiner Verkäufer
- Kausale Ableitung des Trainingsangebots der STILL-Akademie
- Objektivere Beurteilung von beantragten Budgets zur Schulung von Vertriebsmitarbeitern

Für die übergeordneten Leitungsebenen des Unternehmens ergeben sich weitere wesentliche Vorteile. So werden kausale Zusammenhänge zwischen Weiterbildungsmaßnahmen und Unternehmenserfolg berücksichtigt. Selbst für den Betriebsrat ergeben sich potenziell weniger Reibungsverluste. Denn willkürliche Seminarempfehlungen oder -streichungen durch Vorgesetzte werden erschwert. Letztlich ist es auch im Sinne der Investoren, wenn kausale Zusammenhänge zwischen Weiterbildungsmaßnahmen und Unternehmenserfolg systematisch verfolgt werden.

Für die Verantwortlichen ist ein weltweiter Zugriff über das Internet möglich, und die Entwicklungserfolge werden durch E-Learning-Programme überprüft, soweit das für die betreffende Fähigkeit sinnvoll ist. Außerdem können die Ergebnisse verglichen und damit auch Rückschlüsse auf den Erfolg der Maßnahmen gezogen werden (Abb. 16.4).

Es können beliebig strukturierte Mitarbeitergruppen miteinander verglichen werden, so zwischen Werksniederlassungen oder Ländern.

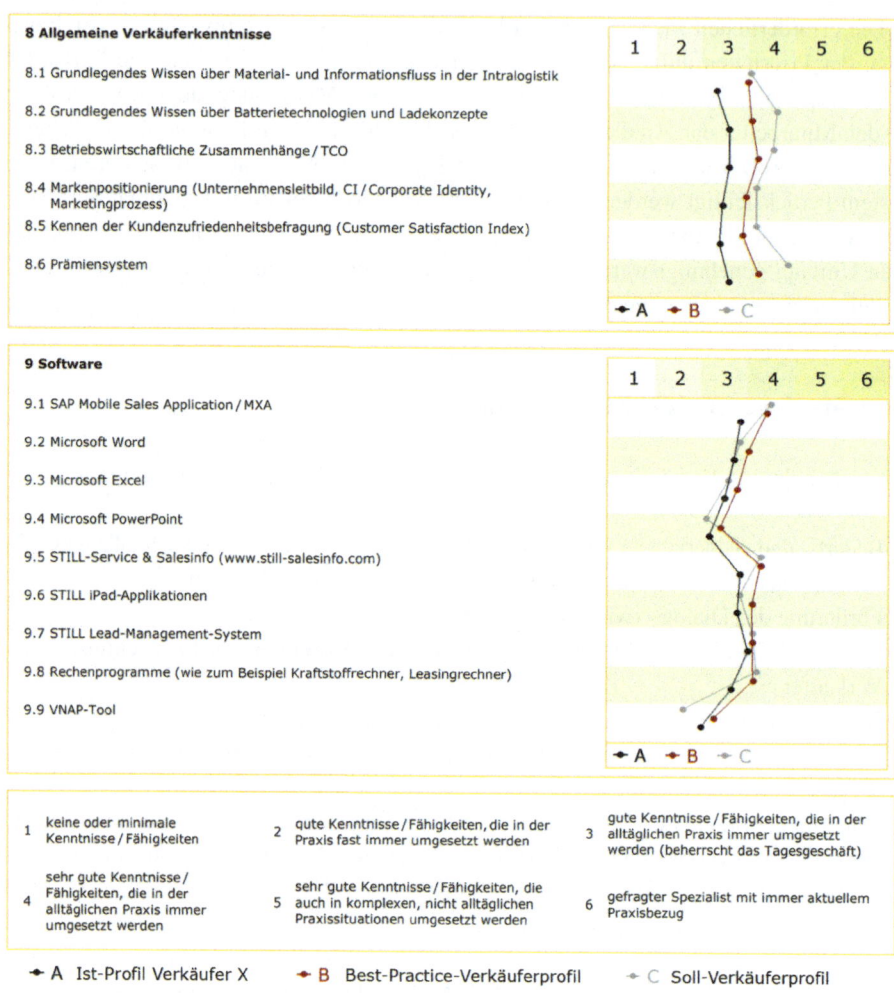

Abb. 16.4 Verkäuferentwicklungsprofile im Ergebnisvergleich

Bisherige Erfahrungen mit dem System

Seit der Einführung des Systems im Jahre 2004 werden Analysen durchgeführt. Bei der ersten Analyse zeigten sich recht deutliche Unterschiede zwischen den Verkäufern. Das betraf nicht nur den Abstand zu den besten 20 %, sondern auch Erfolgsunterschiede innerhalb der übrigen 80 % der Verkäufer (Abb. 16.5), wenn auch in geringerem Maße.

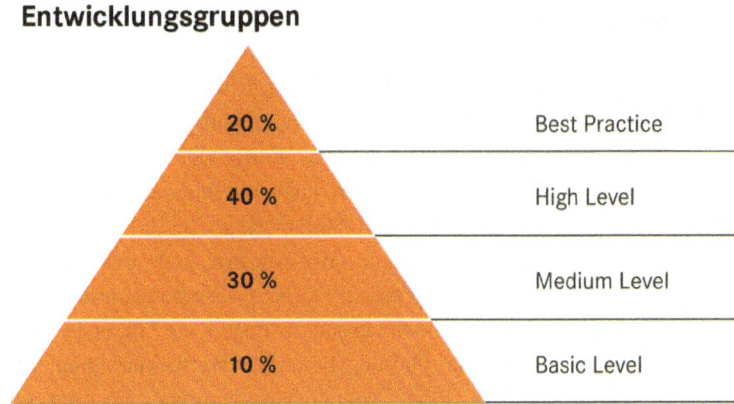

Abb. 16.5 Einteilung der Vertriebsmitarbeiter bei STILL

Nach einer weiteren Neubewertung zeigte sich, dass die beste Verkäufergruppe noch erfolgsträchtiger geworden war, aber auch die zweite und dritte Gruppe gemessen am Erfolg näher an die erste herangerückt sind.

Fazit

„Das einzige Kapital, das ich habe, sind meine Mitarbeiter", soll Bill Gates einmal geäußert haben. Vor dem Hintergrund zunehmender Angebotsflut und Austauschbarkeit von Produkten einerseits, aber auch zunehmender Komplexität aus Kundensicht andererseits wird die regelmäßige Weiterbildung von Mitarbeitern einen immer höheren Stellenwert für den Markterfolg haben. Unternehmen werden sich in Zukunft hauptsächlich über die Kreativität ihrer Mitarbeiter und hervorragende Beratungs- und Dienstleistungen im Wettbewerb von der Konkurrenz unterscheiden können. Das implementierte moderne Verkäuferentwicklungssystem im Rahmen der Mitarbeiterentwicklung ist in diesem Sinne für STILL ein flexibles Instrument, das sich den veränderten Markterfordernissen anpassen kann und dabei jederzeit ziel- und erfolgsgerecht verhält. Es verhindert eine Akademie als starre Institution, in welcher Seminarangebote gießkannenartig über die Mitarbeiter verteilt werden.

Über die Autoren

Dr. Thomas Gey ist Professor für Marketing & Strategische Unternehmensentwicklung an der privaten Hochschule der Wirtschaft NORDAKADEMIE (Hamburg und Elmshorn). Er lehrt auch an internationalen Universitäten in den USA und Südamerika. Zuvor war er Vorstandsassistent in einem Großkonzern und anschließend Partner einer international tätigen Beratungsgesellschaft. Seine Forschungsschwerpunkte liegen vor allem in den Themen Branding, Online-Marketing, Werte-Marketing, Markt- und Werbe- sowie Verhaltenspsychologie. Er führt regelmäßig Beratungsprojekte und Seminare zur Marken-, Leitbild-, Motivations- und Persönlichkeitsentwicklung durch.

Matthias Klug geboren 1962 im thüringischen Schlotheim, begann seine Tätigkeiten für die STILL GmbH im Jahr 1992. Bis 1997 betreute er federführend die Umstrukturierung einer Werksniederlassung sowie den Aufbau eines Vertriebsnetzwerks in den neuen Bundesländern. 1997 übernahm er die Abteilung Verkaufsförderung, Training und Events. Seit 2007 leitet Matthias Klug die internationale Unternehmenskommunikation der STILL GmbH und koordiniert die weltweiten Kommunikationsaktivitäten der gesamten STILL Gruppe.

17 Begeisterung im Kundendialog

Heiko Görtz und Steffen Kneist

Ausgangssituation

Kunden sind heute informierter als jemals zuvor, denn die Verfügbarkeit von Daten hat durch die Etablierung neuer Kommunikationskanäle deutlich an Intensität und Geschwindigkeit gewonnen. Besonders die Nutzung mobiler Kommunikationskanäle zur Informationsbeschaffung steigt rasant. Die Nutzung von Smartphones uns Tablets hat sich im B2C-Bereich weitgehend durchgesetzt und nimmt auch im B2B-Bereich stetig zu. Laut einer Studie der IHF von 2012 nutzen 72 % der Geschäftskunden das Internet als Informationsquelle vor einer Anschaffung. Immer mehr Menschen übertragen ihr privates Multi-Channel-Verhalten auf den Geschäftsalltag.[1]

Gerade im B2B-Bereich hat der persönliche Verkauf im Vertrieb eine hohe Relevanz für die Markenstärke.[2] Insbesondere Zufriedenheit und Vertrauen des Kunden können in hohem Maße beeinflusst werden.[3] Dieser Umstand hat zur Folge, dass Unternehmen mit starken Marken den direkten Vertrieb gegenüber dem kostengünstigeren Weg über den Handel vorziehen. Ein prägnantes Beispiel ist die Werkzeugmarke HILTI, die den Direktvertrieb erfolgreich praktiziert und bei der etwa zwei Drittel aller Mitarbeiter persönlichen Kundenkontakt haben.

---

[1] Vgl. Handelsjournal (2012).
[2] Vgl. z. B. Binckebanck (2006).
[3] Vgl. Berry (2000).

H. Görtz (✉) · S. Kneist
Hamburg, Deutschland
E-Mail: info@meltingelements.com

S. Kneist
E-Mail: info@meltingelements.com

Der persönliche Verkauf beim Kunden ist die entscheidende Phase zur Umsetzung des Brandings. Verhält sich der Vertrieb nicht markenkonform, können die bisherigen Investitionen in die Brandingstrategie, wie Markenpositionierung oder Werbung, verpuffen. Im Gegensatz zur Kommunikation über Medien können die Markenverantwortlichen des Unternehmens das Verkaufsgespräch nicht direkt beeinflussen, sondern nur die Rahmenbedingungen so gestalten, dass sich der Außendienst markenkonform und damit wertsteigernd verhält. Dazu zählen Schulungs- und Motivationsmaßnahmen, aber auch eine entsprechende Ausstattung, die den Verkäufer in der Akquise unterstützt. Hier setzt STILL auf eine verkaufsunterstützende Software in mobilen Endgeräten. Bereits im Jahre 2009 wurden dazu erste Erfahrungen mit der Entwicklung mobiler Applikationen gesammelt.

Festlegung der Ziele und Zielgruppen

Primäres Ziel war es, dem Vertrieb zu ermöglichen, die Kundengespräche effizienter und anschaulicher zu führen. Die Grundidee hierzu war ein interaktiver Showroom für die Aktentasche, den man Kunden und Interessenten sogar mit nach Hause geben kann. Das Leistungsangebot von STILL sollte zudem optisch ansprechend sowie spielerisch und interaktiv erfahrbar sein.

Dies führte zur Entwicklung des STILL EASY-Systems (Abb. 17.1). Es wurde so konzipiert, dass aus einer gemeinsamen Datenbasis zwei verschiedene App-Versionen

Abb. 17.1 Die neue Designwelt für mobile Applikationen von STILL mit dreidimensionaler Bedienoberfläche

für unterschiedliche Zielgruppen generiert werden können. So stehen Kunden und Interessenten wichtige Module wie der ProductSelector und das gesamte Leistungsportfolio in Form des STILL PartnerPlans zur Verfügung. Die unternehmensinterne Applikation für den internationalen Vertrieb wurde um verkaufsrelevante Daten und interne Informationen erweitert. Dazu zählen Wettbewerbsvergleiche, Preislisten und Meldungen aus dem Intranet.

Der modulare Aufbau der Datenbasis ermöglicht es, zukünftig auch weitere Applikationen für neue Zielgruppen schnell zur Verfügung zu stellen.

Identifizierung der Inhalte und Funktionen

Als sehr zeitintensiv stellte sich die Ableitung der relevanten Inhalte und deren Aufbereitung für das iPad heraus. Sie müssen auf dem neuesten Stand sein und auch auf allen anderen Kommunikationskanälen verwendet werden können. Deshalb war eine enge Zusammenarbeit der einzelnen Fachabteilungen mit der Agentur sinnvoll und nötig. Für die bestmögliche Abbildung der gewünschten Funktionen in der App bot sich die Definition von Use Cases an. Es handelt sich dabei um die Identifikation von Nutzungsabläufen für die jeweiligen Zielgruppen, die bei der Nutzung der App bestimmte Ziele verfolgen. Bei STILL wurden für die Gesamtkonzeption Workshops mit den betroffenen Abteilungen wie Vertrieb, Marketing und Entwicklung durchgeführt. Gemeinsam mit Produkttrainern und Verkäufern wurden relevante USPs und dazugehörige Argumente zu den Produkten erarbeitet. Ergänzend wurden Überlegungen zur Art der Darstellung und Interaktion auf dem iPad angestellt. Das Ergebnis: über 2400 Fotos, 40 Videos, 70 Slideshows, 34 drehbare und hochauflösende Abbildungen von Fahrzeugmodellen sowie 50 gelayoutete Fahrzeug-PDFs.

Sämtliche Textinhalte wurden mehrsprachig übersetzt. Ziel war es, allen Auslandsgesellschaften von STILL eine Version in der entsprechenden Muttersprache zur Verfügung zu stellen.

Technologie und Marktpsychologie bestimmen die Endgeräte

Eine wichtige Entscheidung betraf das geeignete mobile Endgerät. Es sollte einerseits ein intuitiv bedienbares, innovatives Gerät sein und damit den Nutzer emotional ansprechen. Andererseits musste den hohen Anforderungen einer umfassenden Datensicherheit Rechnung getragen werden. Vorteilhaft ist, wenn der Verkäufer bereits mit einem solches Gerät im privaten Einsatz Erfahrung hat. Das fördert die Akzeptanz und reduziert den Schulungsaufwand. Auch die Marktverbreitung des Endgeräts spielte bei der Auswahl eine Rolle. Die genannten Überlegungen präjudizierten das iPad.

Darüber hinaus liefert Apple das passende Sicherheitsmanagement und auch das Distributionssystem gleich mit – den sogenannten Enterprise App Store. Dieser ermöglicht es Unternehmen, den eigenen Mitarbeitern eine Auswahl relevanter Applikationen zur Verfügung zu stellen – losgelöst vom öffentlichen Apple App Store. Eine Management-Software für mobile Endgeräte erlaubt es, die Distribution zu kontrollieren. Dadurch wird sichergestellt, dass nur berechtigte Personen mit freigegebenen iPads die App und deren Inhalte ansehen können.

In diesem Zusammenhang darf auch die marktpsychologische Bedeutung des iPads und damit der sogenannte HALO-Effekt[4] auf die Marke STILL nicht unterschätzt werden. Apple gilt weltweit als äußerst innovative Premiummarke. Dies ist nicht zuletzt auf die bis heute sehr erfolgreiche Produktpalette mit weitreichenden Erfindungen und auch die Inszenierungen von Produktneueinführungen seines Gründers Steve Jobs zurückzuführen. Nutzt ein Verkäufer nun ein iPad im Verhandlungsgespräch, so kann er deshalb vom HALO-Effekt profitieren. Das Innovationsimage des Marktführers Apple färbt auf ihn und die Marke STILL ab. Erste Befragungen zeigen selbst bei den Mitarbeitern einen gewissen Stolz, ein iPad in der Akquise einsetzen zu dürfen.

Gamification-Ansatz und 3-D-Benutzerführung als Motivationsanreiz

Komplexe Sachverhalte leicht nachvollziehbar zu machen, ist nicht einfach und setzt neben Kreativität auch ein hohes Maß an Produktverständnis und Abstraktionsvermögen voraus. Die App sollte zur Nutzung motivieren und in der Anwendung Spaß machen. Deshalb wurden die technischen Möglichkeiten des iPads ausgereizt, um möglichst viele Informationen und Sachverhalte nach dem Prinzip des Gamification-Ansatzes interaktiv erfahrbar zu machen. Studienergebnisse zeigen, dass sich durch die Implementierung spielerischer Elemente eine Motivationssteigerung der Nutzer erreichen lässt.[5] So nutzt die App von STILL bei der 360°-Innenansicht der Fahrerkabinen beispielsweise den im iPad integrierten Gyrosensor, der Bewegungen des Endgeräts registriert. Der Kunde kann virtuell in der Fahrerkabine Platz nehmen, sich durch die Bewegung des iPads interaktiv in der Kabine umsehen und seinen Arbeitsplatz auf diese Weise spielerisch entdecken (QR-Code am Ende des Kapitels führt zur Demonstration im Video). Alle Bereiche der App wurden auf eine solche intuitive Benutzung ausgelegt: Der „ProductSelector" macht die Ergebnisse einer Nutzereingabe nach dem Prinzip „See what you do" unmittelbar sichtbar (Abb. 17.2).

Darüber hinaus wurde eine neue Designwelt entworfen. Eine dreidimensionale Benutzeroberfläche zieht sich durch alle Bereiche der App und bietet so die räumliche Perspektive, die Eigenschaften der Produkte von STILL aus allen Blickwinkeln zu zeigen. Eigens für die App entworfene Schaltflächen und Interaktionselemente verleihen der App mehr

---

[4]Die Bedeutung des Halo-Effektes ist in Kap. 7 näher beschrieben.
[5]Hamari und Koivisto (2015).

17 Begeisterung im Kundendialog

Abb. 17.2 Der ProductSelector

Eigenständigkeit und lösen so die Applikation optisch vom Medium iPad. Die räumliche Bühne, prägnante Ecken und eine durchlaufende Nut mit orange leuchtenden Sektionen finden sich in allen Bereichen des User Interfaces wieder. Der Nutzer kann sich damit aus einer sehr realitätsnahen Perspektive sein individuelles Angebot zusammenstellen. Ist die Designphase abgeschlossen, bietet sich die Erstellung eines Prototypen an.

Einfachheit und Sicherheit bestimmen die technische Umsetzung

Nachdem die Inhalte gesammelt, ein umfangreiches Sicherheitskonzept zum Schutz der sensiblen Daten erarbeitet und das User-Interface-Design entwickelt wurde, konnte die technische Umsetzung der App gestartet werden.

Aufgrund der Komplexität wurde ein Prototyp erstellt. Er ermöglicht den ersten Eindruck vom finalen Produkt. Der Aufwand für die Entwicklung eines Prototypen kann dabei sehr unterschiedlich sein: von einem einfachen Aneinanderreihen und Verknüpfen der einzelnen Screens bis hin zu einem voll funktionsfähigen Klickdummy. Damit werden noch vor Beginn der eigentlichen Programmierung Konzept und grafische Oberfläche geprüft, um aufwendige nachträgliche Änderungen der „echten" App zu vermeiden.

Sobald die App vollständig umgesetzt war, konnte mit dem Roll-out begonnen werden. Speziell bei Apps, die unternehmensinterne Informationen enthalten, bietet sich der Einsatz einer Mobile-Device-Management-Software an. Damit lassen sich Implementierungen von Smartphones und Tablet-PCs vom Unternehmen professionell verwalten. Neue Geräte werden zentral angemeldet und konfiguriert. Die Einhaltung unternehmenseigener Sicherheitsrichtlinien ist damit gewährleistet und ein sicherer Zugang zum Firmennetzwerk jederzeit garantiert. Das nach den aufgeführten Kriterien entwickelte STILL EASY-System wird seitdem erfolgreich von den Mitarbeitern im Direktvertrieb eingesetzt.

Fazit

Dieses Fallbeispiel zeigt, wie man sich im Marketing und Vertrieb durch den Einsatz neuer Technologien den Herausforderungen eines sich verändernden Marktes stellen kann. Es wird deutlich, welche Schritte für eine leicht zu bedienende und mehrwertschaffende App im Vertrieb eines B2B-Unternehmens notwendig sind. Selbst die Auswahl des iPads von Apple als Hardwareplattform unterliegt nicht persönlichen Geschmacksvorstellungen, sondern kann fachlich nachvollziehbar begründet werden. Aufgrund der bisherigen Erfahrungen ist die STILL EASY iPad-App im persönlichen Verkauf nicht mehr wegzudenken. Das bestätigt das Feedback der Verkäufer und Kunden, die vor allem die individuelle Simulation und den hohen Visualisierungsgrad der intralogistischen Lösungskompetenz von STILL für ihre eigenen Anforderungen zu schätzen wissen. Last but not least sei betont, dass mit der Entwicklung der STILL EASY-Applikation auch das Image der Marke gezielt gefördert wird. Gerade die Markennutzen *anwenderfreundlich*, *zukunftsgerecht* und *maßgefertigt* nehmen Mitarbeiter und Kunden bei der Nutzung des Systems intensiv multisensorisch wahr (Abb. 17.3).[6]

Abb. 17.3 QR-Code: STILL EASY System

---

[6]Vgl. dazu die Ausführungen im Kap. 2.

Über die Autoren

Heiko Görtz geboren 1984, studierte Sprachwissenschaften und Philosophie gefolgt von einem Studium der Journalistik und Kommunikationswissenschaft. Nach einigen Jahren journalistischer Tätigkeit für verschiedene Hörfunk- und Printmedien zog es ihn in die internationale Unternehmenskommunikation eines führenden Industrieunternehmens, wo er sich auf die Konzeption strategischer Kommunikationsmaßnahmen und Corporate Publishing konzentrierte. Heute arbeitet Heiko Görtz als Director Text für die Hamburger Kreativ- und Digitalagentur melting elements.

Steffen Kneist ist Geschäftsführer der melting elements gmbh, einer mehrfach preisgekrönten Kommunikationsagentur in Hamburg. Er verantwortet den Bereich Digitales Marketing und hilft Unternehmen, sich erfolgreich in den Online-Kanälen zu positionieren.

Literatur

Ackermann, J.M., Nocera, C.C., Bargh, J.A.: Incidental haptic sensations influence social judgments and decisions. Science **328**, 1712–1715 (2010)
Akao, Y.: QFD. Quality Function Deployment. Wie die Japaner Kundenwünsche in Qualität umsetzen. Moderne Industrie, Landsberg am Lech (1992)
Amann, G., Wipplinger, R.: Abenteuer Psyche. Braumüller, Wien (2001)
Anderson, J.R.: Kognitive Psychologie, 7. Aufl. Springer VS, Wiesbaden (2013)
Arnold, U.: Global Sourcing. Strategiedimensionen und Strukturanalysen. In: Hahn, D. (Hrsg.) Handbuch industrielles Beschaffungsmanagement, 2. Aufl., S. 201–220. Gabler, Wiesbaden (2002)
Assmann, A.: Individuelles Bildgedächtnis und kollektive Erinnerung. https://www.boell.de/de/demokratie/kulturaustausch-6769.html. Zugegriffen: 26. Febr. 2016
Backhaus, K., Voeth, M.: Industriegütermarketing. Vahlen, München (2010)
Bandura, A.: Lernen am Modell. Ansätze zu einer sozial-kognitiven Lernmethode. Klett-Cotta, Stuttgart (1976)
Bandura, A., Walters, R.H.: Social Learning and Personality Development. Holt R. & W., New York (1963)
Bateson, G.: Ökologie des Geistes. Anthropologische, psychologische, biologische und epistemologische Perspektiven. Suhrkamp-Taschenbuch Wissenschaft, Bd. 571. Suhrkamp, Frankfurt a. M. (1992)
Bauer, H.H., Grether, M., Borrmann, U.: Die Erklärung des Nutzerverhaltens in elektronischen Medien mit Hilfe der Flow-Theorie. Marketing ZFP. J. Res. Manage. **1**, 17–30 (2001)
Bausback, N.: Positionierung von Business-to-Business-Marken. Konzeption und empirische Analyse zur Rolle von Rationalität und Emotionalität. Deutscher Universitäts-Verlag, Wiesbaden (2007)
Becker, H.: Auf Crashkurs Automobilindustrie im globalen Verdrängungswettbewerb. Springer, Berlin (2005)
Belsky, G., Gilovich, T.: Why Smart People Make Big Money Mistakes – and How to Correct Them. Lessons From the New Science of Behavioral Economics. Simon & Schuster, New York (1999)
Benz, L.: Das selbstbewusste Produkt. In: Buck, A., Vogt, M. (Hrsg.) Design-Management Was Produkte wirklich erfolgreich macht, S. 135–144. Frankfurter Allgemeine & Gabler, Frankfurt a. M. (1997)
Berekoven, L., Eckert, W., Ellenrieder, P.: Marktforschung. Methodische Grundlagen und praktische Anwendung. Gabler, Wiesbaden (2004)

Berger, P.L., Luckmann, T.: Die gesellschaftliche Konstruktion der Wirklichkeit Eine Theorie der Wissenssoziologie. Fischer, Frankfurt a. M. (2013)

Bergstrom, A., Blumenthal, D., Crothers, S.: Why internal branding matters. The case of Saab. Corp. Reput. Rev. **5**, 133–142 (2002)

Berry, L.L.: Cultivation service brand equity. J. Acad. Mark. Sci. **28**(1), 128–137 (2000)

Berry, L.L., Lampo, S.S.: Brand in labour-intensive services. Bus. Strategy Rev. **15**(1), 18–25 (2004)

Beutin, N.: Management von Kundenzufriedenheit bei Maschinenbau- und Industriegüterunternehmen. In: Homburg, C. (Hrsg.) Kundenzufriedenheit, S. 529–563. Gabler, Wiesbaden (2005)

Binckebanck, L.: Interaktive Markenführung. Der persönliche Verkauf als Instrument des Markenmanagements im B2B-Geschäft. Diss. Deutscher Universitäts-Verlag, Wiesbaden (2006)

Bloch, P.: Seeking the ideal form. Product design and consumer response. J. Mark. **59**(3), 16–29 (1995)

Bonacker, T., Imbusch, P.: Zentrale Begriffe der Friedens- und Konfliktforschung. In: Imbusch, P., Zoll, R. (Hrsg.) Friedens- und Konfliktforschung. Eine Einführung, S. 67–142. VS Verlag, Wiesbaden (2010)

Braun, T., Röhler, A., Weber, F.: Kurzlehrbuch Physiologie. Urban & Fischer, München (2006)

Bretherton, I.: Die Geschichte der Bindungstheorie. In: Spangler, G., Zimmermann, P. (Hrsg.) Die Bindungstheorie. Grundlagen, Forschung und Anwendung, S. 27–48. Klett-Cotta, Stuttgart (2009)

Bruch, H., Ghoshal, S.: Entschlossen führen und handeln Wie erfolgreiche Manager ihre Willenskraft nutzen und Dinge bewegen. Gabler, Wiesbaden (2006)

Bruhn, M.: Relationship Marketing. Das Management von Kundenbeziehungen. Vahlen, München (2001)

Bülthoff, H.H., Bülthoff, I.: Funktionelle Prinzipien der Objekt- und Gesichtserkennung. In: Karnath, H.-O., Thier, P. (Hrsg.) Kognitive Neurowissenschaften, S. 129–138. Springer Medizin, Heidelberg (2012)

Bürdek, B.E.: Produktgestaltung heute. Format **833**(1980), 84 (1980)

Burmann, C., Zeplin, S.: Building brand commitment. J. Brand Manage. **12**(4), 279–300 (2005a)

Burmann, C., Zeplin, S.: Innengerichtetes identitätsbasierters Markenmanagement. In: Meffert, H., Burmann, C., Koers, M. (Hrsg.) Markenmanagement. Identitätsorientierte Markenführung und praktische Umsetzung, S. 116–140. Gabler, Wiesbaden (2005b)

Bushnell, E.W., Boudreau, J.P.: The development of haptic perception during infancy. In: Heller, M.A., Schiff, W. (Hrsg.) The Psychology of Touch, S. 139–161. Psychology Press, Abingdon (1991)

Buß, E., Fink-Heuberger, U.: Image-Management. Wie Sie Ihr Image-Kapital erhöhen FAZ-Institut für Management. Markt- und Medieninformationen, Frankfurt a. M. (2000)

Carbon, C.-C., Leder, H.: The repeated evaluation technique. A method to capture dynamic effects of innovativeness and attractiveness. Appl. Cognitive Psychol. **19**(5), 587–601 (2005)

Carlzon, J.: Moments of Truth. Harper Perennial, New York (1987)

Chen, L.-L., Kang, H.-C., Hung, W.-K.: Effects of design features on automobile styling perceptions. International association of societies of design research, The Hong Kong Polytechnic University, 639–699 November 2007

Conrady, R.: Motivation zur Selbstdarstellung und ihre Relevanz für das Konsumentenverhalten. Europäische Hochschulschriften: Volks- und Betriebswirtschaft, Bd. 1101. Peter Lang, Frankfurt a. M. (1990)

Cowan, N.: The magical number 4 in short-term memory. A reconsideration of mental storage capacity. Behav. Brain Sci. **24**, 87–185 (2001)

Csikszentmihalyi, M.: Das Flow-Erlebnis Jenseits von Angst und Langeweile. Im Tun aufgehen. Klett-Cotta, Stuttgart (2005)

D'Intino, R.S., Goldsby, M.G., Houghton, J.D., Neck, C.P.: Self-leadership: A process for entrepreneurial success. J. Leadersh. Organ. Stud. **13**(4), 105–120 (2007)

Dahinden, U.: Framing Eine integrative Theorie der Massenkommunikation. UKV, Konstanz (2006)

Dallmer, H.: System des Direct Marketing – Entwicklung und Zukunftsperspektiven. In: Dallmer, H. (Hrsg.) Handbuch Direct Marketing, 6. Aufl., S. 3–16. Gabler, Wiesbaden (1991)

Damasio, A.R., Grabowski, T.J., Bechara, A., Damasio, H., Ponto, L.L., Parvizi, J., Hichwa, R.D.: Subcortical and cortical brain activity during the feeling of self-generated emotions. Nat. Neurosci. **3**, 1049–1056 (2000). doi:10.1038/79871

Dijksterhuis, A.: Das kluge Unbewusste. Denken mit Gefühl und Intuition. Klett-Cotta, Stuttgart (2014)

Domning, M., Elger, C.E., Rasel, A.: Neurokommunikation im Eventmarketing. Gabler, Wiesbaden (2009)

Drengner, J.: Imagewirkungen von Eventmarketing. Entwicklung eines ganzheitlichen Messansatzes. Gabler, Wiesbaden (2008)

Eckardt, L.: Designsprünge als Instrument des Marketings. Eine empirische Analyse der Determinanten und Erfolgsauswirkungen. Eul, Lohmar (2011)

Esch, F.-R.: Strategie und Technik der Markenführung. Vahlen, München (2012)

Esch, F.-R., Roth, S.: Der Beitrag akustischer Reize zur integrierten Marketingkommunikation. Marketing ZFP. J. Res. Manage. **27**(4), 215–235 (2005)

Felser, G.: Werbe- und Konsumentenpsychologie. Heidelberg, Spektrum (2001)

Field, T.: Touch. MIT Press, Cambridge (2003)

Fillmore, C.J.: Frame semantics and the nature of language. In: Hamad, S.R. (Hrsg.) Conference Entitled „Origins and Evolution of Language and Speech". Annals of the New York Academy of Sciences, Bd. 280, S. 20–32. New York Academy of Sciences, New York (1976)

Fleßa, S.: Planen und Entscheiden in Beruf und Alltag. Oldenbourg, München (2010)

Fösken, S.: Im Reich der Sinne. Absatzwirtschaft **55**(6), 72–76 (2006)

Fog, K., Budtz, C., Yakaboylu, B.: Storytelling. Branding in Practice. Springer, Berlin (2005)

Franck, G.: Ökonomie der Aufmerksamkeit. Ein Entwurf. Hanser, München (1998)

Freud, S.: Zur Dynamik der Übertragung. Behandlungstechnische Schriften. Fischer, Frankfurt a. M. (2006)

Fried, A.: Konstruktivismus. In: Weik, E., Lang, R. (Hrsg.) Moderne Organisationstheorien: Eine sozialwissenschaftliche Einführung. Gabler, Wiesbaden (2005)

Frings, S., Müller, F.: Biologie der Sinne. Vom Molekül zur Wahrnehmung. Springer Spektrum, Berlin (2014)

Garber, T.: Erlebnis mit Ergebnis? Absatzwirtschaft **1**, 80–83 (2005)

Gehrlein, U.: Integration politischer Steuerungselemente. GAIA **13**(4), 271–279 (2004)

Girard, M., Girard, A., Meyer, A., Rosenbusch, B., Müller-Grünow, R.: Markenduft als Treiber der Service Experience. Mark. Rev. St. Gallen **6**, 70–80 (2013)

Godefroid, P.: Investitionsgüter-Marketing. Kiehl, Ludwigshafen (1995)

Goffman, E.: Rahmen-Analyse Ein Versuch über die Organisation von Alltagserfahrungen. Suhrkamp-Taschenbuch Wissenschaft, Bd. 329. Suhrkamp, Frankfurt a. M. (1996)

Gomez, P., Probst, G.: Die Praxis des ganzheitlichen Problemlösens. Vernetzt denken, unternehmerisch handeln, persönlich überzeugen. Paul Haupt, Bern (1999)

Gossen, H.H.: Entwickelung der Gesetze des menschlichen Verkehrs, und der daraus fließenden Regeln für menschliches Handeln. Vieweg, Braunschweig (1854)

Graeser, A.: Positionen der Gegenwartsphilosophie Vom Pragmatismus bis zur Postmoderne. Beck, München (2002)

Grether, D.M., Plott, C.: Economic theory of choice and the preference reversal phenomenon. Am. Econ. Rev. **69**(4), 623–638 (1979)

Grice, H.P.: Logik und Konversation. In: Meggle, G. (Hrsg.) Handlung, Kommunikation, Bedeutung. Suhrkamp-Taschenbuch Wissenschaft, Bd. 1083, S. 243–265. Suhrkamp, Frankfurt a. M. (1993)

Griffin, A., Hauser, J.R.: The voice of the customer. Mark. Sci. **12**(1), 1–27 (1993)

Grössler, A., Grübner, A., Milling, P.M.: Organisational adaption processes to external complexity. Int. J. Oper. Prod. Manage. **26**(3), 254–281 (2006)

Grossmann, K., Grossmann, K.E.: Bindungen. Das Gefüge psychischer Sicherheit. Klett-Cotta, Stuttgart (2012)

Grund, M.A.: Interaktionsbeziehungen im Dienstleistungsmarketing Zusammenhänge zwischen Zufriedenheit und Bindung von Kunden und Mitarbeitern. Gabler, Wiesbaden (1998)

Gustafsson, A., Johnson, M.D.: Measuring and managing the satisfaction-loyalty-performance links at Volvo. J. Target. Meas. Anal. Market. **10**(3), 249–258 (2002)

Hadwich, K.: Beziehungsqualität im Relationship Marketing Konzeption und empirische Analyse eines Wirkungsmodells. Gabler, Wiesbaden (2013)

Hale, J.: Performance-Based Management: What Every Manager Should Do to Get Results. Pfeifer, San Francisco (2004)

Hamari, J., Jonna K.: Why do people use gamification services? Int. J. Inf. Manage. **35**, 419–431 (2015). https://www.researchgate.net/publication/274735854_Why_do_people_use_gamification_services. Zugegriffen: 14. März 2016

Harsányi, G., Gebauer, F., Kraemer, P., Carbon, C.-C.: Design Evaluation Zeitliche Dynamik ästhetischer Wahrnehmung. Veröffentlichungen des Lehrstuhls für Allgemeine Psychologie und Methodenlehre. Universität Bamberg, Bamberg (2011)

Häusel, H.-G.: Brain View. Warum Kunden kaufen. Haufe, Freiburg (2012)

Häusel, H.-G.: Neuromarketing. Erkenntnisse der Hirnforschung für Markenführung, Werbung und Verkauf. Haufe, Freiburg (2014)

Hauser, J.R.: How Puritan-Bennett used the house of quality. Manage. Rev. **34**(3), 61 (1993)

Heckert, P.: Design Aesthetics. Principles of Pleasure in Design. Department of Industrial Design. Delft University of Technology, Delft (2006)

Heckert, P., Snelders, D., Wieringen, P.C.W. van: Most advanced, yet acceptable: Typicality and novelty as joint predictors of aesthetic preference in industrial design. Br. J. Psychol. **94**(1), 111–124 (2003)

Heider, F., Simmel, M.: An experiment study of apparent behavior. Am. J. Psychol. **57**(2), 243–259 (1944)

Heinen, F.: Der Zeigefinger. Schlüssel einer neuen Kultur. FAZ v. 15.5.2013 (Natur und Wissenschaft), S. N1 (2013)

Hönigsberger, H., Ellger, U., Hasenritter, T., Kolbe, A., Osterberg, S.: Zielkonflikte in der Umweltpolitik. Probleme der strategischen Zielplanung am Beispiel der Umweltpolitik. Nautilus Politikberatung, Berlin (2009)

Hochschild, A.R.: Das gekaufte Herz. Die Kommerzialisierung der Gefühle. Campus, Frankfurt a. M. (2006)

Hogg, M.K., Cox, A.J., Keeling, K.: The impact of self-monitoring on image congruence and product/brand evaluation. Eur. J. Mark. **34**(5/6), 641–666 (2000)

Holland, H.: Dialogmarketing – Planung, Medien und Zielgruppen. Hanser, München (2002)

Homburg, C., Müller, M.: Effektives Verhalten von Verkäufern im Kundenkontakt. Gabler, Wiesbaden (2009)

Ilg, U., Thier, P.: Neuronale Grundlagen visueller Wahrnehmung. In: Karnath, H.-O., Thier, P. (Hrsg.) Kognitive Neurowissenschaften, S. 35–55. Springer Medizin, Heidelberg (2012)

Ind, N.: Living the Brand: How to Transform Every Member of Your Organization into a Brand Champion. Kogan Page, London (2007)

Jung, H., von Matt, J.R.: Momentum. Die Kraft, die Werbung heute braucht. Lardon Media, Berlin (2002)

Käslin, B.: Die Lösung Eine Vertrauenskultur gezielt aufbauen. io new manage. **9**, 58–61 (2004)

Kahneman, D.: Attention and Effort. Prentice Hall, Englewood Cliffs (1973)

Kahneman, D.: Schnelles Denken, langsames Denken. Siedler, München (2012)

Kahneman, D.: Schnelles Denken, langsames Denken. Pantheon, München (2015)

Kahneman, D., Tversky, A.: Prospect theory. An analysis of decision under risk. Econometrica **47**(2), 263–292 (1979)

Kahney, L.: Straight Dope on the IPod's Birth. Wired Online vom 17. Oktober 2006. http://archive.wired.com/gadgets/mac/commentary/cultofmac/2006/10/71956?currentPage=all. Zugegriffen: 3. Febr. 2016

Kano, N.: Life cycle and creation of attractive quality. Paper presented at the 4th international conference on quality management and organization of development. Linköping 2001.

Kano, N., Seraku, N., Takahashi, F., Tsuji, S.: Attractive quality and must be quality. Qual. J. Japan. Soc. Qual. Control **2**(14), 170–173 (1984)

Kenning, P., Plassmann, H., Ahlert, D.: Consumer Neuroscience. Implikationen neurowissenschaftlicher Forschung für das Marketing. Mark. ZfP **29**(1), 57–68 (2007)

Knoblauch, H.: Das strategische Ritual der kollektiven Einsamkeit Zur Begrifflichkeit und Theorie des Events. In: Gebhardt, W., Hitzler, R., Pfadenhauer, M. (Hrsg.) Events. Soziologie des Außergewöhnlichen, S. 33–50. Leske & Budrich, Opladen (2000)

Koppelmann, U.: Funktionenorientierter Erklärungsansatz der Markenpolitik. In: Bruhn, M. (Hrsg.) Handbuch Markenartikel, Bd. 1. Schäffer-Poeschel, Stuttgart (1994)

Kotler, P., Bliemel, F.: Marketing-Management – Analyse, Planung, Umsetzung und Steuerung, 8. vollst. neu bearb. und erw. Aufl. Schäffer-Poeschel, Stuttgart (1995)

Kotthoff, H.: Spaß verstehen. Zur Pragmatik von konversationellem Humor. Reihe Germanistische Linguistik, Bd. 196. Niemeyer, Tübingen (1998)

Kreuzbauer, R., Malter, A.J.: Embodied cognition and new product design. Changing product form to influence brand categorization. J. Prod. Innov. Manage. **22**(2), 165–176 (2005)

Kroeber-Riel, W., Weinberg, P.: Konsumentenverhalten. Vahlen, München (2003)

Kugler, P., Olbert-Bock, S.: Zielkonflikte als zentrale Herausforderung. KMU-Magazin **10**, 18–24 (2011)

Lamla, J.: Die Konflikttheorie als Gesellschaftstheorie. In: Bonnacker, T. (Hrsg.) Sozialwissenschaftliche Konflikttheorien. Eine Einführung, S. 207–229. Leske & Budrich, Opladen (2001)

Le Bon, G.: Psychologie der Massen. Nikol, Hamburg (2009)

LeDoux, J.E.: Das Netz der Persönlichkeit Wie unser Selbst entsteht. Patmos, München (2003)

Lee, Y.-C., Lin, S.-B., Wang, Y.-L.: A New Kano's Evaluation Sheet. TQM J. **23**(2), 179–195 (2011)

Leven, W.: Der Geschmack der Marke. Transfer. Werbeforschung & Praxis **61**(1), 15–25 (2015)

Lindstrom, M., Pyka, P.: Brand Sense. Campus, Frankfurt (2012)

Linxweiler, R.: Marken-Design. Marken entwickeln, Markenstrategien umsetzen. Gabler, Wiesbaden (2004)

Little, A.D. (Hrsg.): Praxis des Design Managements. International Inc. Campus, Frankfurt (1990)

Lowyck, J., Elen, J.: Hypermedia for learning cognitive instructional Design. In: Oliveira, A. (Hrsg.) Hypermedia Courseware. Structures of Communication and Intelligent Help, S. 131–144. Springer, Berlin (1992)

Lundqvist, A., Liljander, V., Riel, A. van: The impact of storytelling on the consumer brand experience. The case of a form-originated story. J. Brand Manage. **20**(4), 283–297 (2013)

Lwin, M.O., Morrin, M., Krishna, A.: Exploring the superadditive effects of scent and pictures on verbal recall: An extension of dual coding theory. J. Consum. Psychol. **20**(3), 317–326 (2010)

Markenverband e. V.: The German Brands Association, Rat für Formgebung German Design Council: Die Schönheit des Mehrwertes. The Beauty of Added Value. Scholz & Friends, Berlin (2010)

Martensen, A., Gronholdt, L., Bendtsen, L., Jensen, M.J.: Applications for a model of effectiveness of eventmarketing. J. Advertising Res. **47**(3), 266–301 (2007)

Marzi, T., Righi, S., Ottonello, S., Cincotta, M., Viggiano, M.P.: Trust at first sight: Evidence from ERPs. Soc. Cogn. Affect Neurosci. **9**(1), 12–24 (2012)

Maslow, A.H.: Motivation and Personality. Harper Row, New York (1987)

Maturana, H.: Erkennen. Die Organisation und Verkörperung von Wirklichkeit. Vieweg & Teubner, Wiesbaden (1982)

Max-Planck-Gesellschaft: Zwei Gehirnhälften, eine Wahrnehmung. **1**. September 2011. http://www.mpg.de/4407311/corpus_callosum. Zugegriffen: 9. März 2016

Mayer, H., Illmann, T.: Markt- und Werbepsychologie. Schäffer-Poeschel, Stuttgart (2000)

McLean, J., et al.: How much the eye tells the brain. Curr. Biol. **16**(14), 1428–1434 (2006)

Metzger, W.: Gesetze des Sehens. Die Lehre vom Sehen der Formen und Dinge des Raumes und der Bewegung. Klotz, Magdeburg (2007)

Meyer, A., Göbel, F., Dumler, A.: Grundlegende Aspekte der Markendifferenzierung. Vom Marketing „to" zum Marketing „with". In: Görg, U. (Hrsg.) Erfolgreiche Markendifferenzierung. Strategie und Praxis professioneller Markenprofilierung, S. 32–58. Gabler, Wiesbaden (2010)

Meyke, F.: Konzeptfahrzeug als Bewertungsgrundlage des Produktmanagements zur strategiekonformen Produktgestaltung im Business-to-Business-Sektor. Masterarbeit. Nordakademie Hochschule der Wirtschaft, Elmshorn (2012)

Mikunda, C.: Der verbotene Ort oder Die inszenierte Verführung. mi-Wirtschaftsbuch, München (2011)

Miller, G.: The magical number seven, plus or minus two: Some limits on our capacity for processing information. Psychol. Rev. **63**, 81–97 (1956)

Moran, S., Ritov, I.: Initial perceptions in negotiations. Evaluation and response to „Logrolling" offers. J. Behav. Decis. Making **15**, 101–124 (2002)

Multisense Institut: Die 5 Sinne in der Live-Kommunikation (o. J.). http://www.multisense-institut.de/praxis/live-kommunikation/item/die-5-sinne-in-der-live-kommunikation-teil-1; http://www.multisense-institut.de/praxis/live-kommunikation/item/die-5-sinne-in-der-live-kommunikation-teil-2. Zugegriffen: 27. Febr. 2014

Mummendey, H.D.: Psychologie der Selbstdarstellung. Hogrefe, Göttingen (1995)

Mussweiler, T., Strack, F., Pfeiffer, T.: Overcoming the inevitable anchoring effect. Considering the opposite compensates for selective accessibility. Pers. Soc. Psychol. Bull. **26**, 1142–1150 (2000)

Neurath, O.: Statistische Hieroglyphen. Österreichische Gemeindezeitung **3**(10), 40 (1926)

Nickel, O.: Haptik im Rahmen des Markenerlebens: Erklärungsansätze zur Wirkung und Beispiel aus der Markenführungspraxis. Werbeforschung & Praxis **2**, 61–66 (2013)

Nink, M.: Gallup – Engagement Index – Die neuesten Daten und Erkenntnisse aus 13 Jahren Gallup. Studie. Hogrefe, Göttingen (2014)

O. V.: Die Messe der Entscheider, CeMAT daily 23. Mai 2014. https://www.dvz.de/fileadmin/user_upload/Messezeitung5_neu_01.pdf. Zugegriffen: 22. März 2016

Page, C., Herr, P.M.: An investigation of the processes by which product design and brand strength interact to determine initial affect and quality judgement. J. Consum. Psychol. **12**(2), 133–147 (2002)

Palmer, S.E.: Vision Science. Photons to Phenomenology. Massachusetts Institute of Technology, Cambridge (2003)

Parment, A.: Die Generation Y – Mitarbeiter der Zukunft. Herausforderung und Erfolgsfaktor für das Personalmanagement. Gabler, Wiesbaden (2009)

Paul, G.: Bilder, die Geschichte schrieben. Medienikonen des 20. und beginnenden 21. Jahrhunderts. In: Paul, G. (Hrsg.) Bilder, die Geschichte schrieben. 1900 bis heute, S. 7–17. Vandenhoeck & Ruprecht, Göttingen (2011)

Pelz, W.: Zukunftsrelevante Kompetenzen in den Bereichen Vertrieb und Führung. Studium und Praxis **24**, 12–14 (2010)

Pepels, W.: Darstellung und Bedeutung des Kundenlebenszeitwerts im B2B-Marketing. In: Helmke, S., Dangelmeier, W. (Hrsg.) Effektives Customer-Relationship-Management, S. 233–289. Springer Gabler, Wiesbaden (2013)

Peter, S.I.: Kundenbindung als Marketingziel. Identifikation und Analyse zentraler Determinanten. Gabler, Wiesbaden (2001)

Porter, M.E.: Wettbewerbsvorteile. Methode zur Analyse von Branchen und Konkurrenten. Campus, Frankfurt a. M. (2008)

PresseBox: STILL cubeXX-Kampagne gewinnt Deutschen Preis für Wirtschaftskommunikation. Pressemitteilung vom 7. Juni 2012. http://www.pressebox.de/pressemitteilung/still-gmbh/STILL-cubeXX-Kampagne-gewinnt-Deutschen-Preis-fuer-Wirtschaftskommunikation/boxid/514436. Zugegriffen: 4. Apr. 2016

PR Newswire Association LLC: Meadow Brook Concours d' Elegance Showcases Buick's Premium American Style (2003). http://www.thefreelibrary.com/Meadow+Brook+Concours+d%27Elegance+Showcases+Buick%27s+Premium+American...-a0106048053. Zugegriffen: 14. März 2016

Raichle, M.E.: The brain's dark energy. Sci. Am. **302**(3), 44–49 (2010)

Rammert, W. (Hrsg.): Technik und Sozialtheorie. Campus, Frankfurt a. M. (1998)

Rammert, W.: Technik, Handeln, Wissen. VS Verlag, Wiesbaden (2007)

Rams, D.: Die leise Ordnung der Dinge. Gerhard Steidl, Göttingen (1994)

Reichheld, F.F., Sasser Jr., W.: Zero defections: Quality comes to services. Harvard Bus. Rev. **68**(5), 105–111 (1990)

Renn, O., Schweizer, P.J., Dreyer, M., Klinke, A.: RISIKO. Über den gesellschaftlichen Umgang mit Unsicherheit. Oekom, München (2007)

Rheinberg, F.: Motivation. Kohlhammer, Stuttgart (2006)

Ritov, I.: Anchoring in simulated competitive market negotiation. Organ. Behav. Hum. Decis. Process. **67**(1), 16–25 (1996)

Rötter, G.: Musik und Emotionen Musik als psychoaktive Substanz – Musikalischer Ausdruck – Neue experimentelle Ästhetik – Emotionstheorien – Funktionale Musik. In: La Motte Haber, H. de, Rötter, G. (Hrsg.) Musikpsychologie, S. 268–338. Laaber, Laaber (2005)

Robert Bosch GmbH: IXO (o. J.). http://www.bosch-do-it.de/de/de/bosch-elektrowerkzeuge/wissen/lexikon/ixo.jsp. Zugegriffen: 12. Feb. 2016

Rosenstiel, L. von, Kirsch, A.: Psychologie der Werbung. Komar, Rosenheim (1996)

Roth, G.: Fühlen, Denken, Handeln. Wie das Gehirn unser Verhalten steuert. Suhrkamp, Frankfurt a. M. (2007)

Saab, S.: Commitment in Geschäftsbeziehungen. Konzeptionalisierung und Operationalisierung für das B2B-Marketing. Deutscher Universitäts-Verlag, Wiesbaden (2007)

Saraiva, C.: Design als Erfolgsfaktor für B2B-Marken. Grin, Norderstedt (2005)

Sauerländer, W.: Iconic Turn? Eine Bitte um Ikonoklasmus. In: Burda, H., Maar, C. (Hrsg.) Iconic Turn. Die neue Macht der Bilder, S. 407–426. Du Mont, Köln (2004)

Sauerwein, E.: Das Kano-Modell der Kundenzufriedenheit. Reliabilität und Validität einer Methode zur Klassifizierung von Produkteigenschaften. Gabler, Wiesbaden (2000)

Schank, R.C., Abelson, R.P.: Scripts, Plans, Goals, and Understanding. Erlbaum Associates, Hillsdale (1977)

Schank, R.C., Abelson, R.P.: Knowledge and memory. The real story. In: Wyer, R.S. (Hrsg.) Knowledge and Memory. The Real Story, S. 1–85. Erlbaum, Hillsdale (1995)

Scheier, C.: Wie Werbung wirkt Erkenntnisse des Neuromarketing. Haufe, München (2012)

Schlesinger, T.: Zum Phänomen kollektiver Emotionen im Kontext sportbezogener Marketing Events. In: Zanger, C. (Hrsg.) Stand und Perspektiven der Eventforschung, S. 133–147. Gabler, Wiesbaden (2000)

Schlösser, H.J.: Menschenbilder in der Ökonomie. Orientierungen zur Wirtschafts- und Gesellschaftspolitik **2**(112), 168–180 (2007)

Schreyögg, G., Koch, J.: Grundlagen des Managements: Basiswissen für Studium und Praxis. Gabler, Wiesbaden (2010)

Schuh, G., Schwenk, U.: Produktkomplexität managen. Hanser, München (2001)

Schulze, G.: Die Zukunft der Erlebnisgesellschaft. In: Nickel, O. (Hrsg.) Eventmarketing. Grundlagen und Erfolgsbeispiele, S. 309–320. Vahlen, München (2006)

Sesma Vitrián, E.: Beitrag zur Ermittlung von Kosten und Nutzen der präventiven Qualitätsmethoden QFD und FEMA, Diss., Technische Universität, Berlin (2004)

Simon, F.B.: Zur Systemtheorie der Emotionen. Soziale Systeme, Zeitschrift für soziologische Theorie **10**(1), 111–139 (2004)

Singer, W.: Das Bild in uns Vom Bild zur Wahrnehmung. In: Burda. H., Maar, C. (Hrsg.) Iconic Turn Die neue Macht der Bilder, S. 56–77. Du Mont, Köln (2004)

Sireli, Y., Kaufmann, P., Ozan, E.: Integration of Kano's Model into QFD for Multiple Product Design. IEEE Trans. Eng. Manage. **54**(2), 380–388 (2007)

Sommerlatte, T.: Praxis des Designmanagements. Symposion, Düsseldorf (2009)

Sprenger, R.K.: Vertrauen führt. Campus, Frankfurt a. M. (2007)

Statista: Top 10 Automodelle mit dem größten Anteil weiblicher Neuwagenkäufer im Jahr 2014 (2016). http://de.statista.com/statistik/daten/studie/324768/umfrage/automodelle-nach-anteil-weiblicher-neuwagenkaeufer/. Zugegriffen: 30. Juli 2015

Steiner, P.: Sensory Branding. Grundlagen multisensualer Markenführung. Gabler, Wiesbaden (2011)

Steiner, P.: Sound Branding. Grundlagen akustischer Markenführung. Springer Gabler, Wiesbaden (2014)

Steiner, P.: Multisensuales Produkt- und Markendesign am Beispiel MINI. Transfer. Werbeforschung & Praxis **61**(2), 33–34 (2015)

Tauchnitz, J.: Werbung mit Musik – Theoretische Grundlagen und experimentelle Studien zur Wirkung von Hintergrundmusik in der Rundfunk- und Fernsehwerbung. Physica, Heidelberg (1990)

Thier, K.: Storytelling. Eine narrative Managementmethode. Springer Medizin, Heidelberg (2006)

Todorov, A., Willis, J.: First impressions. Making up your mind after a 100-Ms exposure to a face. Psychol. Sci. **17**(7), 592–598 (2006)

Tversky, A., Kahneman, D.: Judgment under uncertainty. Heuristics Biases. Sci. **185**, 1124–1131 (1974)

Tversky, A., Kahneman, D.: The framing of decisions and the psychology of choice. Science **211**, 453–458 (1981)

Tversky, A., Kahneman, D.: Rational choice and the framing of decisions. J. Bus. **59**, 251–278 (1986)

Warburg, A.: Das Schlangenritual. Ein Reisebericht. Wagenbach, Berlin (2011)

Watzlawick, P., Beavin, J.H.: Menschliche Kommunikation. Formen, Störungen, Paradoxien. Huber, Bern (2011)

Weinberg, P., Nickel, O.: Emotionales Erleben. Zentrale Determinante für den Erfolg von Marketing-Events. In: Nickel, O. (Hrsg.) Event-Marketing. Grundlagen und Erfolgsbeispiele, S. 61–75. Vahlen, München (2006)

Wentzel, D.: Storytelling im behavioral branding. In: Tomczak, T., Esch, F.-R., Kernstock, J., Herrmann, A. (Hrsg.) Behavioral Branding Wie Mitarbeiterverhalten die Marke stärkt, S. 427–442. Gabler, Wiesbaden (2012)

Witte, E.H.: Sozialpsychologie der Motivation und Emotion. Pabst Science Publishers, Lengerich (1996)

Zeki, S.: Das Gehirn als Konstrukteur genialer Kunstwerke. Vom inneren zum äußeren Bild. In: Burda, H., Maar, C. (Hrsg.) Iconic Turn. Die neue Macht der Bilder, S. 77–103. Du Mont, Köln (2004)

Zimmer, D.E.: So kommt der Mensch zur Sprache. Über Spracherwerb, Sprachentstehung und Sprache & Denken. Heyne, München (2008)

Zou, L.: An alternative to prospect theory. Annals Econ. Finan. **1**, 1–27 (2006)

The manufacturer's authorised representative in the EU is Springer Nature Customer Service Centre GmbH, Europaplatz 3, 69115 Heidelberg, Germany. If you have any concerns regarding our products, please contact ProductSafety@springernature.com

Printed and bound by CPI Group (UK) Ltd, Croydon, CR0 4YY
25/03/2026
02078196-0019